我是媽媽，也是一位女性主義者！

Tu seras une mère féministe

Manuel d'émancipation pour des maternité décomplexée et libérée

奧蕾莉·布蘭克 Aurélie Blanc 著
周桂音 譯

臉譜書房 FS0184

我是媽媽，也是一位女性主義者！

從懷孕到哺育，化解母親身處父權體制的兩難處境，找回女性主義中失落的母職實作

Tu seras une mère féministe : Manuel d'émancipation pour des maternité décomplexée et libérée

作　　者　奧蕾莉・布蘭克（Aurélie Blanc）
譯　　者　周桂音
責任編輯　朱仕倫
行　　銷　陳彩玉、林詩玟
業　　務　李再星、李振東、林佩瑜
封面設計　Bianco Tsai

副總編輯　陳雨柔
編輯總監　劉麗真
事業群總經理　謝至平
發 行 人　何飛鵬
出　　版　臉譜出版
台北市南港區昆陽街16號4樓
電話：886-2-2500-0888　傳真：886-2-2500-1951
發　　行　英屬蓋曼群島商家庭傳媒股份有限公司城邦分公司
台北市南港區昆陽街16號8樓
客服專線：02-25007718；02-25007719
24小時傳真專線：02-25001990；02-25001991
服務時間：週一至週五上午09:30-12:00；下午13:30-17:00
劃撥帳號：19863813　戶名：書虫股份有限公司
讀者服務信箱：service@readingclub.com.tw
城邦網址：http://www.cite.com.tw
香港發行所　城邦（香港）出版集團有限公司
香港九龍土瓜灣土瓜灣道86號順聯工業大廈6樓A室
電話：852-25086231　傳真：852-25789337
電子信箱：hkcite@biznetvigator.com
新馬發行所　城邦（馬新）出版集團
Cite（M）Sdn. Bhd.（458372U）
41, Jalan Radin Anum, Bandar Baru Seri Petaling,
57000 Kuala Lumpur, Malaysia.
電話：+6(03)-90563833　傳真：+6(03)-90576622
電子信箱：services@cite.my

一版一刷　2024年8月

城邦讀書花園
www.cite.com.tw

ISBN　978-626-315-519-0（紙本書）
EISBN　978-626-315-514-5（EPUB）

定價：NT$480

圖書館出版品預行編目資料

我是媽媽，也是一位女性主義者！：從懷孕到哺育，化解母親身處父權體制的兩難處境，找回女性主義中失落的母職實作／奧蕾莉.布蘭克（Aurélie Blanc）作；周桂音譯. -- 一版. -- 臺北市：臉譜出版，城邦文化事業股份有限公司出版：英屬蓋曼群島商家庭傳媒股份有限公司城邦分公司發行, 2024.08
面；　公分. --（臉譜書房；FS0184）
譯自： Tu seras une mère féministe : manuel d'émancipation pour des maternité décomplexée et libérée

ISBN 978-626-315-519-0（平裝）

1. CST：女性主義　2.CST: 母職　3.CST: 性別角色

544.141　113008319

給我的女兒

目次

序言

當媽媽是再平凡不過的事。打從開天闢地之初，女人懷孕、生產、養小孩，日復一日，舉世皆然。這是世人對女性的期望，也是我們女性當中多數人的日常生活，這件事一點都不新奇、一點都不特別。既然如此，為何還要寫一本書來談論母職呢？而且還是一本女性主義的書？幾年前的我很可能因此感到困惑。這樣一本書對幾年前的我而言，可能會顯得矛盾，畢竟，女性主義代表解放；女性主義應該質疑傳統枷鎖加諸女性身上的束縛、應該拒絕女性被指派的母親角色；女性主義代表顛覆、代表推翻一切。而媽媽不是這麼回事，母親這角色，是因循守舊、是家庭、是普羅眾生的習以為常、母親代表家務、育兒、換尿布、盡義務；母親的生活遲滯乏味，一切都在意料之中；母親，代表悲哀的瑣碎日常。簡而言之，就是平凡至極。如果這個媽媽是異性戀伴侶「一個爸爸一個媽媽」的那個媽媽，那更是如此。

因此，幾年前我或許會這樣自問：女性主義能夠結合母職嗎？後來我生了孩子，我依然是個女性主義者，但如今，我兼具母親的身分。我和很多人一樣遭受極大震撼，我指的不是成為人母之後體驗到那份令人頭暈目眩的愛，我指的是另一種衝擊——我們事前沒想到的震撼。成為母親之後，我們的身分認同像經歷一場大地震，龐雜的家事不但壓垮了我們，也同時擊潰了我們對兩性平權的理想。和很多人一樣，我成為母親的過程就像一場海嘯，對我而言，成為人母這件事帶來極大喜悅，但於此同時，我也因此感到一股非常、非常巨大的憤怒。為什麼呢？因為生了孩子之後，我終究落入男女不平等的陷阱，但在這之前我是得以抗拒它的；因為成為母親之後，我感覺自己被看輕、被當成孩童對待，甚至常常被排擠。「母親」成了我唯一的身分，最重要的是，我經常覺得很孤單。

關於我身為新手媽媽的現實困境、切身體驗與困惑，我常覺得無處可以分享、覺得自己沒有對象可以參考、沒有榜樣，也沒有公眾人物可以代表我。更確切地說，我覺得我沒有可以借鏡的對象，讓我能以婦女解放、兩性平等的角度思考我身為母親的種種處境。在女性主義的討論範疇中，母職極少成為主題，在媽媽們的世界裡，女性主義似乎毫無容身之地，「母親」這角色，簡直像不得不與女性主義分道揚鑣，這一切彷彿表示：我們身為母親，就只能扮演母親。此外，我經常自問，那些和我一樣選擇生育，卻不認同傳統刻板印象那種媽媽寶貝粉紅世界的女性們，她們究竟在哪？這些獨立的女性，她們對生活有熱情、懂得享樂、不會把自己關在家裡、懂得旅行、會挺身爭取權益、有許多計畫等著實現，她們不全然符合刻板的女性形象，她們甚至會挺身反對性別不平等——這些女性生小孩之後變得如何？之後發生了什麼事？像我這樣、像我們這樣、像我們的女性夥伴這樣的母親們，她們在哪裡？女性主義母親們，究竟在哪？

這些問題使我深深苦惱，於此同時，媽媽們的世界吹起一股新的旋風，這股旋風，正是女性主義的旋風。一些媽媽開始在社群媒體上高聲談論她們的憤怒、困境與兩難之處，她們在各個不同角落發聲，揭露她們身為母親的種種箝制、精神重擔，以及產後的孤寂。數年之內，這些女性們開始發聲，她們創建了結合女性主義與母職議題的媒體、戲劇與節慶活動，母職議題成為女性主義的重要議題，這並非偶然，許多女性如今成為母親之後，才發現自己比從前更加擁護女性主義。從前，她們對母職經驗抱持偏見，認為母職是奴役、是因循守舊，然而事實上，母職之於女性主義，是強而有力的催化劑。

為何這麼多母親忿忿不平？為何有這麼多女性在成為人母之後，突然啟發了她們的女性主義思想？她們身為母親的現實生活、她們心中抱持的平權理想，這兩者該如何結合呢？在父權社會中當個母親是怎樣的課題？身為人母並同時擁護女性主義代表什麼？為了深入了解這些問題，我向許多母親提問，也諮詢了許多學者、專家、社運人士。我想理解為何母職議題被女性主義運動拒於門外，以及該議題為何比表面上看來更容易引起爭議？我想理解為何母親們被剝奪身體與選擇權，而她們又能夠透過何種方式將之取回；我想知道為何時至今日家務負擔仍舊是女性的重擔，並探討我們是否有朝一日能夠擺脫、如何擺脫它；我想知道為何育兒總讓女性付出如此沉重的代價，並探討我們能透過什麼方式讓這件事不再如此失衡。儘管我們背負教養孩子的重責大任，我仍想知道，我們能藉由何種管道擺脫「完美母親」的樣板，也擺脫「壞媽媽」的標籤束縛；我也想理解，為何社會對母親們視而不見，而她們又是如何在種種艱困的處境中，現身於媒體與政治空間。

本書不只是揭發現狀的一記棒喝，亦是婦女解放的實用工具書。本書藉由大量訪談與分析，提供各種思維模式與實際行動的方針，讓母親們懂得如何面對社會加諸她們生命中所有不同面向的陷阱。現代女性深信她們已經享有兩性平等，她們成長於這樣的神話當中，對這個世代的女性而言，成為母親就是她們對此幻滅的時刻，但於此同時，母職議題的相關領域充滿培力的可能性，並能使她們藉此肯定自我，關於這點，本書將會深入說明。除此之外，本書亦綜合論述關於母職的種種措施，並說明這些措施如何在不到十年的時間之內，化為女性主義政治議題。

本書的主題是母親，偶爾也提及父親。讀者們或許會認為我不夠重視那些「新好爸爸」，他們會請育嬰假、會分擔家務、出席家長會，並挺身反對時段太晚的工作會議。這樣的父親確實存在，但本書很少提及這樣的父親，是因為在統計數據中，這樣的父親其實也很少，這並非因為父親們不憧憬更為兩性平等的親職關係，但我認為相關議題應由男性自己提出討論，讓他們去帶動這場父親們的革命。

因此本書的主題是母親，且書中探討的主要情況是異性戀的情況。這並非刻意對異性戀之外的其他經驗、其他母親與其他形式的家庭視而不見，僅只是因為異性戀的相關資料是最多的，而且異性戀家庭是我自認較有資格談論的主題，因為我就是置身其中的一名母親。目前的女性主義會反思異性戀常規體制、嘗試跳脫異性戀思維、思索基進女同志主義，我認為是非常引人入勝且激勵人心的。身為母親或考慮成為母親的女性，她們如今正在經歷或未來想像的育兒生活，以大部分人的狀況來說，仍是和男性伴侶一同建構的生活，我想傳達的對象是這樣的女性。這本書是獻給那些留在異性戀體制中、守著伴侶關係，並且應該會繼續身在其中的女性；獻給那些想要有小孩的女性，和那些再也受不了她們的小孩的女性、喜愛扮演母親的女性、再也無法忍受扮演母親的女性、選擇為孩子犧牲自我的女性、希望兼顧職涯的女性；獻給所有努力打點家裡、勤煮三餐、拉拔小孩長大，卻又同時不斷懷疑自己的選擇、質疑自己生活、對自己的母職或女性主義信念抱持疑惑的母親們。

像我們這樣的母親，都各自面對母職引起的困境、箝制與不公不義。若我們團結一致，便能將我們的母親身分轉化為婦女解放的實踐場所，為女性主義而奮戰——為了我們、為了我們之後的其他母親們，也為了我們的女兒。有朝一日，我們的女兒或許也會成為人母……成為女性主義母親們。

第1部

成為人母

我想我永遠不會忘記，首度意識到我成為人母的那一刻。前一天，我剛產下第一個孩子，所有注意力都集中在這個躺在我們身邊的小傢伙身上。那天早上，婦產科病房的電話響起時，是我接聽的：「喂，您好，我是保母。請問您是A的媽媽嗎？」我站在那兒，手裡拿著話筒，愣了一會。她說的是我嗎？她講話的對象——這個「媽媽」——是誰？幾秒過後，我終於開口，幾乎震驚地回答她：「是的，我是A這個小傢伙的媽媽。」

我不知道這名保母是不是故意這樣講，好讓我認清自己的新角色？抑或她只是說出一個明顯的事實？無論如何，她說的這個問句，對我而言是一場震撼教育。我當然知道自己剛生下一個孩子——懷胎九月，昨天才剛臨盆，我不可能忘記這件事。然而，雖然乍聽之下很奇怪，但在這通電話之前，我並未真正意識到生產這件事使我成為母親；我並未意識到，從今而後，在其他人的眼中，我最重要的身分就是「某某的媽媽」；我並未意識到，母職不僅只是一場體驗、一種處境，而是會吞沒一切，連我的身分認同都一併淹沒其中。

那一刻，我還不知道成為人母這件事，將會把我的人生、我的生命本質、我和他人的關係翻轉到何種程度；當時，我還不曉得自己即將經歷的這場地震強度有多強。而我知道，雖然我深深渴望這個孩子，但我非常害怕母親這個角色。確切來說，當「媽」指的是什麼？那究竟代表什麼？從一方面來說，當「媽」這件事彷彿象徵幸福的未來，我想像的育兒過程像一場歷險，充滿了愛、歡笑、童稚的柔情蜜意（好啦，我知道我從此不能賴床了），在這方面我並非完全受騙；但是另一方面，我覺得自己彷彿加入了一個原本和我毫無關聯的團體。大家都恭賀我（終於）加入她們，但內心深處，我並不確定自己真的想加入，因為說實話，我總覺得這群人的生活無聊得要命；我總覺得踏進那扇門之後，我的話題就只剩下嬰兒副食品和小孩子會患上的各種疾病；我總覺得加入媽媽們的小圈子之後，我就勢必得離開女性主義者們的小圈子。

一九八〇年代出生的我，成長過程中早已習慣女性享有避孕權與墮胎權。基本上，我這個世代認為當媽是一種選擇，或至少可以是個選擇。我很清楚，我們之所以有這份自由都要感謝女性主義前輩們的奮戰，感謝她們讓性不再只是繁衍的同義詞、讓女人的一生不再只是始於生育，終於生育。多虧這些前輩與所有各自奮戰的女性們，我知道千年以來對女性的壓迫建立在生育這件事之上，因為生育，女性理所當然在社會上成為次等公民、理所當然被關在家裡。我和許多同年的女子一樣，看著自己的母親努力工作，深知自己不能只扮演母親角色，更絕對不能放棄獨立的社經地位。我是信念堅定的女性主義者，這一切在我腦中根深蒂固。此外，當時的我也很清楚女性主義運動甚少提及母職，若相關話題被提出討論，通常是為了替不生育的女性辯護：不生孩子，是很顛覆的行為；不生，是解放；不生，是很女性主義的。至於媽媽、她們的孩子和她們探討的問題就相反了……。

對此，我不得不感到疑惑，媽媽們難道與女性主義者的奮戰沒有直接關聯嗎？身為女性，生孩子一定代表站在父權體制那一邊嗎？因為如此，我就成了一個「不合格的女性主義者」嗎？渴望生子，卻又不想套上女性經常背負的枷鎖，我們這一代應該如何擺脫這些困境？我們難道沒有其他選擇，只能在成為母親的道路上，將我們的女性主義信念棄之不顧嗎？抑或我們有可能使上述二者（重新）和解？隨著韶光流逝，我的疑問有增無減。根據許多和我一樣的媽媽們的說法，和我抱持相同困惑的人絕對不少。

1 要活，還是不要活（以媽媽的身分）

注定的道路

我不知道妳們是否如此，但在我的人生中，這些句子是在我快滿三十歲時，開始像雨後春筍一樣四處冒出來。妳們知道的，就是那些對話，譬如在水果和甜點之間的空檔，若無其事地：「那妳什麼時候要生小孩呢？」、「妳爸媽現在就只等著抱孫子了吧！」、「妳快滿三十歲了，妳也知道事不宜遲……」老實說，我一向覺得自己以後會生小孩，也從來沒有隱瞞過這件事，但我從來沒想過，我的子宮有天會變成所有人感興趣的話題，我也沒預料到，會有這麼多人（不管是熟人還是不熟的人）認為自己有權過問我的生殖選擇，而且這些人根本不知道我和伴侶處得好不好、有沒有別的計畫等著實現、是不是其實無法成功受孕。他們像高速公路的熱心哨兵一樣，不斷提醒一件事以防我忘記：下一個出口叫做生育，我得開去那裡。除此之外，我還有其他選擇嗎？我是異性戀、有伴侶、有工作、年近三十……最重要的是，我是個女人，每個人都知道，女人就是應該要生小孩。

於是，輪到我進入母親們的天地時，感覺並非全然的愉悅，因為我覺得自己面對的是一個早已寫就的劇本。成為母親，就是扮演我身為女人被期待的角色，扮演亙古以來女性一直扮演的角色。當然一切沒有這麼簡單，儘管如此，無論我願不願意，成為母親就是遵守長久以來的沉重傳統、接受束縛與強制奴役。

事實上我們確實不可能忘記，自古以來，生育一直是女性的命運、是唯一值得走的路。首先，這是她們在生物學上的命運：既然大自然賦予她們子宮，就證明她們生來注定要生小孩，不是嗎？與其說是選擇，不如說生育是讓她們的女性特質得以圓滿的必備條件，因為眾所皆知，**沒生小孩的女人，不能算是一個「真正的女人」**。古希臘的醫學之父希波克拉底（Hippocrate）說的那句：「tota mulier in utero.（子宮代表整個女人。）」就是這個意思。到了十八世紀，啟蒙時期的法國醫師與哲學家紛紛引述這句話，讓我們瞧瞧狄德羅與達朗貝爾那本著名的《百科全書》（*Encyclopédie de Diderot et d'Alembert*）是怎麼說的——在「女人」這個詞條下面，這兩位思想家詳細說明女性的生理構造：她們的臀部較寬且呈現弧形（「用途是容納胎兒」），其組織與纖維（「用途是包覆胎兒」），還有她們的「乳房」（「位置得宜，使人類母親能在餵食孩子的同時看著孩子並撫摸他們」）……狄德羅與達朗貝爾認為一切清楚明白：「上述種種事實，都證明女人的命運就是生小孩並餵養他們。」[1]儘管這些女人除了子宮之外，也擁有雙腿、雙臂，甚至擁有大腦（真令人難以置信），這些也都能賦予她們其他命運，讓她們能邁步探索、創造事物、動腦思考。「自啟蒙時期至二十世紀中葉，主流思想始終認為女性的身體主要就是用來生育。」歷史學家愛蔓紐·貝爾希奧（Emmanuelle Berthiaud）總結[2]。這樣的命運不僅取決於天生因素，也取決於社會因素。

的確以歷史的角度來說，生養國家未來的主人翁以確保民族能夠延續血脈，一向是女性的職責，在十九世紀的法國，這一點儼然成為一種執念。當時由於人口銳減，女性（尤其是白人女性）的肚子成為全國關注的議題。「（十九世紀末）鼓勵生育的醫師們，由於憂心國家人口短缺、深知孩童的重要性，因此將繁殖視為國家民族生死攸關的重大課題，並強制女性將一切都奉獻給她的生殖功能。」學者瑪莉葉特・勒・登（Mariette Le Den）如此表示[3]。原因非常明顯，因為人口銳減都是女性的錯，因為她們導致「種族滅絕」（沒錯，就是這麼誇張）。瑪莉葉特・勒・登表示，簡而言之，「女性是出生率下降的罪魁禍首。」

由於先天的器官構造，生育成為報效國家的義務。男人愛國的方式是生產財富，女人愛國的方式是生產孩子。為了吸引女士們好好幹活（繁衍），某些人士絞盡腦汁、奇招盡出，當中的佼佼者應屬賈克・貝提雍（Jacques Bertillon），這位十九世紀法國人口統計學家，在出版兩本宣導生育書籍的空檔之間，提議訂定「兒童節」表揚那些生了很多孩子的家庭，總之這就是母親節的前身。我們都很清楚接下來的發展：第一次世界大戰、美國大兵、美式母親節變得廣受歡迎；接下來，便是領導維琪政府的貝當元帥（Maréchal Pétain）以「工作、家庭、祖國」為口號來慶祝母親節[4]。多產的子宮、通心粉項鍊，國家向妳致謝！

從此，美妝店的母親節特惠活動（好讓媽媽更美麗），以及家具店的廣告（唉唷，一臺吸塵器！）等等，用母親們的閃耀風采取代了愛國言論，但我們可別上當，儘管生育這回事不再被公開當成國民義務來討論，**它依舊是國家大眾最關注的焦點**。「法國曾經飽受鼓勵生育的傳統政策影響，生育率報告始終備受褒揚。」二〇一一年，歷史學者暨人口統計學家娜塔莉・芭卓斯（Nathalie Bajos）提醒我們[5]。關於這點，瞧瞧法國每年的生育率報告引起多麼熱烈的關注，彷彿奧運奪牌那樣光彩，〈法國女性生育率是歐洲第一〉，這是二〇一六年《費加洛報》的標題；二〇二〇年的法國電視臺（France TV）則在新聞中宣布：「法國依舊是全歐洲生育率的冠軍。」

要是明天法國女性失去衛冕者寶座會怎麼樣呢？二〇二〇年，新冠疫情已經（稍微）拉低了法國的生育率。「我們得重新振作。」家庭計畫署的高級專員法蘭索瓦・貝胡（François Bayrou）在一篇探討法國人口統計的文章中寫道[6]；地理學家羅宏・查拉荷（Laurent Chalard）則在一篇刊登於《費加洛報》（*Le Figaro*）網站的社論中問道：「我們需要建立獎勵生育政策來拯救暴跌的生育率嗎？」大體上，他在文中主張，「我們必須推動一種價值觀，讓人們將擁有後代子孫視為人生的首要目標，讓他們不再只追求物質享受，若非如此，就什麼都無法補救。」[7]真龐大的計畫。

以慾望為名的強制規定

請這些人放心吧！雖然現在的女性生的小孩比古早時期少（不過，和四十年前相比，顯然數字差不多），**但現在的女人們依舊深深感受到，在所有人的眼中，生育仍是她們生命中最重要的事**。除此之外，從她們年紀還很小的時候開始，大人就會主動把嬰兒娃娃和推車塞進她們手裡，讓她們知道這件事，而她們的哥哥和弟弟們玩的是截然不同的玩具。大人認為這些小女孩天生就對育兒有興趣，認為這些玩具符合她們的需求，並能為她們指引未來的道路。「她還這麼小，就喜歡嬰兒娃娃了……」祖母看著幾個月大的小孫女，感動地這樣說，對她來說這是天經地義的事。一個小女孩，她一定喜歡嬰兒；一個女人，她一定想生小孩，驗孕棒的廣告不就是這樣說的嗎？某天，這些廣告自動出現在所有使用網路的年輕女性面前的螢幕上，儘管她們從未針對這件事表達過任何意見[8]。這不正是某些育兒專家鎮日對我們嘮叨不休的主題嗎？相關案例不勝枚舉，但是，且讓我們看看《新手爸爸遜咖指南》（*Devenir papa pour les nuls*）[9]這本多人合著書籍的例子。

書中有一章談論的主題是想不想生小孩，而這一章的讀者（想必是未來的新手爸爸）會學到一件事：男人從來都不是真的想要小孩。「您就對自己老實一點吧，不管您多麼努力想讓您親愛的、溫柔的另一半相信這件事（這可不是指責您說謊，嗯……您只是沒把事情講清楚），但是事實上，您可從來沒在哪天早上醒來時，心想：『我想要一個小孩。』（…）您和所有男性同胞都是如此（沒錯沒錯，就連那些持反對意見的朋友也一樣），沒辦法像您的女人一樣那麼想要小孩。」這本書的作者們非常認真地這樣斷言。這些作者表示，女性則和男性相反，她們「迫切地需要」生孩子。問題不只出在她們所受的教育，也出在她們的生理特質：「女人對於孩子的『天生』渴望是生理的、與生俱來的。」兩位專家說得鏗鏘有力。嗯哼，在大自然面前，我們還能怎樣？

想不想生小孩，這問題並非枝微末節，生育是一種以慾望為名的強迫規定。儘管女性看似已擁有自由選擇權，但這些壓迫依舊不斷落在女性身上。「這壓力模糊難辨，不由分說地強迫女性成為母親，這壓力不再是從前那種命令她們增產報國的粗暴形式，而是採取一種心理學的戰術：每個女人內心深處都藏著一股想要小孩的慾望，因此生小孩是實現她的渴求，擔保她的幸福喜悅。（…）於是，要求女性為國家盡義務的愛國言論變成一種嘉獎，褒揚女性渴望成為人母。」在一篇引人入勝的相關研究當中，社會學家夏洛特・德柏斯特（Charlotte Debest）與伊蓮－露西・荷特佐格（Irène-Lucile Hertzog）表示[10]。

換句話說，**人們不問女性「是否」要生小孩（反正這件事天經地義），而是問她們「何時」要生**。這算是提醒她們守規矩，但一切都非常隱晦，這些問句看似不經意地出現在日常對話中、在咖啡機旁，或在家族聚會上。「社會常規強制人們繁衍，使得家人們不斷打聽女性們的生育計畫，好確認『一切正常』。當家族聚餐成為貨真價實的訊問場所時，負責進行這場社會控管行動的人，經常是這些女性的母親、婆婆與奶奶們。」德柏斯特與荷特佐格寫道。這些聚餐無法逃離，而男性們卻鮮少被生小孩的話題折磨。

德柏斯特與荷特佐格的文章說得沒錯，**這些壓力主要是施加於女性身上**。當然，生育是女性最顯著的特質，所以「製造家庭」是她們的工作。記者費歐娜・施密特（Fiona Schmidt）稱之為「生育重擔」，亦即「自孩提時期便被灌輸的種種成見，諸如：女性總渴望生小孩、生育讓女人快樂而安適、這一切都是常規、母性是女性身分認同不可或缺的一部分、生小孩是唯一值得的人生目標……上述種種偏見的總和」。如果女性表現出的渴求與上述成見背道而馳的話，誰管她啊？直到今日，女人依舊被認為應該生小孩……無論她們是否願意。

身體自主權，還早呢！

近日，美國婦女的墮胎權嚴重倒退，令人驚駭萬分，這件事提醒我們：儘管在那些自稱「自由世界」的國家，女性的身體自主權仍舊是一場硬戰。在法國，墮胎合法化已將近半世紀，理論上我們擁有選擇的權利（至少目前仍是如此），每一個希望終止妊娠的法國女性都能墮胎，然而，真實情形可沒這麼簡單。我還記得二〇一二年的某一天，我因為想墮胎而去求助我的家庭醫師，當時我還是大學生，剛發現自己意外懷孕，我非常焦躁、茫然失措，所以去找那位從小看著我長大的醫師，我以為他會告訴我接下來該怎麼做才能終止妊娠、以為他會用關懷的態度來傾聽我。我真是太天真了！「是忘記吃避孕藥嗎？您知道，避孕這件事不能馬虎……」這位醫師冷冷地這樣回答我，最後，他拒絕了我：「我什麼都不能幫您，您應該去找婦產科醫師。」謝謝，再見，魯莽的小姑娘，妳自己看著辦吧！幸好我在其他地方找到我需要的資源，儘管這一切儼然是一場與時間的賽跑。有多少女性無法及時找到友善的醫生（或只是足夠專業的醫師），因而陷入困境？

二〇二〇年十一月，隸屬社會環保共和集團（Groupe Socialiste, écologiste et républicain）的諾爾省（Nord〔Hauts-de-France〕）議員瑪汀・費勒爾（Martine Filleul）呼籲政府重視該議題。她指出，社經地位較低的女性比中產階級女性更常尋求終止妊娠，而在她服務的省分人口明顯較為貧困且社會地位低落，但是墮胎率卻遠遠低於全國其他地區。這現象該如何解釋？「專業醫師仍然以良心作為理由，拒絕協助女性終止妊娠，不僅如此，該地區乃是貨真價實的醫療荒漠，醫師短缺、專業人士不足、相關機構紛紛閉門，導致有需求的女性求助無門。」費勒爾發言表示[11]。

大約於此同時，國家倫理諮詢委員會（Comité consultatif national d'éthique, CCNE）提出一份報告，確切指出**終止妊娠在實行層面的結構性困難**：「在法國，墮胎權至今未受質疑，但有許多不同因素（太晚發現懷孕、預防措施與相關資訊不足、健保資源的區域不平等、不遵守法律……）使得在法定期間內完成墮胎手續變得困難重重，因而導致女性無法實現她們的抉擇，除非遠赴國外進行相關手續。」委員會據此表示，墮胎的法定期限應當延長[12]。

法國能否和德國、奧地利或西班牙一樣，將墮胎的法定期限延至懷孕十四週（而非原先規定的十二週）？這項修法提案在二〇二二年二月通過（過程飽受阻撓），期間引起兩年的喧嚷爭議。直到現在，我們仍無法確定醫師們是否妥協照辦，因為他們仍舊可以拿良心當藉口，瞧瞧法國婦產醫藥學會（Collège national des gynécologues et obstétriciens français, CNGOF）於二〇二〇年秋季針對七百八十三位醫師的調查報告結果：即使未來法律准許他們為懷孕十四週的女性墮胎，仍只有百分之三十七．二的醫師願意實施相關手術。

他們不僅不樂意執行墮胎，**許多婦產科醫師亦反對女性擁有永久避孕的選擇權！**換言之，就是俗稱的「絕育手術」，亦即輸卵管結紮。這項手術被禁止許多年（但始終有醫師私下執行），直到二〇〇一年才在法國合法開放，成年女性皆可執行，不需提出特別的醫療理由、無須伴侶同意、無論有無小孩都可執行。然而如同前述，理論上雖是如此……實際上可不是這樣，二〇〇七年，法國婦科醫藥學會聯盟（Fédération nationale des collèges de gynécologie médicale）對法國婦產科醫師們展開調查：當年（離現在也沒多久），百分之七的醫生認為唯有被醫師判定因為疾病而不適合懷孕的患者，方能接受絕育手術，另有百分之七堅決反對絕育手術。其他人當中，有將近半數（百分之四十三）表示會依照該女性的年齡和已生育子女數來決定是否同意；四分之一則表示，他們會要求該女子的伴侶簽名同意。歡迎回到十九世紀！

將近十年後，根據許多在這條路上艱苦奮鬥的女性的證言，一切似乎都沒有改變。譬如二十六歲的菈妮雅，她在《嫚談》（*Causette*）雜誌的訪談中表示自己為了結紮輸卵管看了五名醫師，而在諮商這些醫生的過程中，醫生以錯誤資訊誤導她（「絕育手術是違法的」），抑或對她說出性別歧視言論（「想想您未來的丈夫」）或種族歧視偏見（「像您這樣的人都喜歡小孩，您不該這樣做」）[13]。另一個案例是茱莉，儘管她已在服用避孕藥的狀況下墮胎兩次、在使用避孕環的狀況下流產一次，她花了三年看了十個婦產科醫生，沒有醫生願意執行手術，最後她只好放棄。「當中有個醫生信誓旦旦對我說，必須年滿三十七歲而且生過至少四個小孩，才能做絕育手術，而我當時只有三個小孩。另一個醫生狠狠罵我一頓，彷彿我是耍任性的小孩子。第三個醫生則罵我說，我不應該在懷孕時（編按：當時茱莉懷著她的第四個小孩，是她使用避孕環但依舊懷上的孩子）做出這麼重大的決定，因為孕婦太過情緒化。」茱莉在網路雜誌《頁岩》（*Slate*）的訪談中這樣說[14]。

因此我們不難理解，為何法國有伴侶的婦女當中，只有百分之三．八實施絕育手術，該數據在德國是百分之八、加拿大是百分之十一、美國是百分之二十二[15]。我們也不難理解，為何女性們在網路上偷偷交換那些願意執行絕育手術的（少數幾個）醫師的資訊，最重要的是，根據上述種種，我們更能理解對一名女性來說，拒絕成為母親是多大的禁忌。

不生的慾望

「妳不怕以後會後悔嗎？」、「妳還有時間改變心意……」、「這是妳自己做的決定嗎？」、「妳真的確定嗎？」這些問句其實也可以用來詢問孕婦，但聽見這些問句的永遠是沒有小孩的女生。她們總被懷疑鑄下大錯、不太正常、哪裡怪怪的、有缺陷，或是非常不幸（或是以上皆是），**選擇不當媽的女性們，始終被綁在火刑臺上**。追根究柢，她們為何不想生子？因為她們想保有自由——這是社會學家夏洛特．德柏斯特的研究主題。「在法國，大約只有不到百分之五的無子女性選擇沒有小孩。根據統計數字，這些女性不生小孩最主要的原因是沒有小孩很好、她們有其他更想做的事、她們想保有自由。她們是主動選擇這樣的喜樂與解放，對這些女性而言，生育既不是人生中非得經歷不可的階段，也不是她們身分認同的一部分。」德柏斯特在《人道報》（*L'Humanité*）中如此分析[16]。這些女性選擇忠於自我，並且近幾年來，**她們勇於公開表達她們渴望不要當媽**（她們過得很好，謝謝）。

二〇二一年，克洛伊．秀岱（Chloé Chaudet）的新書書名大聲宣告《我決定不當母親》（*J'ai décidé de ne pas être mère*）[17]；二〇一九年，活躍於婦運圈的貝緹娜．茱荷莉（Bettina Zourli）出版了《自由無子，我不想要小孩》（*Childfree. Je ne veux pas d'enfant*）[18]；幾個月後，則是記者費歐娜．施密特出版《放過我們的子宮吧！》（*Lâchez-nous l'utérus !*）[19]，她在書中釐清了生育重擔對她造成的壓迫，並解構了一般對於（不）生育的刻板偏見：「在法國，不想當媽這件事，總被視為『非慾求』，也就是一種缺憾、一個空洞、女性歷練的一段空白，彷彿少了一種火苗，沒有點燃那個理應在（名為家庭制度的）大燉鍋下面熊熊燃燒的火苗，總之就是一種系統錯誤，是女性這種伺服器的『錯誤訊息』。」她以幽默的口吻在書中這樣描述。她不僅揭露「自由無子人士」（選擇不生的人們）承受的壓力與閒言閒語，更指出某些「自由無子人士」針對為人父母者的猛烈抨擊，尤其是針對母親們的敵意。

這兩個族群都因為母職議題而飽受壓迫，她們應該可以攜手並進、共同對抗種種偏見，然而實際上，**母親（以及未來將會成為母親者）與「自由無子人士」之間，是一場壁壘分明的壕溝戰**。在這場姊妹相互殘殺的戰爭中，媽媽們就算支持每個人的自由選擇，卻仍然經常被抨擊。如果想了解她們面對的敵意有多強烈，只需要在「自由無子人士」的相關論壇或群組稍微逛逛，一下就好，就會發現這些文章如何愈說愈把「馬麻們」講得荒謬可笑：這些愚婦難道不懂，我們的社會就要滅亡了嗎？她們讓人類帶給生態環境更多負荷，不覺得可恥嗎（女士們，亞馬遜雨林可不會感謝妳們）？她們根本不知道環境要為一個小孩付出多少代價吧？再說，她們有意識到自己是因為因循守舊而選擇生小孩嗎？她們把女性主義的奮戰擺哪去了？她們不覺得自己成為父權體制的共犯嗎？她們不覺得自己背叛了女性主義嗎？

很長一段時間，這場角力的詞彙大約就是如此，一邊是強制母職的悠久歷史，再加上社會不斷強迫女性生育的壓力；另一邊則是反對生育的言論，而這方面的言論幾乎總會成為攻擊母親的謾罵。但是現在不同了，如今「自由無子人士」與媽媽們同心協力，期望能有更多像費歐娜·施密特和貝緹娜·茱荷莉這樣的女性，她們解構了母職的強制性質，在高聲疾呼自己渴望不當母親的同時，亦支持那些成為母親的女性。但願母親們能夠質疑生小孩的慾望，揭穿母親處境的真相，並像記者荷內·格薩爾（Renée Greusard）一樣，挺身爭取「清楚明確的『知情同意』母職」[20]；但願在日常生活中，像您和我這樣的女性都能試著找到第三條路，能夠結合我們的女性主義信念與育兒現實處境的路。願這條道路能使我們睜開雙眼看清自身處境卻又不因此放棄母職。在這條路上，我們知曉，成為母親經常代表融入體制，但也可以比乍看之下更具顛覆性。

2 想要才生，想生的時候再生，和喜歡的人一起生

生育論戰

「失敗了，人工授精沒有成功。我們下個月會再去比利時。」最近，一個朋友這樣對我說。她半是向現狀屈服，同時卻又不屈不撓，她希望能夠受孕而接受人工生殖療程已經將近一年了。她是女同志，所以每個月都必須和她的伴侶隨時衝去比利時，才有希望實現她們的求子計畫。她們沒有其他選擇，因為當她們開始求子時，法國法律還沒准許女同志伴侶與單身女性接受人工受孕療程，因此她決定去國外接受精子捐贈，成為眾多「法外媽媽」的一員，像她這樣的女性，每年約有三千五百人。儘管如此，很長一段期間，她還是希望有天能夠不需要再遠赴國外求子，免去舟車勞頓、心力交瘁與多餘的經濟開銷。這項開放所有女性皆能享有人工受孕療程的法案，歷經了好幾年的討論，然而打從很久以前，已有許多女同志伴侶與單身女性成為人母，這項法令不過是使既存事實變得合法而已。但事情沒這麼簡單，這條法令引發的爭論無止無休，因為許多人認為應該維持現狀，也就是唯有異性戀伴侶才有權接受人工受孕。這件事提醒我們：沒錯，**成為人母的權利，也是女性主義的議題之一**。

這條法令於二〇二一年八月頒布，准許女同志與單身女性接受人工受孕療程，但國會歷經好幾年的

躊躇不前與反反覆覆，方才達到共識。立法的陣痛十分漫長，經過將近十年的政治論戰，法國女同志與單身女性才終於能在自己的國家懷胎受孕。該法令先是二〇一二年法蘭索瓦・歐蘭德競選總統時的競選承諾，接著又成為艾曼紐・馬克宏二〇一七年的競選承諾，大體上，民眾似乎傾向贊成：二〇一九年，百分之六十三的法國人對此表示支持[21]。然而，上述民意並不包括反同婚陣營「全民遊行」（Manif pour tous）大舉動員的支持者，自從二〇一三年法國通過同性婚姻法之後，他們就不斷反對全面開放人工受孕：「自由，平等，父愛」、「人工生殖無父親，痛苦無止盡」、「＃人工生殖法：別讓下一代找不到爸爸」……，無論是遊行示威、連署抗議，或是上電視、上國會，這些反對者大力抨擊他們視為異端的同志家庭，而他們使用的言詞非常難聽。儘管反對勢力如此暴力，法條依舊通過了，自此之後，法國健保補助女同志與單身女性接受人工受孕療程，直到年滿四十三歲為止。

話雖如此，在落實法令這方面，**這場戰役仍未結束**。法條雖已通過，卻有另一個阻礙：漫長的等候期。法條通過之前，等候捐精者的伴侶需要苦等十二至十八個月，等候捐卵者的伴侶更需等待十二至二十四個月；人工受孕開放給所有女性之後，患者人數倍增，等候時間又更長了。二〇二一年秋，人類精卵保存與研究中心之法國聯合總會（Fédération française des Centres d'étude et de conservation des œufs et du sperme humains, CECOS）主席凱瑟琳・紀優曼（Catherine Guillemain）表示：「所有生殖中心都忙不應求。有些中心有上百組病人等著初診……其他中心已經忙到無法負荷，所以連候補名單都無法登記。新法通過之前，我們的病人數量就已經超級緊繃了！」[22]原因是什麼呢？缺乏人手、設備不足，除此之外，也因為可使用的精卵數量極少，遠遠無法應付求子的人數。以黑人女性為例，平均而言，她們的等候時間是白人女性的四倍——也就是八年左右！才有希望等到符合她們特徵的捐卵者。

上述情形，桑德琳．恩格裘（Sandrine Ngatchou）非常清楚，這名非裔女子自二〇一四年開始因不孕症而求診，她的情況需要有人捐卵，她的求子之路障礙重重，據她表示，她以女性主義的角度來看待這個過程[23]。等待捐卵的期間，她開始思考自己為何想要小孩，並開始被社會運動吸引，探討生殖的正義問題[24]，因而發現黑人女性在人工受孕相關議題上是被媒體與體制視而不見的，最後她在中途放棄求子計畫。二〇一六年，她的媒體寶寶誕生了：「讓我得卵吧」（Ovocyte-moi），它是一個YouTube頻道暨臉書頁面，企求藉此在黑人社群中提供一個關於不孕症的對話空間；藉此，她希望能使捐卵的重要性更被重視；藉此，她也想提醒大家：生育對許多女性而言，仍舊是一場戰役，在這方面並非每位女性都是平等的。

人工受孕開放給所有女性的法條通過翌日，長期伴隨性少數人士求子的社團組織「彩虹的小孩們」（Les Enfants d'Arc en Ciel）表示，「多年來被當成次等公民對待之後」，終於「鬆了一口氣」，但該組織也針對各種歧視表示遺憾，因為某些歧視並未伴隨法條通過而落幕。儘管法律認可女同志母親，法國依舊對她們的療程設立特殊條款，女同志雖能享有人工生殖，但依舊禁止使用「接受伴侶捐卵」（Ropa）療法，也就是由女同志伴侶的其中一位媽媽負責捐卵，體外受精之後，再將受精卵植入這對伴侶的另一位媽媽的子宮內。換句話說，法國的女同志伴侶無法像在西班牙一樣，將卵子捐給自己的伴侶，即使她們是基於醫療原因（子宮內膜異位症、卵子庫存不足……）而需要使用該療法，懷胎者也不能使用伴侶的卵子。針對上述情形，「彩虹的小孩們」與許多性少數相關團體皆表示，這條法令「確實是邁向平權的一大步，但我們還有很長的路要走」。況且在這條路上，有些人早已中途被判出局。

不同於我們所想，**「開放給所有女性」的人工生殖法，並不是真的開放給所有女性**，因為它完完全全地、不假思索地，將所有跨性別人士都拒於門外。具體來說，目前在法國，一名跨性別女性不能讓女性伴侶使用她的精子來進行人工受孕，而已經在戶政單位更改性別的跨性別男性也無法申請人工生殖。「我希望你們能夠理解，這一切多麼荒謬。」瑪儂．柏希（Manon Beury）在《解放報》（*Libération*）一篇短文[25]中這樣控訴：「我的女友早已將她的精子冷凍庫存，所以我們只需要把精子調出來使用即可，就像所有異性戀伴侶的人工生殖程序一樣，但是新的生物倫理法卻不准許我們這樣做。如果我們想做人工受孕的話，只能使用匿名捐精者的精子。這法律一點意義都沒有，它只是不想讓跨性別女性有小孩而已。」

雖千萬人吾往矣的母親

生育是一場盛大的賽事，所有女性都被認為應該參加比賽，但有些女性卻是事先就被判定不符參賽資格。她們被認為不合格，因此無法取得「優良品質認證」的好媽媽認證標誌，只能被迫打消生小孩的渴望，乖乖坐板凳旁觀。跨性別女性尤其如此，直到不久之前（確切來說，直到二〇一六年為止），她們必須接受絕育手術，才能變更身分證上的性別。一九七〇年代，數千名來自留尼旺島的女性也遭受類似命運，她們在法國政府強迫之下，被迫墮胎並施行絕育手術。體重過重的女性也是如此，不少醫界人士**總不由分說勸阻她們懷孕**。

二〇一八年，巴黎科欽醫院的醫療倫理中心（Centre d'éthique clinique de l'hôpital Cochin à Paris）針對該現象舉辦一起調查，探討體重過重的女子懷孕（或希望能夠懷孕）時，醫生如何以歧視的態度對待她們，這是相關主題的第一份調查報告[26]。諮詢婦科醫師、產檢、人工受孕……研究人員針對五十多名身體質量指數超過三十並渴望生子的女性進行研究：「如果您不瘦身的話，您永遠不會懷孕。」其中一人的婦產科醫師這樣告訴她；「所以您看不出來嗎？以您這樣的狀態，懷孕的話，絕對必死無疑。」另一人的醫生這樣說；「您知道，就算懷孕，您還是可以節食。」一名產婦被這樣教訓；「太太，您不能變得更胖，不然我們永遠看不到寶寶。」另一個醫生如此斥責。這起調查的研究人員認為，很明顯地，「無論是產檢或是人工受孕療程，患者與婦產科醫師的關係日益惡化。彷彿醫生有權因為女性懷孕而讓她背負罪惡感，更有權因為她想懷孕而讓她感到罪惡。」

二〇一八年，英國女性妮可菈・薩爾門（Nicola Salmon）發起主題標籤運動「#胖妹的生產權也很重要」（#FatFertilityMatters）。「體重過重的女性們總不斷被告知她們不應懷孕，說她們若懷孕的話是一件很不負責的事，甚至會在妊娠過程中對寶寶產生危險。必須經歷這些批評的女性，是偏見與嘲諷的受害者。她們因此覺得無法表示異議，並且不敢要求她們身為人類理應享有的醫療服務與支援。」薩爾門表示[27]。這些女性只因為想生小孩就被控訴，有些甚至被生殖中心拒於門外，理由是她們應該先減肥再做人工受孕，而那些得以進入療程的女性們，則在新冠疫情期間非常驚訝（絕對不是驚喜）地發現，她們的療程被突然中止。「這些療程已讓人吃盡苦頭，結果他們突然說：『妳無權繼續，因為妳太胖了。』」三十三歲的夏洛特這樣說[28]，「這一切都讓我們充滿罪惡感。不孕症已經是個問題，更糟的是，我們沒辦法被常規認可。這些指責迎面而來，幾乎是在羞辱我們。」

這類羞辱，身心障礙的女性也逃不掉，她們也經常被規勸不要當媽：**人們認為，母職與身心障礙擺在一起，是無法想像的**。涉及精神疾病或精神障礙時，情形更是如此。研究療養院中的精神障礙人士之性相關議題的社會學家露西．娜亞克（Lucie Nayak）於二〇一四年表示：「精神障礙人士一般被呈現出來的形象，會讓人以為障礙者全都沒有能力照顧自己的小孩。於是這些人的孩子注定被強制安置於育幼院或寄養家庭，因此注定不幸。法國少有相關研究，但其他國家尤其是加拿大的調查指出，在專家陪伴之下，輕度精神障礙人士完全有能力扶養小孩。」[29]至於那些行動不便、視覺或聽覺障礙、神經認知障礙，或是患有妨礙日常機能疾病的女性，當她們希望成為母親時，受到的阻力會比較小嗎？並不見得。

這些女性當中，許多人詳述她們表達自己想生小孩時，親友和醫師們如何以懷疑的態度論斷她們沒有能力當媽：她們不怕把缺陷遺傳給小孩嗎？真的要冒這個險嗎？她們有能力照顧小孩嗎？她們打算怎麼做？成年之後才成為身障人士的愛蓮娜．霞莫羅（Elena Chamorro），她身為人母，同時亦是「身心障礙者平權暨解放奮戰組織」（Collectif Lutte et handicaps pour l’égalité et l’émancipation, CLHEE）的活躍成員，她宣告自己想生小孩時，周遭所有人尤其是婦科醫師的反應，使她意識到身為身心障礙女性是怎麼一回事。她在部落格寫道：「我是一名『非女性』，而『非女性』對孩子的渴求是不正當的。此外，『非女性』的所有女性慾望都是不正當的。身心障礙女性不被允許擁有慾望。她只有需求，而這些需求是由他人幫她界定的。」[30]她提醒我們，「身心障礙者當媽（仍舊）是一種顛覆性的行為。」當妳坐著輪椅、戴著助聽器，同時又有一個小孩時，妳不僅只是一個非典型的家長——妳已經像駭客一樣，擾亂了優良媽媽的系統。

擺脫「優良」母親的規範清單

因為女人們被認為有義務生小孩，而且這件事不可延宕，正如社會學家維吉妮・侯賽（Virginie Rozée）觀察到的現象，社會施加壓力的催生對象，「主要是年過三十尚未生育、已與男性伴侶交往數年」的女性，這並非偶然，而是因為這是「被認為有權生育的最低社會條件」[31]。換句話說，**如果想要表明自己想升級成為母親**（意思是那種被認可的、受表揚的、在「女性特質」這塊蛋糕上如同櫻桃的那種媽媽），**還得符合優良母親標章認證的種種標準**。講明白點：順性別女性、沒有身心障礙、纖瘦、有伴（拜託，當然是男伴），而且年齡介於二十五至三十五歲之間，毫無誤差。

未滿二十歲的時候，我們確實會被歸類為「過早懷孕」，因此屬於異常（就算是計畫懷孕也一樣），這類情形總被視作公共健康的社會問題……儘管並非如此。學者安・達蓋爾（Anne Daguerre）針對法國與英國進行一番相關研究[32]，她表示：「青少女懷孕之所以使人困擾，主要是基於政治上與象徵性的理由。（…）她們若造成社會困擾，是因為她們擾亂了西方社會建構的生育時序。」因此女生們得小心注意，不能太早生，但也不能太晚生。

因為年滿三十五歲之後，我們便被稱為「高齡產婦」。棒透了，對吧？如果超過了四十歲這個命運交叉點的話，唉唷……我們就玩完了！年過四十，我們就進入了社會學家賽西兒・夏赫拉普（Cécile Charlap）所謂的「社會性更年期」，因為社會禮俗要求我們年滿四十就不能再生小孩。有這種荒唐念頭的女性總會被嚴加警告，這邊這樣寫：「年過四十還懷孕，是理智的行為嗎？」那邊那樣講：「太晚懷孕：醫師們提出嚴正警告。」這些警告的成效見仁見智：高齡產婦的人數雖然比二十世紀初的時候少很多，但是從一九八〇年代起，這數字就不斷上升，二〇〇五年，家庭、孩童與年齡高等委員會（Haut Conseil de la famille, de l'enfance et de l'âge, HCFEA）已憂心忡忡表示這是一場「確確實實的公共健康危機」。這麼誇張！

四十幾歲才生的媽媽們是否即將引發一場公共健康社會危機？二〇一一年，四位法國社會學家與人口統計學家試圖探討，上述這些導致人心惶惶的言論究竟有沒有科學依據[33]。結論是：儘管年紀愈高的產婦（自三十五歲開始）愈有可能導致染色體異常造成的畸胎、孕婦糖尿病及高血壓，但高齡產婦的妊娠過程更受醫師詳實關注，而且研究指出，「沒有理由將孕婦的年紀視作唯一的致病因素。」事實上，高齡的危險之處，只有一項是醫界人士都一致贊同的：年紀愈大，確實會愈難受孕。關於這一點，在男性身上也是一樣的，然而，催促男性注意生理時鐘的聳動言論少之又少，也沒有媒體會將焦點放在太晚當爸的男人身上。「從畢卡索到六十七歲生子的演員蒙頓（Montand），年過四十的新手爸爸似乎從未引起公憤，而頂著大肚子的灰髮女子卻成為媒體經常呈現的醜惡形象，用以指責人工生殖過度濫用。」這篇報告如此表示。

女人們被督促要生孩子，不只要注意幾歲生，還要注意生幾個，大家都知道，只生一個有點少——而且想也知道，小孩可能會有問題。但是如果生超過三個的話，那真的太多了。而且，這很有可能是家庭功能失常的徵兆，想也知道嘛！**如果妳想被授予「母親」勳章的話，原則很簡單：妳得扮演早餐麥片廣告裡的溫馨歡樂完美家庭**。至少，別人是希望我們這樣相信的。

打從幾年前開始，掀起了一股反叛之風，在我們這屬於母親的國度轟然咆嘯，把完美父母的陳腔濫調連同它的甜美醬汁一起帶走吧！忘掉那條閃閃發亮、被踩得結結實實的母職之路。女人們一向被強迫灌輸種種禮教禁制直到灌飽為止，但是現在，**愈來愈多女性勇於擺脫「優良」媽媽的規範清單**。是的，她們想成為母親，但是她們不會簽下效忠父權體制的宣誓書。無論她們是決定跳脫異性戀框架去生孩子、無視只准許身心健全者生子的社會，或是逆轉社會決定的生育時鐘，這些母親積沙成塔，她們漸漸解構了母職體制。而且就算是所謂符合常規的母親們，她們當中也有許多人開始發聲，說她們受夠了，她們再也無法忍受被壓迫、被塑造成神話般的形象、被迫忍受差別待遇。這些媽媽不只再也無法忍受，而且也不打算繼續窩在廚房裡，她們更不打算躲在女性主義運動的後院。

3 母職並非效忠父權

母職與女性主義：絕不可能並存？

在我們的集體想像中，母職與女性主義經常被認為格格不入，甚至背道而馳，這類偏見的誇張程度，總令我感到震驚。無論妳是在喝咖啡聊是非時，還是逛菜市場時聽見相關討論，大家似乎都同意：女性主義者不喜歡小孩。想也知道、眾所皆知，女性主義者全都凶巴巴、冷血無情（她們墮胎毫不遲疑，這不就是證據嗎？）、都是潑婦、厭惡男人。反正她們根本不可能有小孩嘛！大家都這樣說，她們那麼醜，又是性冷感、沒人愛，骨子裡其實是隱藏的蕾絲邊或分離主義的女同志吧？噢不，女性主義者、小孩子，這兩者絕對扯不上關係。而且如果真的發生奇蹟（或是出於不幸），她們生了小孩的話，也不會真的花時間去照顧孩子，因為她們工作太忙。如果她們對生小孩有興趣的話，那一定只是為了打擊孩子的父親、敲詐贍養費，不然就是為了把這些小男孩給閹割掉（據說她們還會在半夜舉辦祭典，把小孩吃掉）。以上，大約就是女性主義運動引發的輿論反應，這些誇大至極的刻板印象，至今仍像滾雪球一樣，在人們心中不斷滋長。

然而，**並非只有膚淺的反女性主義者與極端保守的社論撰寫人認為母職與女性主義是敵對的**。當我詢問一些自認熟悉女性主義論戰的女性時，她們的回答印證了這一點，在她們當媽之前，這兩個主題對她們來說，是可以並存的嗎？「不行吧？沒人能夠想像一名女性主義者身穿圍裙、正在幫親愛的老公準備他下班回家後的晚餐，而她的寶寶正在花園裡亂啃東西。話雖如此……」二十七歲的伊莎貝兒這樣回答我；「很長一段期間，我認為這兩件事是不能並存的。女性主義者支持的是婦女解放，就這個觀點來說，生育就等於放棄抗爭。」二十四歲的克拉拉滔滔不絕，對她而言，「女性主義母親」聽起來就像「矛盾修辭」；三十三歲的克萊兒也一樣，她認為這兩個詞「背道而馳」：「我覺得當媽，尤其是當家庭主婦，代表妳最後終究以女人的身分犧牲自己，所以和女性主義無法共存。」她解釋；二十八歲的女性主義者佐伊說，成為母親之後，她「覺得迷惘」：「我眼前的女性主義友人們，她們都是自由之身、有時間參與抗爭活動。」她就無法如此，因為她現在有一個小孩；麗莎則說，她原本覺得當媽之後，她「必須忘記她的女性主義抗爭」：「在這方面，我們能找到的資源很少。女性主義者彷彿不會成為母親（這方面的例子太少，無人能讓我們將自己投射在她們身上）！」至於瑪西雍，在這方面，她只看見「一場等待和解的衝突對立」。

這並不真的令人訝異。因為在婦運圈內，生育這件事仍慘遭質疑目光。二〇一九年，烏克蘭女性主義運動團體費曼（Femen）的主要領導人物伊娜・舍甫琴科（Inna Chevtchenko）懷孕時，人們的反應也是如此：「您的女性主義發生什麼事了？」、「噢不，拜託，不要連妳也這樣！」、「這代表妳們的運動精神『我的身體就是我的武器』結束了嗎？」、「您現在要終止您的政治抗爭行動嗎？」電視節目《嚼嚼》

（*Broute*）甚至讓演員寶琳・克雷蒙（Pauline Clément）扮演懷孕的她，大肆嘲諷，您或許也看過那一集。某個聚會上，一名年輕女子手上拿著啤酒走過來問她：「啊，妳懷孕了？」然後說：「啊，真妙，我還以為妳是女性主義者。」接招！

由「母性女性主義」至「母職即奴役」

為何母職與女性主義如此難以共存？若要深入了解，就必須追溯婦女運動的歷史。婦女運動在法國的歷史，確切來說，始於……始於母親。法國大革命期間，婦女被鼓勵參與政治，正是因為她們必須擔負母職（尤其是，她們身負教育孩子的重責大任），儘管幾年後她們就被排除在外；十九世紀末，第一波女性主義浪潮的女性投票權擁護者們，儘管不再全然以母親身分自居，但她們使得母職更受重視。當時，確實存在一股**自由選擇母職的女性主義浪潮**，要求讓女性有權選擇是否成為母親，但這股浪潮被**母性女性主義**的擁護者取代，她們爭取的是母親們的社會福利：讓有工作的媽媽得以休產假、向產婦或獨居母親提供醫療服務與援助……在那個鼓勵生育、嚴懲墮胎、禁止提供避孕資訊的時代，掌權的男士們願意傾聽她們的意見。「他們參考了女性主義者的要求，建立一套家庭政策，制定了產假制度（一九〇九至一九一三年）、生育保險（一九二八年）、家庭津貼補助（一九三二年）。」專研女性主義與母職史的歷史學家伊芳・倪貝樂（Yvonne Knibiehler）如此表示[34]。

嬰兒潮爆發，第二波女性主義風起雲湧時，**母職議題再度被搬上檯面……然而這一次，是為了將它**

連根拔除。墮胎、避孕——事關緊急、火燒眉睫、攸關生死，六〇至七〇年代的法國，婦女運動頑強奮戰，爭取身體自主權、性解放，不再忍受妊娠之苦，不用再被關在家裡。那個年代，大家讀的是西蒙・德・波娃於一九四九年出版的《第二性》，在這本劃時代的著作中，波娃嚴加批判所謂的母性本能並質疑母職，她在其中只看見女性們的放棄與屈從，她在書中以厭惡的口吻描寫孕婦，相當苛刻：「她落入大自然的圈套，她既是植物也是野獸，她是用來儲存膠質的容器、一個孵蛋器、一顆卵子。」波娃的觀點既顛覆傳統又掙脫束縛，深深影響了年輕一代。歷史的諷刺之處在於，波娃如此痛斥母性，她自己卻在今日被視為法國女性主義之母。

婦女運動一向擁有許多流派，其中當然有一些不同的聲浪擁護母職，將之視為女性知識與權力的實踐場域，這些主張通常被稱為本質主義派或差異女性主義派，代表人物是安端涅特・福克（Antoinette Fouque）與愛蓮・西蘇（Hélène Cixous）。然而很快地，唯物主義派取而代之，唯物主義認為母職是父權體制的主要幫兇，因為在家庭的框架當中，女性的育兒工作與家務勞動被「男性階級」據為己有；女性（在經濟、身體、社會與政治等各個層面）所承受的種種壓迫，在家庭中最顯而易見。一九七〇年代初，女性解放運動（Mouvement de libération des femmes, MLF）的遊行隊伍高喊：「幹活、洗衣、小鬼頭，我們受夠了。」幾年後，團體「奇美拉」（Les Chimères）寫了《母職奴役》（*Maternité esclave*）。**第二波女性主義到達顛峰時，母職議題是被排除在外的**，「幾乎沒人考慮到這件事。我們為了『母職自由選擇權』而抗爭，但我們當中多數人都逃離了生育。儘管我有些夥伴還是生了孩子，但她們並未以女性主義的角度來談論這件事。」歷史學家瑪莉喬・波奈特（Marie-Jo Bonnet）在《解放報》中，針對她曾參與的女性解放運動這樣說道[35]。婦運人士站一邊，母職議題站另一邊，位於這兩者之間的，則是擁護女性主義……同時也身為人母的女性們。

我們的母親（也）曾經抗爭過

史上著名的婦運人士多半單身無子，有些則是女同志，儘管如此，**七〇年代的婦運人士當中，也有不少媽媽**。這些女性如何結合她們的女性主義信念與身為母親的現實處境呢？她們是否曾在開會討論時以強勢的態度提出這些問題？她們的女性主義實踐又如何影響她們當媽的方式？一九九〇年代，社會學家薩賓・佛提諾（Sabine Fortino）著手研究第二波女性主義的有子婦運人士，她的調查結果非常有意思[36]。她的參考文獻包括婦女運動的歷史檔案資料庫，以及十五名婦運人士的訪談資料，這些訪談對象於一九六八年至一九七五年期間，在參與社運的同時成為人母。薩賓・佛提諾最想知道的是為何當時沒人談論母職議題，「運動對此保持沉默的主要原因，應是當時像她們這樣有小孩又有參與運動的人著實不多。然而多數訪談對象堅持表示還有另一個原因：她們認為自己被其他成員排擠，不然就是被集體批判，對方的批評相當明確、不無暴力。」薩賓・佛提諾這樣表示。

薩賓・佛提諾特別舉出丹妮爾的例子，丹妮爾希望她參與的小組能夠討論母職與教育等議題，但她的提議無人聞問：「當妳加入一個解放運動的組織，到了現場，卻發現在這個妳以為可以解放的地方，妳的一部分卻禁止進入此地，那是一件很令人難受的事。」這位從前的運動分子這樣說道；菲德麗克則說，有小孩的參與者們能感覺其他人**懷疑她們背信棄義**，「有小孩彷彿就是背叛。對那些深信生育就是向男人低頭妥協的人來說，生小孩是非常嚴重的背叛。對這些人而言，生育是一種社會傳統，是將女人困在僕役身分之中，讓她扮演傳統角色。（…）若想保持真正的獨立精神，妳就不應該生小孩。」她回憶道；蕾吉妮甚至**覺得被排斥**：「當我帶她（我女兒）去開會時，其他成員全都一聲不吭。她們沒問：『這是妳女兒？妳兒子？他叫什麼名字？』彷彿世上沒有小孩。這經驗很令人難受，妳因為有小孩就被排斥（…）所以，我很開心我有個女兒，但另一方面我又覺得……也不是覺得可恥，但我就是不符合規範。」薩賓・佛提諾的報告如此寫道。

在這樣的情況之下，這些女性似乎**沒有機會一起思索她們身為母親的處境，以及她們孩子的（女性主義）教育**。「事實就是，這些問題沒被思考，而團體無法影響（也不打算影響）這些媽媽成員的生活實踐。她們因此成為單一個體，孤軍奮戰。」薩賓・佛提諾寫道。女性主義母親們沒有榜樣可以參照，也無法和同伴分享討論，只能盡己所能、自己想辦法。「新的教養模式使媽媽們面臨諸多挑戰，她們覺得孤單、與世隔絕，甚至覺得被拋棄，因為這場在其他方面陪伴她們解放的社會運動背棄了她們。」薩賓・佛提諾這樣寫道。她也在文章中提及，一九七〇年代末，相關言論的風向已然改變：不久前還被排除在外的母職，此時終於被高度重視，有時甚至被神聖化。不過到了這個時候，婦女運動已經流失許多成員，其中包括早期那些只聽見別人批評生育即奴役的媽媽成員。**我們是否應該將之視為第二波女性主**

義衰退的原因之一？「身為母親的日常經驗，以及主流理論長期以來對母職的論調，這兩者之間的落差，究竟在何種程度上使得她們因為被邊緣化而遠離婦女運動是值得討論的問題。」薩賓．佛提諾提出她的看法。

一九六〇、七〇年代的反生育風潮，是否也導致下一個世代遠離女性主義運動？這是魁北克女性主義者蜜席安．庫隆貝－龐比昂（Myriam Coulombe-Pontbriand）於二〇〇八年提出的假設。當時她發現許多成年女性，也就是女性主義媽媽生下的第一代、「西蒙的孫女」世代——她們多半拒絕將自己定義為女性主義者。「她們的不自在是顯而易見的，甚至深深烙印在心底，」她寫道[37]。「關於這個現象，我認為有部分原因是當代女性主義與母職議題之間的模糊混亂關係。我身邊的年輕女性成長於兩性不平等的議題之中，而進步派針對母職的言論過度稀少，使她們覺得狼狽。某些女性會自問：『如果自稱女性主義者的話，能夠以正面支持的態度談論母職嗎？』這些年輕女子難以將自己歸屬於女性主義運動，婦運圈對於母職的模稜兩可態度，似乎使不少女性避而遠之。」

第二波女性主義運動之後的幾十年，出現了各式各樣的新論戰：一九八〇年代的工作權議題、一九九〇年代的家庭議題、二〇〇〇年代的性別議題……然而，就是沒有母職議題。「對現代女性主義而言，找到能協調母職與自由的方法，這是一大挑戰，甚至是最重大的挑戰。這難道不是『西蒙的孫女們』最重要的任務之一嗎？」蜜席安．庫隆貝－龐比昂如此尋思。過了將近十五年，這些（曾）孫女們似乎決定接受這項挑戰，母職議題以前所未有的能量，成為女性主義運動的新動力。

母親們的 #MeToo運動：母職激發的女性主義意識

二〇一七年底，超過幾百萬名女性掀起 #MeToo運動的同時，另一波女性主義聲浪亦正在浮出水面——母親們的吶喊。這些母親已在她們各自的角落孤軍奮戰好幾個月或好多年，如今她們決定發聲，她們陸陸續續將其他人至今悶不吭聲的事攤在光天化日之下：當媽的困境、家務分配不均、社會歧視。她們並不是第一批遇見這些問題的母親們，但是和先前的母親們相較之下，她們的作法改變了：**她們讓這些議題不僅只侷限於母親的世界，而是用強而有力的方式，讓它成為整個女性主義必須面對的議題。**

「在開明先進的現代社會中，母職是最令人尷尬的小祕密之一。女性主義思潮已活躍超過百年，當中有五十年是第二波女性主義，它已花費許多時間高聲疾呼並奮力對抗家務勞役的問題，但直到如今，母親們依舊沒能得到她們應得的報償，她們過勞、慘遭剝削、不被看重、精疲力竭、孤立無援，而且總是充滿罪惡感。」二〇二一年，英國製片人艾莉安・格拉瑟（Eliane Glaser）在《衛報》（*Guardian*）一篇專欄中寫道[38]。「母職議題，是女性主義仍舊未能解決的問題。」艾莉安・格拉瑟如此表示。當時她出版了《母職：一篇宣言》（*Motherhood：a manifesto*），反對社會塑造的完美母親形象；在這之前不久，作家暨記者埃絲特・維瓦斯（Esther Vivas）在西班牙出版了《母親不服從：女性主義眼中的母職》（*Mama desobediente. Una mirada feminista a la maternidad*）；大約於此同時，法國也有不少女性提筆書寫，**以女性主義的角度來探討母職**：賽西兒・朵荷提–畢加拉（Cécile Doherty-Bigara）的《新母親》

（*Nouvelle mère*）、史蒂芬妮・托馬（Stéphanie Thomas）的《暈媽》（*Mal de mères*）、荷內・格薩爾的《選擇為母》（*Choisir d'être mère*）、法比葉妮・拉庫德（Fabienne Lacoude）的《為母且為女性主義者》（*Daronne et féministe*）……此外，短短數年之內，Instagram出現大量戳破所謂神聖母職假象的帳號：「少給建議了」（Garde tes conseils）、「媽的一團亂」（Bordel de mères）、「你媽的產後期」（Post Partum Ta Mère）……這波運動至關重要，而媒體並未缺席。二〇二一年春季，比利時法語社群廣播電視（RTBF）旗下的媒體「手榴彈」（Les Grenades）推出新的Podcast節目〈抓狂的母親們〉（Les mères à vif），一個討論母職的女性主義節目；同一時期，《解放報》（*Libération*）下了這樣的標題：〈母職與女性主義：豐饒多產的關係〉（Féminisme et maternité :des relations fécondes）[39]；《Elle》則是單刀直入地問：「媽媽們的#MeToo運動開始了嗎？」[40]

母親們紛紛開始發聲，這現象並非憑空出現——某些人認為這現象是**「第四波」女性主義**的一部分。打從十年前開始，該運動向大眾揭露婦產科醫師的殘暴態度，開始談論子宮內膜異位症、月經、陰蒂、知情同意原則、性行為、產後期……哲學家卡蜜兒・芙德沃–梅特西（Camille Froidevaux-Metterie）稱之為「生殖器官引發的女性主義轉捩點」。這場運動的能量「以零星而幾乎悄然無聲的方式開枝散葉，她們的戰力分散在許許多多不同的抗戰之中，但集中火力瞄準同一目標。參與這場運動的人出身各異，但生殖器官相關議題連結了她們。」卡蜜兒・芙德沃–梅特西如此分析[41]。這位知識分子表示，她之所以成為女性主義者，是因為……她當了媽媽，事實上，現在許多女性皆是如此。二〇二一年秋，我在社群網路上徵求願意接受採訪的媽媽時，有兩件事讓我十分驚訝。首先，是我立刻收到如同雪片般飛來的大量回應——幾個小時之內，我就收到幾百則回覆，這遠遠超過我為了其他研究主題徵求受訪者時收到的回覆量；第二個令人驚訝的現象，是有許多女性告訴我，**她們的女性主義意識，是因為成為母親而被喚醒**。「懷第一胎之前，女性主義這個詞彙，從來都不是我會採取的立場。說真的，我原本不曉得什麼是女性主義，唯一的印象就是飽受媒體抨擊的『極度激進派』運動分子，譬如婦運團體『看門的母狗』（Chiennes de garde）這類傳奇人物。」三十四歲的行銷主管艾洛蒂這樣表示；「直到我發現身為母親必須面對的處境之後，我才開始反抗這一切，愈來愈投入女性主義。」三十歲的護士黛安妮說；「生育使我成為女性主義者。」三十二歲的齒顎矯正專科醫師安娜依絲坦承。至於那些原本已是女性主義者的受訪者則表示，生育使她們的女性主義信念更鞏固、更深化，她們當中有些和洛西安妮一樣，拒絕讓孩子「在父權體制的枷鎖中成長」；另一些則如同瑪莉，認為她們身為媽媽的處境「和爸爸們比起來，是完完全全不公道的」。

我們能夠確信的是，**母職議題如今已是女性主義的強力催化劑**。因為對於在兩性平權理想與婦女解放言論中成長的這一代人來說，成為母親就是幻滅的時刻。那些原本以為她的伴侶關係非常平等的媽媽；那些原本以為可以兼顧家庭的職業婦女；那些成長於號稱重視母親的社會、但社會卻棄她不顧、讓她自生自滅的女性。媽媽們挺身反抗這一切，她們絲毫不願屈從他人指派給她們的命運。如今，母職議題成為她們的戰場，她們頑強抵抗、顛覆體制。簡而言之，這是一場女性主義的抗戰。

第2部

找回屬於自己的身體

生完第一胎的幾個月後，有個朋友問我過得怎樣——說實話，還不錯。由於她問我怎麼看待新手媽媽的生活，所以我還是向她傾訴了我的感受：儘管一切都不錯，但我需要找回我的身體。「可是妳看起來很棒啊！說真的，根本看不出妳生過小孩。」她說，以為這樣講可以安慰我，她甚至顯得很訝異，像我這樣一個擁護女性主義的記者，平常用整頁篇幅質疑社會強加於女性身上的審美標準，結果我竟然這麼在意我的身體。「妳一向控訴這些操控，結果妳還是很在意妳的外表嘛？」她的話大體上就是這個意思，彷彿她覺得，身為女性主義者而又難以接受自己產後的身體是一件自相矛盾的事。

她沒聽懂我的意思，而我沒心情仔細向她解釋我們講的不是同一件事。當我說我需要「找回自己的身體」時，她以為我是希望能恢復產前的身材，她會這樣想確實一點都不讓人訝異，因為無論是在媒體上，抑或是比較私人的談話場合，這就是人們詢問新手媽媽的**唯一一個重要**問題：「她回到產前的體重了嗎？」、「太神奇了，某某人懷第一胎只增加五公斤！」、「妳別擔心，妳的身材一定會恢復的！」……而且，如果我說自己不曾煩惱這個問題的話，那我就是在說謊。但是儘管如此，那天我指的並不是我的體重或外表，我以為自己正在告訴她的，或至少我想告訴她的，就是字面上的意思：我需要找回我的身體，取回它，再度棲身其中，再次擁有它。

因為歷經九個月的懷胎過程、六個月的哺乳與照料小孩之後，我感覺自己不再屬於自己。打從一年多前開始，我的身體完完全全只為了服務這個嬰兒而存在：為了受孕、懷他、生他，然後餵他、抱他、幫他換尿布、哄他。一年多來，我的身體一直是目光的焦點：我自己盯著它，看它不斷改變；別人盯著它，他們的眼神提醒我：我的身體是母親的身體；醫生和護士們盯著它，這些專業人士觀察我的身體，幫我抽血、秤重、測量。一年多來，我怎麼對待自己的身體，這件事就算不是屈從於他人的論斷之下，至少也是屈從於永不止息的問題之下：我想親餵嗎？打算哺乳多久？我真的可以抽一支菸嗎？我是不是應該採取這個睡姿，或是另一種睡姿比較好？該多做一點運動，還是少做一點好？一年多來，我和一個小傢伙一起過日子，他把我視為他自己的延伸，而我感覺自己與他深深相連。一年多來，他的需求都擺在我的需求前面，我的疲倦、我的背痛、我手腕的肌腱炎、我需要喘口氣，從此之後，這些都變成次要的。而我打從一開始，我就覺得被剝奪了——我的身體被剝奪了、生孩子之前的人生被剝奪了、我的身分被剝奪了，就這麼簡單。

好些年後，我重新尋回我的身體、我的人生、我的身分認同，但那已不和從前全然相同了，因為為人父母的我們，勢必得要放棄一部分的自己，這是無可避免的事；因為儘管照顧嬰幼兒的艱苦辛勞終將成為往事，那還是會深深改變我們；因為孩子的誕生也代表母親的誕生。然而我們這些母親的誕生過程，經常過度孤單、過度驚慌失措。關於母職，我們在成長過程中只看見它的耀眼神話，而其中的兩難、矛盾與種種困難之處，我們直到身處現場才會察覺。或許是我們自己不想知道、不想看見這件事的黑暗面，然而無論我們是不是刻意，我們的盲目都是源自這個不重視母親的盲目社會，社會並不在意媽媽們經歷了什麼、說了什麼、需要什麼、選擇什麼。我們沒那麼天真，我們知道自己並非首例，我們知道先前的女性主義前輩早已挺身爭取媽媽們的權益。但是，我們希望我們是最後一批需要挺身爭取權益的母親；我們希望現況終將改變，希望將來媽媽們的選擇能被尊重；希望她們產後不再孤獨、不再受困於完美母親形象的枷鎖；希望她們的身體和她們的母職一樣，都能真正屬於她們。

此外，當我們鼓起勇氣談論這件事時，總會有人過來告訴我們：「夠了喔，從來沒人說過養小孩只有完美的一面。」真的！

1 孕期：春風滿面的女人，抑或被抹消的女人？

脫離控制的身體

我到現在還記得，那天我站在一間小超市的貨架前，我心不在焉，埋頭盯著購物清單，突然之間，一個女人站在我面前：「快生了吧？」她雙眼圓睜這樣問我。讀者們，我不說你們也懂吧？沒錯，當時我是個孕婦，而且看得出來。但是我還沒有「快要生」，我很有禮貌地這樣告訴這位女士。「是喔，您懷孕幾個月了？」她繼續問下去。當我告訴她我懷孕五個月時，她差點讓其他顧客都圍到她身邊來，「不會吧！妳懷的是雙胞胎對不對？不可能啊……您真的確定只有一個寶寶？」她半是開玩笑、半是驚駭之情。走出那間超市時，我覺得很屈辱，我不只責怪自己沒辦法叫她別管閒事，而且我很明顯地感覺自己像是雜耍團裡的動物，而且那不是第一次有陌生人盯著我的龐然巨腹目瞪口呆。

看著自己的身體產生劇烈變化時，我不無惶恐，而路上總有人對我大聲嚷嚷，針對我的肚子高談闊論：「還好嗎，肚子重不重？」、「是男生還是女生？」、「看看您的肚子，這形狀一定是女兒！」……我原本以為，當了孕婦之後，走在路上就不會再被騷擾，結果我不得不承認現實：懷孕之後，女人的身體就成為公共財。至少很多人似乎真的這樣想：這邊這個熟人看到妳，連招呼都沒打就直接把手貼在妳肚子上；那邊那個陌生人一面伸手指著妳，一面對身邊的友人說妳**肚子好大**，還有另一個傢伙過來告誡妳千萬別抽菸……「懷孕的過程中，我很快就理解到，孕婦的身體屬於好幾種不同的人：那些給妳許多建議、禁止妳做許多事情的家人們、朋友們，還有醫護人士們。有時妳會覺得自己只是一個容器，用來盛裝妳即將來到世上的寶寶。」二十九歲、有一個小孩的社福助理寶琳說。

懷孕，就是眼睜睜看著自己的身體遭人評論、被人觸摸，並且一直被觀察。首先，是不計其數的醫療檢查：驗尿、驗血、秤體重、各式各樣的採樣……產檢當然是必要的，但那還是充滿侵略性。而且要是妳像歐席安妮一樣，遇上一個每次產檢都無緣無故用手指插入陰道進行內診的婦產科醫師，而且他從不解釋為何需要這樣做，而很久以前，法國高等健康署（HAS）便已明文宣布，醫師沒有任何理由對孕婦進行這樣的常規檢查[42]。「生產之後，將近三年我都沒去看婦科醫生。一想到又要打開雙腿，我就覺得受夠了。」三十出頭的歐席安妮這樣說。神奇的是，就近監視孕婦的人，遠遠不只醫護人員。

一旦宣布懷孕，孕婦就變成社會嚴密監視的對象：「妳確定妳可以吃乳酪嗎？」、「如果我是妳的話，我會避免服用止痛藥。」、「妳的指甲油，對寶寶沒有危險嗎？」、「妳別再緊張了，妳的寶寶會感覺得到……」、「妳現在還在工作？」、「妳現在就停止工作，會不會太早了一點？」、「太太，您得注意體重別增加太快！」、「您不該喝酒。」或是相反的論調：「喝嘛，妳還是可以喝一小杯的！」每個人都有意見，都想指導孕婦該做什麼，或是更普遍的狀況是指導她們不該做什麼。這些人好像沒發現我們早已被過多的資訊淹沒，太多資訊告訴我們懷孕期間有哪些潛在風險，太多禁忌禁止我們去做很多事情。這些禁忌，醫界人士不一定全部贊同，記者荷內．格薩爾於二〇一六年出版的《懷孕時，什麼都有可能》（*Enceinte, tout est possible*）一書中，明確指出這一點，然而無論是否經由醫界證實，這些禁制依舊在孕婦身上施加更多社會壓力，讓她們的一舉一動更加受限。

二〇〇九年，專研身體地理學的學者安妮．符納（Anne Fournand）針對孕婦身體在公共空間的地理特質展開一項研究[43]，她的研究顯示孕婦在懷孕期間漸漸退回她們的私人空間，不再現身於諸多公共場域——街上、餐廳、商店、公園、娛樂場所等等。原因是什麼呢？因為她們的身體變化與孕期種種不適，使得某些場所的設施不符她們需求（譬如，某些地方缺乏廁所或沒有椅子），以及一些醫生的建議（控制飲食、迴避二手煙），但也因為社會對孕婦施加許多禁制，健身房、團體郊遊，這些妳都別想了。「人們無法接受孕婦這樣展示她的身體，因為有個小生命棲身其中、因為一個『未來的好母親』應該保護自己。醫囑的用途是讓種種禁忌顯得正當，而在我看來，這些禁令其實更像是社會觀感而非醫療原因。」安妮．符納認為這是一道「驅逐程序」，將孕婦逐出公共空間。她的結論是：「孕期是女性一生中非常特殊的時期，此時她的身體並不真的屬於她，而社會禁止她做許多事情，這些禁令有時是互相矛盾的：妳必須出門，但不能太常出門，也不可以去有二手菸的地方；妳可以跳舞，但不能跳得太用力；妳必須動動身體，但不能做運動，諸如此類。這些女性因此必須重新調整她們的公共空間地盤，只能出入一些被認為適合她們狀態的場所。」所謂她們的狀態，一般的偏見是她們不能冒險，然而矛盾的是，人們卻常常提醒孕婦——她們可不是病人！

「小小的不適」，巨大的蔑視

沒錯，懷孕不是病，而且懷孕可不像感冒，吹個冷風就懷上了！在我們這個時代，懷孕通常是計畫懷孕。多數時候，這件事是經過事先深思、預先籌備，並且需要花一些時間去實現——對異性戀伴侶來說，從備孕到懷孕平均需要七個月[44]，至於不孕症、同性伴侶、單身女性所需時間就更長了。對許多女性（與伴侶）來說，看見驗孕棒出現兩條線，著實不是太出乎意料的事，然而，出人意料的地方，往往是**孕婦們接下來置身其中的日常處境，和一般認為的燦爛美好畫面大有不同**。大眾媒體經常向我們展示孕婦滿面春風、雙頰緋紅、髮絲光滑的形象，但是事實上，妊娠過程引發的是一團混亂，妊娠的症狀不僅不適，甚至令人難以忍受。

「前三個月很難熬，噁心想吐的症狀很嚴重，我很怕寶寶沒有抓緊、怕寶寶沒有心跳。我非常擔憂，而且很孤單（當時是疫情封城期間，這對我可沒有幫助）。我原本想像孕婦應該很幸福、開心地穿著球鞋、心滿意足，但我完全不是這個樣子。」二十九歲的蕾亞這樣回憶，她在懷孕進入中期時，發現肚子裡不只有一個寶寶，而是雙胞胎。她的懷孕過程並不順利，導致她後來必須住院並臥床兩個半月。「我很震驚。我獨自一人，完全不能移動。臥床這件事在想像中是很輕鬆的：整天躺在床上，睡覺、讀一大堆書⋯⋯不，臥床代表妳必須一直躺著，而且連最輕微的動作都必須避免。妳連喝一杯水都必須坐在沙發上喝，妳得盡可能什麼動作都不做，妳焦慮得不得了，深恐踏錯一步導致早產。我整天盯著時鐘等男友回家，否則沒人陪我。我有一份月曆，每個晚上我都打一個勾，恭喜自己成功把寶寶留在肚子裡度過這一天。」蕾亞說。她是在那個時候首度覺得這一切非常不公道，面對女性被迫承受的孤寂感到非常憤怒，因為一般認為，**懷孕是孕婦一個人的事**。譬如孩子出生之後，伴侶通常不被准許在產婦的病房過夜，無論在妊娠指南或產檢期間，產婦以外的另一名雙親都是被排斥在外的[45]。「既然如此，為何沒有父親們的**產前**育嬰假呢？我的身心都非常需要支援，他和我一樣焦慮，但他無權陪在我身邊。」直到現在，蕾亞仍對新手父母、尤其是孕婦的處境感到苦悶。

當然，並非每個孕婦都這麼不順利，也不是每個女性的孕期都這麼痛苦，但許多孕婦是在矛盾的心情中度過孕期的。而且她們都會有症狀，有些極不舒服、有些會讓人完全無法做其他事情，症狀包括：坐骨神經痛、牙齦與牙齒出問題、血液循環問題、消化問題、胃食道逆流、便祕、皮膚問題、喘不過氣、失眠、腰痛、抽筋、發麻、生殖與泌尿系統問題、韌帶疼痛、痔瘡、暈眩、嘔吐……**這些症狀讓人難受，而且常常同時發生，卻總被說得微不足道**。看看那些寫給孕婦讀的文章，文中提到「懷孕的小小不適」、「有點不舒服」、「會有一點疼痛」……就連法國高等健康署的建議指南都說這只是「有點不舒服」。在孕婦的世界裡，所有的不愉快都只是「一點點」，小到無需正視。

乖乖懷孕，把嘴閉上！

二〇二一年春天，育有一子的社會企業家茱蒂絲・雅岡（Judith Aquien）出版了《沉默三個月》

（*Trois mois sous silence*）[46]。本書是一記重擊，它是法國第一本以女性主義觀點探討該主題的書，書中批評**社會強制人們對懷孕保持沉默，尤其是懷孕初期**。這段期間是「灰濛濛的時期」，她寫道，懷孕婦女在這段期間屬於「一種沒有身分的身分」、「在社會上並不存在」，因為這時還看不出懷孕，當事人亦經常向親友隱瞞這件事，社會風俗（以及為數甚多的孕期指南書）以流產風險為由，建議等懷孕滿三個月之後再宣布。「如果這對準父母偏好不講，那是他們的選擇，我當然不會希望他們無論如何都要說，那只會形成另一種新的強迫。反之，當一種禁令以社會禮儀作為藉口，強制所有人依照辦理時，那就不同了，人們不再有選擇，而這樣的情形幾乎使人不得不群起反抗。」茱蒂絲．雅岡表示[47]。

因為，**在強制沉默的同時，懷孕初期的女性完全不被納入考量**，儘管懷孕初期是最令人擔憂也最容易流產的時期，但它卻是當局最不重視的時期。因此直到妳照完「懷孕三個月的超音波」，行政機關才會認可妳正式懷孕了，而在這之前，茱蒂絲．雅岡提醒我們，百分之八十五的孕婦苦於孕吐，百分之三十至三十五的孕婦則因為睏意而倒地不起，但她們既無法更改工作型態，也沒人協助治療，只能獨自咬緊牙關。「強迫孕婦沉默的結果是整個社會所樂見的：既然沒人講出來，就沒人真的知道有這樣的事，也不知道這件事在女性們的人生經驗中占了多大比重。既然如此，就毫無必要研發真正能夠緩解孕吐的藥物，不需要設立資金來針對流產進行相關研究，也不需要為流產孕婦設置特別的諮商輔導單位……」茱蒂絲．雅岡寫道。

關於懷孕，真正不能說的禁忌是流產。百分之二十至二十五的懷孕以流產作結（也就是每年大約二十萬件）[48]，這是婦產科急診最常見的求診原因……但沒人談論這件事，一聲不吭、毫無紀錄，沒有專業人士陪伴流產孕婦走這一程。「目前，妳若在法國流產，是經歷一場空虛、空洞的體驗。」茱蒂絲・雅岡本人也曾經流產過，她在書中描述流產女性與其伴侶如何在孤立無援之中面對傷痛，「在二〇二〇年的法國，這些女性得自己把剛排出體外的胚胎用抽水馬桶沖掉，」茱蒂絲・雅岡如此揭露，「事後，醫生不會聯絡她們，如果需要幫助的話，是她們自己要去找醫生。如果流產程序是在醫院進行的話，妳也別期待醫護人員會溫柔體貼：吸出胚胎，像擦亮髒污的機器一樣擦一擦，然後這些女性就帶著她們的傷痛回家了，沒有緩衝時間、沒有心理支援、沒有後續追蹤。」陪伴明顯不足，再加上嚴重缺乏資訊……雪上加霜的是大量讓人內疚的刻板偏見。

二〇一五年，美國蒙特費爾醫學中心（Montefiore Medical Center）與紐約阿爾伯特・愛因斯坦醫學院（Université Albert Einstein de New York）針對一千零八十四名研究對象進行調查，研究人們如何看待流產這件事[49]。導致流產的原因，百分之六十至八十都是因為胚胎的染色體異常，然而，對大多數受訪者而言，原因出在媽媽身上：因為她碰到令人緊張的特殊事件（百分之七十六）、因為她太焦慮（百分之七十四）、因為她提重物（百分之六十四）……或者，因為她其實不想懷孕（百分之二十三）。才剛懷孕，就已經是「壞媽媽」？總之，這些偏見都導致流產女性充滿罪惡感（百分之四十七）、覺得羞愧（百分之二十八），而她們當中超過三分之一的人（百分之三十七）感覺自己失去了一個孩子[50]。

然而這項研究指出：「醫界人士大多不同意流產會造成精神負擔，尤其早期流產更是如此。」二〇二一年，英國產科學教授希歐涵・坤貝（Siobhan Quenby）在另一項研究中證實了這一點：「雖然多數人一生只會經歷一次流產，但許多當事人都需要專業治療與精神支持。儘管如此，長期以來對流產這個主題噤聲不語的，不僅只是流產的女性們，就連醫護人員、投資研究的金主與政治決策者等等，也都對此絕口不提。」[51]我們應該對此感到驚訝嗎？既然懷孕這件事被歸類於「小女人」的範疇，她們這樣被對待也是理所當然，她們總被當成小孩，對方總擺出高傲的恩賜態度，毫不尊敬她們。

應當集體關注的焦點

我們有時會忘記：**懷孕雖然是非常私密而且特殊的體驗，但並非因為如此，它就不該拿出來在公共領域討論**。孕婦的處境並非只是「小女人」的事，而是整個社會應該面對的問題，光是孕婦的人數就足以構成理由。法國每年約有七十五萬名新生兒，意思是孕婦的人數幾乎一樣多——懷雙胞胎的孕婦約占百分之一・七，也就是一萬兩千人左右，這還不包括那些胎死腹中的孕婦。沒錯，人數很多，光是因為這樣，我們的發言就應該被重視（就算我們的人數沒那麼多，我們也應該被重視）。我們是否應該基於上述原因，成立一個孕婦工會或聯合組織？就連橋牌玩家、大麻種植者和假髮工匠都擁有自己的組織！

所以，**我們應該建立一些可以讓我們團結起來討論懷孕與相關禁忌的場域（並占領那些已經存在的場域）**。譬如 Instagram 帳號「我討厭懷孕」（Je n’aime pas être enceinte）正是如此，這個帳號創於二〇一九年，成立目的在於「分享所有沒人告訴我們的、關於懷孕的事」。另一個例子是插畫家瑪蒂德・蕾米絲勒（Mathilde Lemiesle），在經歷多次流產之後，她開設部落格「我那些『幾乎沒什麼』的什麼」（*Mes presques riens*），接著創立同名 Instagram 帳號，最後出版了同名書籍。她在書中敘述自己流產的經歷，以及其他女性向她分享的流產經驗，「我想打破人們對這件事保持沉默的約定成俗。我也希望能改變整體風氣，改變人們的心態。」最近她這樣解釋[52]。她的行動涉及私密主題，卻又充滿抗爭精神，再次提醒我們，擁有集體（並且多元！）的懷孕相關言說是至關重要的事。

我們應該堅持，伴侶不能對懷孕這件事置身事外。孕婦的伴侶不應只是配角，他或她應該和我們一樣，每次產檢都有權出席；他或她應該和我們一樣，有權利問問題、收集資訊、被傾聽、不缺席。生產之後也一樣，他或她不該只是被當成訪客，只能在一張椅子上過夜（醫護人員還不一定允許呢）。

我們應該說出自己的遭遇。二〇二二年初，作家暨法文教授卡洛琳·伊諾（Caroline Hinault）出版了《肉身之中：孕事絮語》（*In Carna. Fragments de grossesse*），教授現代文學的她是三個孩子的媽，她在經典文學中搜尋描述孕婦身體的文學作品，卻幾乎什麼都沒找到。她在書中自序寫道：「關於這個主題，我很天真地以為自己很快就會找到一份既大量又廣泛的書單（結果沒找到），於是我發現文學甚少處理孕婦這個主題，而母親卻是多到氾濫的文學角色。」她只好將研究範圍擴展到世界文學，發現文學在懷孕經驗這方面空空如也，腹內空無一物。但不應如此，這經驗明明是千萬女性都曾經歷過的體驗，儘管如此，在女性專屬論壇或媽媽媒體以外的場所談論這個話題，已是驚人創舉。

讓我們將懷孕變成政治話題，好讓社會真正重視孕婦。如何辦到這一點？「讓醫療研究機構投入相關資金，不再無視女性的苦痛而不肯投入經費；讓醫護人員接受相關訓練；讓孕婦的伴侶也參與親職諮商。……大幅宣導，讓私人企業和公家機關的人資主管知道，在工作場合與社會上重視女性身體是至關重要的事。」茱蒂絲・雅岡舉例說明[53]。茱蒂絲・雅岡和插畫家瑪蒂德・蕾米絲勒合作，將這場戰役帶上政治舞臺。

二〇二一年十一月，原屬共和國前進黨（LREM）的無黨籍議員寶拉・佛特莎（Paula Forteza）與亞爾芭妮・嘉佑（Albane Gaillot）諮詢過茱蒂絲・雅岡和瑪蒂德・蕾米絲勒的意見之後，向國會提出數道孕婦相關法案。法案內容是什麼呢？遠距在家工作的權利、減少每日工時但不減薪、自懷孕初期便給付百分之百的醫療費用、健保全額給付孕婦與剛生產婦女的心理諮商費用。這些提案並未通過（驚訝嗎？），然而這場戰役才剛開始。二〇二二年春，總統大選選戰期間，茱蒂絲・雅岡、瑪蒂德・蕾米絲勒與另外四名女性共同發表一篇社論，並發起一份名為「流產，真實的體驗」的連署，因為法文稱呼流產為「假的生產」，她們要求更改這個名稱，認為「假的生產」這個說法會導致當事人「充滿罪惡感，並且被抹消」，她們建議改稱「懷孕自然終止」。除了語義學方面的堅持之外，她們也要求未來的新政府採納十項具體措施：資訊宣導、在病人協助之下訓練醫護人員、停工不減薪……這些要求提醒我們（如果還需要提醒的話），私人之事即是政治之事。

奪回我們自身經驗的掌控權

社會無視孕婦，要她們噤聲不語；將她們視作孩童，對她們施加諸多強迫規定，但這並非不可避免。這些壓迫不是某些女性碰巧遇上的「壞運氣」，這些箝制也不是某些女性的誇大之詞，只因為這些女性太敏感、太脆弱、要求太多、太難搞（我可以再舉一千個形容詞），這是女性長期被體制宰制的結果，女性的言詞被否決，身體也是受控的。私人之事即是政治之事，這句話的另一個含意是：我們若要翻轉遊戲規則，「私人即政治」是最佳的行動場域。

為了達到這一點，**讓我們現在就開始認識自己的權益吧！**我可以拒絕內診嗎？如果我覺得產檢過程沒有得到應得的尊重，我該怎麼做？如果我問第三次為什麼要抽血會不會太超過？許多正當合理的問題，婦女基金會（Fondation des Femmes）發行的小手冊《生產：我的權益、我的選擇。帶您認識產檢與生產權益的法律小指南》（Accouchement : mes droits, mes choix. Petit guide juridique pour connaître vos droits pendant le suivi de grossesse et l'accouchement）皆有簡潔扼要的明確解答，這是一份免費文件，可於網站查閱，讓我們多加利用吧！

我們應該擊退人們對於孕婦的刻板印象。二〇一三年，美國社會學者丹尼爾・博賽（Danielle Besset）著手研究該主題，她將之定義為「關於懷孕的文化神話」[54]。總而言之，這類刻板印象呈現的是：孕婦一定會晨吐、她們的頭髮一定光澤閃耀、她們總是無法克制想吃冰淇淋的慾望。她在研究過程發現，她訪問的所有女性或多或少都受到這些無稽的神話影響。舉例來說，不會吐的孕婦因此覺得緊張，認為自己可能有問題。許多孕婦會把她們的症狀詮釋為胎兒的性格或慾望表現（典型的例子是：「我吐得很嚴重，是因為寶寶不喜歡我吃的東西。」）。反之，「其他種類的不適，例如倦怠、失眠、脹氣、頭痛、腳踝脹痛等等，並未被提出討論」……因為這些症狀沒出現在上述神話中。換句話說，我們應當提防這類形象呈現，我們不一定滿面春風、不一定非常脆弱，我們僅是各自擁有不同的懷孕經驗而已。

我們應該允許自己當個孕婦。我們可以胖很多公斤沒關係，有時候，瘦下來也沒關係；我們可以有妊娠紋；我們的身體在改變，我們的生理狀態也一樣。我們不需要為此辯解，也不需要為此道歉。我們的身體正在執行一件光榮的事：製造一個人類。所以當社會的箝制壓得我們喘不過氣的時候，讓我們試著想起這件事；當別人用言語或行為干擾我們時，讓我們不要忘記這件事。因為雖然有些人會對此感到震驚，但我們的身體是屬於我們自己的，沒錯，就連懷孕的時候也一樣。

2 女人生產並非被動

生產成為公共話題

二〇二一年十一月的一個夜裡，我一面開車一面轉廣播電臺，想找一個可以讓我保持清醒的廣播節目，這時，女性主義導演奧薇蒂（Ovidie）的嗓音點亮了我的路程。在廣播節目主持人茱莉婭．傅瓦（Giulia Foïs）訪談之下，奧薇蒂談起她多年來關注的主題：身體、私密空間與其政治意涵。這個節目還播了一段她拍攝的紀錄片《妳會在痛苦之中分娩》（*Tu enfanteras dans la douleur*），這部片調查了產房的殘酷現實，非常有教育意義。兩年前該片上映時，我已在戲院看過了，儘管如此，那天晚上再度聽見這些母親訴說她們分娩時如何被醫護人員殘忍對待，我仍舊打起寒顫、因憤怒而哆嗦，然而這次，怒火中亦摻雜某種欣喜。是的，欣喜。那天晚上我之所以這麼晚才開車回家，是因為那時我剛看完一齣戲：月亮黎菈劇團（Collectif Lilalune）的《我們的血》（*Notre sang*），而這齣戲談的正是生產。當我還因為這齣戲而震撼不已時，我確實感到喜悅，因為我們現在可以談論分娩了，不是像講祕密一樣躲在廚房角落用隱晦婉轉的方式分享經驗，而是作為一種**社會議題**來討論——一個終於可以公開談論的議題，在光天化日之下，登上戲劇舞臺或國家廣播電臺——，一場偌大的勝利。

在這之前的數年前，誰能想像自己觀賞的戲劇是以產房作為舞臺背景？誰想得到內診椅有天會成為舞臺道具？女演員們爭相談論她們的生產過程有多麼血腥、多麼激昂，或是帶給她們多大的精神創傷，這種事誰能想像？那一夜，我坐在觀眾席上，心想《我們的血》完完全全象徵當時正在進行的轉變：**許多女性紛紛發聲，談論她們的生產經驗**。別忘了，這樣的發聲可遠遠不是自然發生，因為長久以來（抑或一直以來？），我們的社會一向囑咐女性：關於她們應該視作「人生中最美的一刻」的生產時刻，她們不應描述其細節。太私密、太貼近肉身、太獸性、太具有性意涵——生產這件事，被文化強迫消音，時至今日，若公然談論分娩，人們依舊經常顯得尷尬，甚至投以責難的眼神，或是漠不關心。

編導《我們的血》的劇場導演娜塔莉．瑪提（Nathalie Matti），是在經歷一場令人餘悸猶存的分娩之後寫下這齣戲。她還記得，二〇一八年，當她開始籌備這齣戲時她所面臨的反應，「當妳提出的是這樣一個計畫時，對方會擺出紆尊降貴的態度：這個小笨妞要來聊她的生產過程。他們說這個主題上不了檯面。一開始，邀請策展人來看一齣關於生產的戲是很艱難的事。有些業界人士是女性，她們問我為何不拿一些像她們一樣沒有小孩的女性來當主題。有一次我們在一群評審面前演出，當中一人語帶挑釁地問我：『我是個男人，如果我看到您的演出海報，我為什麼會想去看這齣戲？』」娜塔莉．瑪提這樣說道[55]。但這一切無法阻止這齣戲開演，並且大獲好評。儘管有些觀眾感到困擾，包括女性觀眾。「舉辦最初幾場讀劇會時，兩名六十多歲的女性觀眾過來對我們說：『這不太討人喜歡……如果把這種事全講出來的話，就再也沒人願意生小孩了！』作出這類反應的觀眾有好幾個，多半都是同一個世代的觀眾。」

月亮黎菈劇團的演員瑪麗－愛蜜莉・米歇爾（Marie-Émilie Michel）這樣說。時至今日，這已成為令她發笑的回憶：「我能說，演這齣戲並未讓我對此反感，因為我在這期間生了個小孩！事先知道可能會發生什麼情形，這並不會阻止人們生小孩。我們只是多了一點武器而已。」

確實，近期發生的改變是**女性們要求有權談論她們的經驗，並且進一步去質疑它**。倡導「溫柔生產」已超過十年的婦運人士瑪莉－海倫・拉海葉（Marie-Hélène Lahaye）表示，她觀察到社會確實正在改變：「近十年來，事情大有進步。許多醫護人員告訴我，現在的女性和從前不一樣了。以前她們就是來看診、躺上產檢檯、聽見什麼都照做，就這樣而已。現在，她們會問問題、詢問各種不同選項、會要求自己的權益。」她對此感到欣喜[56]。對她來說，完全不須懷疑，「這是一項劇變，生產這個話題不再是禁忌，也不再只是醫生的事。」它確確實實是所有女性的事，它如今已是女性主義的戰鬥焦點。

「嬰兒工廠」，我們拒絕！

三十四歲的艾洛蒂有兩個年幼的孩子，她說懷孕之前，她從不認為自己是女性主義者。她的第一胎已經改變她的立場，而第二胎則徹底喚醒她的「女性主義意識」。關鍵的轉捩點是當她得知自己必須再次剖腹產的時候，一開始，那只是婦產科醫師嘴裡的選項之一，「那次產檢過後幾天，他們用語音留言通知我剖腹產的日期。他們以為這是理髮店約時間嗎！我氣炸了。那一刻我告訴自己，他們真的一點都不在乎孕婦。他們才不管這些孕婦想要什麼、在想什麼、感覺如何。我氣瘋了。」她這樣說道。之後，她以強硬的態度和醫院交涉。艾洛蒂第一胎的剖腹產「是地獄」，她不願再經歷一次，她希望能夠自然產。她端出法國國家婦產諮詢委員會（Conseil national des gynécologues et obstétriciens français, CNGOF）的建議指南，成功打贏這場戰。「但我在他們眼裡是什麼樣子？一個找醫院麻煩的討厭鬼？我得幫醫院寫一份免責聲明，我在一個不支持我、不陪伴我、不給我精神支援的地方生產。這間醫院反對我，也反對我的生產計畫。我覺得自己像個鼠疫患者！我只是他們統計數字裡的一個號碼。」她大發雷霆。

她的故事，正如同數千名產婦的相似經驗，這樣的故事激起了目前在產房內沸沸騰騰的戰役。二〇二一年，一項研究調查了二萬一千位母親，其中有百分之三十一表示，她們生產第一胎的時候，醫護人員並未傾聽她們的意見，也沒有尊重她們；百分之五十五的調查對象則表示，她們希望選擇不同的生產方式時，竟然被恥笑或被當成是小孩子在胡鬧[57]。問題的核心何在？**分娩過程早已標準化、規格化，使得每一位產婦都被強制接受相同的（過度）醫療程序**。瑪莉－海倫・拉海葉稱之為分娩的「福特體系」，也就是生產過程的工業化，技術層面被看得比人性層面更加重要，在這樣的體系之下，母親們的選擇不是優先考量，醫療機構的選擇才是最重要的。於是儘管每一名產婦的背景與期望大不相同，所有尚未自然啟動分娩機制的產婦，全部依照相同的步驟來進行，過程包括什麼呢？首先是陰道觸診，看看開了幾指，接著裝設胎兒監測儀器、插點滴，將近半數的產婦會被以人工方式戳破羊水袋（百分之四十一・四）[58]、被注射催產素以加速分娩過程（百分之四十四・四）[59]，最後，她們幾乎全部都會被注射無痛分娩（百分之八十一・四）[60]，然後仰躺在病床上用力推出胎兒（百分之八十八・五）[61]。

然而，這樣的過度醫療措施**會讓女性付出重大代價**，法國高等健康署近期已證實這件事[62]，醫療措施的介入容易導致更多的醫療措施接踵而來。無痛分娩（我們當中有這麼多人因此不再需要忍受陣痛！）會增加需要使用器械娩出胎兒的風險[63]；注射催產素可能導致子宮收縮（以及陣痛）加劇，並會使嚴重出血的風險增加一．八倍——分娩期間注射愈多，風險就愈高[64]。幸好這些醫療措施並非全都會出問題，話雖如此，這樣的過度醫療措施對許多女性而言，依舊是非常不愉快的經驗，她們覺得自己的自主權被剝奪了，她們無法自由活動，而且孤立無援。原因並非只是為了產婦或寶寶的健康著想（這是我們通常認為的正當理由），也因為醫療機構並不尊重產婦。

長期以來，這樣的過度醫療措施被視作科技進步、安全保障，然而事實上，它成了**醫院的經營管理工具，使營收進帳更有效率**。二〇一四年，一份公家機關的報告顯示，低風險的孕婦當中，有百分之五十二在生產時被施加多餘的醫療措施[65]，在私立的婦產科中這個風險更高。為什麼呢？這份報告提出諸多不同假設，尤其是這些醫院出於組織管理考量而做的選擇，「剖腹產和事先排定的醫療措施，能幫產科醫師節省時間，使其更能兼顧其他工作，譬如產房以外，甚至婦產科之外的門診。」這份報告如此寫道。某些機構讓孕婦承擔沒必要的醫療措施，只是為了讓時間表更好安排，而公立醫院的婦產科雖然較不常這樣做，但他們忙得分身乏術，只能用過度的醫療措施來作為補救。

要知道：**過去四十年來，法國有超過百分之六十的婦產科關門大吉**[66]。二〇二〇年，產科的病床總數降到一萬五千床以下（二十年前的數字是兩萬床）[67]，結果現在有一半的產婦，是在每年接生超過兩千個寶寶的婦產科裡分娩（一九九五年，這個數值少於百分之十六）[68]。長期人手不足之下，助產師與醫護人員不得不以最有效的方式「處理」這些孕婦，有時助產師沒有時間在孕婦身邊耐心等候，因此不得不提早注射無痛分娩，有時還必須注射綜合賀爾蒙加速某個產婦的分娩，因為同一層樓有另外三個孕婦等著生產。上述情形是許多助產師多年來試圖揭發的現況，譬如安娜・羅伊（Anna Roy），她在二〇二〇年秋發起主題標籤運動「＃我虐待產婦」（#JeSuisMaltraitante），藉此提醒世人關注助產師日益惡化的工作處境，以及這情形對產婦的影響，她和許多人一樣，要求「每名產婦都有一位助產師」。另一個例子是已經退休的女性主義助產師香妲・畢爾曼（Chantal Birman），她是二〇二一年的紀錄片《致生命》（*À la vie*）[69]的拍攝對象。香妲・畢爾曼受邀在這部（讓人動容的）電影中讓觀眾看見唯有助產師才能進行的照護，以及媽媽們接受的照料，「當每一個助產師都要同時處理四名產婦，還要處理行政手續……助產師就沒辦法再陪伴產婦了。我覺得這是一場悲劇，女性辛勤工作，女性對社會的富饒有功勞。平均每個女性生兩個小孩，在這個時刻，她們有權讓人陪同，一輩子就這兩次而已！但現在沒有了。我認為這是不能原諒的社會醜事。」二〇二一年末，她憤慨表示[70]。

然而，對瑪莉－海倫・拉海葉而言，女性必須承受的工廠化分娩方式，不僅只是醫院人手短缺的後果，它也是**父權觀點將分娩視為一種病理學**的結果。在這樣的體制之下，醫師有權操控女性的身體，她們並非被視為這一刻的主人翁，而是需要指導、掌控、控制的病患，據此邏輯，便是我們至今仍常聽見的法語用詞：女性「被」接生，是被動式。「十九世紀，醫生們開始關注生產，他們一方面希望能夠控制分娩過程，一方面則將女性與其身體視為病理學的物件。產科醫學乃是奠基於這樣的觀點之上，今日的分娩策略亦然。直到現在，仍有許多產科醫生深信女性沒有能力自行居家生產。」瑪莉－海倫．拉海葉如此表示[71]。《致生命》片中，便有一名年輕的助產師提及，如果分娩過程圓滿順利，她反而……狼狽不安。「我不知道怎麼幫助一位沒有問題的產婦。如果我面前的產婦患有子癲前症（編按：大約百分之五的孕婦會得的疾病），我反而不會困擾，」她不知所措地說，「我們沒學過怎麼安撫疼痛，沒學過生理學方面的事……我們學的就是病理學、病理學、病理學。」這正是女性們發聲譴責的現況：我們的文化將孕婦的身體化作病人的身體，進而無視她們並未知情同意，有時甚至踐踏她們的身體完整性。

婦產科的殘暴行徑，我們不想再忍了！

血淋淋的剖腹產、非必要或未經解釋的剪會陰、用力壓肚子、粗暴的內診、把產婦當成小孩子看待、先入為主的種族歧視、不尊重私人隱私……在不到十年的時間之內，這些**「婦產科的殘暴行徑」被揭露在光天化日之下**。吹哨者是助產師阿涅絲．勒迪葛（Agnès Ledig），她於二〇一四年揭發一項既沙文又野蠻的惡行：「丈夫的縫合點」，也就是剪會陰之後，縫合時再多加一個縫合點來收緊陰道口，讓男性伴侶更能獲得性快感。許多產科醫師對此回應：他們從來沒有、真的從來沒有這樣做過，也沒看過別的醫生這樣做。然而有些人證實該作法確實存在（幸好只是少數），「丈夫的縫合點」有時也稱為「討好男性的縫合點」或「獻身用的縫合點」（！）。這項作法當然違反醫德，而且有相關經驗的伴侶與女性表示，它會導致母親們的長期痛苦。在這波爭議之中，出現了主題標籤運動「#為妳的子宮付出代價」（#PaieTonUterus），一天之內就有七千則貼文揭露婦產科的殘暴行徑[72]。隔年，記者梅蘭妮・黛夏洛特（Mélanie Déchalotte）針對該主題進行一起電臺廣播調查[73]，接著出版《婦產科黑皮書》（*Le Livre noir de la gynécologie*），打破了長久以來籠罩著婦產科殘暴行徑的沉默法則。這些惡行因此結束了嗎？並非如此，因為儘管有許多證詞，**婦產科相關機構的第一反應是，他們否認數千名婦女的實際經驗**。二〇一七年，法國婦產醫藥學會的會長伊斯雷・尼桑德（Israël Nisand）教授接受《ELLE》雜誌採訪時，斷然拒絕承認上述問題[74]。產婦控訴醫療機構的惡行？「我很訝異聽到一些女性說，不該一直看同一個醫生，」他表示，「如果醫生不合您的意，我的建議不是試圖換一個醫生，而是試著改變您的醫生。」殘暴的產科醫師？「只是少數幾個害群之馬。」分娩時用力壓產婦肚子？「如果您知道有哪個醫生這樣做，我會親自打電話過去關切。……但您是不會成功的，因為這樣的醫生，您一個都不會找到。」面對醫界這樣不老實的態度，我們真應該給他幾個產婦的電話，她們可以告訴他有哪些醫生這樣做。我們也可以給他一份生產相關組織總會（Collectif interassociatif autour de la naissance, Ciane）針對兩萬名產婦的調查報告[75]：二〇一六年，她們當中有百分之十三・四在生產過程中被壓肚子，但該作法早在二〇〇七年就被禁止了。

後來，法國婦產醫藥學會（稍微）修正了相關言論，雖然並未正面回覆，但該學會在二〇二〇年設立了「友善分娩標章」，標示所有資訊透明且「友善」對待產婦的婦產科。這並非革命性的創舉，但仍能代表他們（低調地）承認婦產科確實存在殘暴惡行……而這些惡行如今變得難以視而不見。事實上，歐盟於二〇一九年通過一項條文，建議會員國採取一系列相關防治措施，這項條文雖然並非強制，但非常具有象徵意義。前一年，法國性別平等高級委員會（Haut Conseil à l'égalité, HCE）則發表一份令人關切的報告，指出這類惡行有多麼頻繁[76]，這份報告是在兩性平等國家祕書處的要求之下所做的調查，結果顯示，每間婦產科施行剪會陰的比例不一，自百分之〇・三至百分之四十五都有；該報告亦指出，生產過程中因為上述殘暴行徑而身心受創的女性們，從此拒絕所有醫療措施；這份報告也指出，二〇一六年，百分之六的產婦表示她們對自己的產檢過程或分娩經驗「不太滿意」或「非常不滿意」……這個數字代表五萬名產婦。這些女性如今拒絕沉默，並堅持要求她們**有權選擇自己的生產方式**。

我的身體、我的孩子、我的選擇

幾年前，還沒有人想到有其他可能，就算有也很少——一名女性即將生產時，想當然耳，她應該去離她家最近的婦產科，被打一針無痛分娩，然後仰躺在產檯上，總之就像電影裡演的一樣。但是時至今日，**許多女性希望不要在醫院生產**。二〇二〇年，根據一份調查[77]，五名女性之中就有將近一人（百分之十九）表示會選擇分娩中心（maison de naissance）作為將來生產的場所，或希望當年自己是在這類地方生產。分娩中心和傳統婦產科不同的地方是由助產師全權經營，更能回應每一名孕婦的個人需求，生產過程也較少用藥。這樣的機構在其他西方國家為數不少[78]，但在法國，業界長期對此表示懷疑，因此直到二〇一六年，第一批分娩中心才終於成立，共計八所，它們並未取得正式營運許可，而是以特殊條例試營五年。二〇二一年，在百分之九十的女性的贊成之下[79]，這些分娩中心終於被允許持續經營，並且另外開設了十二間分娩中心。

於此同時，要求居家生產的孕婦大量激增。不久前，這種生產方式仍被視為荒唐、過時、危險，至今仍有許多人對此表示懷疑，但有愈來愈多的女性開始考慮這個選項。根據二〇二一年的一項調查[80]，十八歲至四十五歲的女性當中，如果條件允許的話，百分之十七「非常希望」居家生產，百分之十九「相當希望」居家生產。這樣的生產方式比較私密、用藥較少，它來自於太多產婦在婦產科**孤立無援的經驗影響而產生的反彈**。在婦產科，產婦的伴侶通常不能過夜，因此生下孩子的幾小時後，媽媽們孤零零地在冷冰冰的病房過夜，陪伴她們的只有醫院的餐點與日光燈管。若居家生產，她們便能待在熟悉的環境，讓她們選擇的人陪在身邊。

愈來愈多婦女想居家生產的原因之一，是**因為這似乎是制度化分娩以外的替代選項，也因為她們害怕婦產科的殘暴惡行**。「我寧願去看獸醫，也不想去醫院。」生了三個孩子的莫莉就在法國文化廣播電臺（France Culture）上這樣說[81]，生第一胎的經驗讓她身心受創，因此之後兩胎她都居家生產。這樣的趨勢在新冠疫情期間更加顯著，而這並非出於偶然，疫情期間，許多女性被迫在更加惡化的情況之下生產，甚至可說是被虐待[82]。二〇一九年，支持居家生產協會（Association pour l’accouchement à domicile, Apaad）收到九百一十份要求居家生產的申請；到了隔年，該協會幫一千零五十三位產婦接生，也就是比前一年多出百分之十六[83]。該協會表示「這個數字原本可以更高」，但是「能提供該服務的專業人士數量不足」。因為在法國，助產師若想取得居家接生的資格，必須買一份價格高昂的保險。目前全國兩萬三千四百名助產師中，不到一百人擁有居家接生的資格，因為如此，「轉而選擇無輔助分娩的伴侶亦大幅增加，多半原因是因為當下找不到可以居家接生的助產師。」該協會表示。

「居家生產」一定需要助產師在場，而「無輔助分娩」則是在毫無醫療協助或介入之下生產。這是一種選擇，英美國家稱之為「自由分娩」（freebirth）。無輔助分娩是合法的，但實行人數非常稀少，法國只有大約百分之〇・一的孕婦採取此道[84]，而且受到諸多質疑。為何選擇無輔助分娩？因為希望保有隱私、因為拒絕所有醫療，但還有另一個原因，如學者史蒂芬妮・聖亞蒙（Stéphanie St -Amant）所言，這是「關於母職的女性主義表演，是女性力量的政治宣言與行動實踐」，她這樣寫道[85]。她的講法並未取得眾人同意，某些人認為她侷限於本質主義論點，認為無輔助分娩代表女性屈從於她們的生理構造——但她的論點就奪回生產權、重新掌控分娩的觀點而言，確實擁有女性主義的動力，就這方面而言是相當創新的。

這並不代表婦運從未關注分娩議題，但**長期以來，分娩議題容易造成意見分歧，因此成為死角**。「自七〇年代開始，婦運人士漸漸不再思考母職議題，儘管我們透過研究發現，打從至少五十年前開始，就一直有相關人士動員反對醫療機構占奪母親們與勞動婦女的醫療權。」曾在家庭計畫署發言，並針對該主題出版了一本書的碧翠絲・嘉絲卡爾（Béatrice Cascales）與菈提西亞・內葛里耶（Laëtitia

Négrié）這樣表示[86]。這些動員行動當中的一個例子是美國於一九六〇年代興起的自然生產運動；另一個例子是一九九〇年代，在美國非裔女性主義運動影響之下誕生的生殖正義運動，捍衛性健康與生殖方面的自由選擇權、反對歧視、抗議醫療機構對某些社會群體（少數族裔、跨性別者、身心障礙者、貧困人士……）採取的不平等措施。這些運動激發了後來一些思潮，譬如婦科自主互助的概念——目的是讓所有女性都能彼此分享關於性生活與生殖方面的資訊。陪伴孕婦的**陪產員**（doula）[87]也是在其後續影響中發展起來的，該行動旨在給予產婦身心與實務方面的支援，自孕期、分娩至產後皆然。這些行動如今受到相當好評，但出乎意料的是主流婦運圈並未給予支持。因為在法國，長期要求醫療不再介入分娩的訴求被視為一個圈套，會導致女性在痛苦之中產子，亦即將她們禁錮在所謂的「天生體質」之中。

瑪莉－海倫．拉海葉是在成為人母的同時成為婦運人士，她還記得發現該議題這項分歧時，她非常震驚。當時是二〇一一年，她剛產下第一個孩子，生產方式是她選擇的，她也感覺自己在分娩過程中受到尊重。「我直覺發現，在生產相關議題背後，藏著婦運方面的政治問題。儘管如此，我翻閱當時讀過的所有女性主義書籍，卻發現沒有半本提到這個主題。而在公共論壇，試圖擁護不同生產方式的人會被婦運團體譴責：這樣是宣導女性應在痛苦中生產、讓女性飽嘗罪惡感、使女性身陷險境。我正是因此而決定開設我的部落格『瑪莉在此分娩』（Marie accouche là），以女性主義觀點來討論分娩。結果出乎意料，它很快就掀起廣大迴響。」[88]她的成功絕非偶然。

發現自己的力量

分娩勢必成為首要議題，是因為**對許多女性而言，分娩是她們蛻變成為女性主義者的契機**。譬如三十三歲的克洛伊，她將之稱作「啟發的關鍵」，「我的分娩過程很慘。我身邊的醫護人員並不友善，尤其是助產師和產科醫師。這件事結束之後，我才理解身邊其他人經歷的婦產科惡行。我當然覺得自己被當成小孩看待，我喪失了自己身體的主掌權。」然而這場慘痛經驗雖讓她深深受創，卻也成為她的動力。「我先是覺得很沮喪、覺得自己很沒用，」她坦承道，「但是漸漸地，我的生產經驗鞏固了我的女性主義信念。我告訴自己，這輩子我再也不要被這樣對待，而且最重要的是，女人是真正的戰士。儘管過程很難受，但這經驗使我感覺被培力了。」

瑪麗安的經驗與克洛伊相反，她的生產過程很順利，她對分娩的回憶「很美好」，但她和克洛伊一樣，認為分娩是培力的同義詞。因為產下兒子的同時，她發現自己擁有**確確實實的力量**：「我以一百五十五公分高的身軀，將生命賜予一個人類。我不只懷了他，還將他推出我的體外。我是在醫院生產的，有注射無痛分娩，但我完成的這件事依舊非常驚人。在這之後，我感覺自己發生了某種徹底的改變。我意識到自己身體以及心靈的力量，這是前所未有的事。我發現自己能做到很多事，也更勇於表現自己。」

卡蜜兒則不同，她選擇在情況允許下使用最少的醫療介入，她覺得自己的選擇是「深切的實踐」。在產檯上生下第一胎之後，第二胎她選擇居家生產，兩次都只有一名助產師陪在身邊。這樣的體驗讓她得以**試驗她可以發揮多大的力量**。「當妳知道是醫師要來『幫妳接生』時，這個力量就被剝奪了——是醫生叫妳『用力推』，而妳被當成小孩看待、沒事先告知就被內診，妳被認為沒有能力，並因此懷疑自己有沒有好好懷孕、有沒有在孕期保護寶寶、能不能夠生產、懂不懂當媽媽……這個力量是我們的。這就是我的女性主義。」她這樣宣告。

無論這些女性是將生產的體驗視為（重新）取得力量，抑或感覺自己被剝奪力量，追根究柢，這些女性告訴我們的都是同一件事。**不！女人分娩並非被動**，從來不是。無論我們用什麼方式生產、無論分娩過程如何進行，我們都是主動的一方，別讓任何人用相反的資訊誤導我們。

是的，**我們可以將分娩視為女性主義經歷來體驗**。即使自古以來，生產一直是女性背負的任務，我們依舊有權為此感到驕傲、有權從中獲得力量；即使分娩使我們不得不面對身為女性的身體特質，我們也不需要認為它只代表束縛與奴役；即使我們在生產過程中得到某種形式的培力，也不代表我們贊成女性本質主義論或擁護什麼「天生母性」之類的說法。此外，即使分娩可以是一場肯定自我的行動，我們也不一定非得要把它變成女性主義宣言。

忘掉「成功分娩」，擁護個人選擇吧！

代替強迫規定的，往往是另一種強迫規定。近幾年來，我們看見**另一種形式的壓迫漸漸發展：「成功分娩」的壓力**。如今，成功分娩經常意指「自然生產」：透過產道生產、未注射無痛分娩，並且可能的話，不在醫院生產。總之，現在的社群網站和報章媒體都是這樣寫的，上網搜尋一下就懂了，只要鍵入「成功分娩」，就會立刻找到數不清的文章……全都在講「自然」生產。這些文章像新手父母指南一樣，提出許多「生第一胎就成功生產的建議」。「對女人來說，用自然的方式產下孩子是非常令人驕傲的事，」這篇文章這樣寫道，「雖然還有其他選項譬如剖腹產，但什麼都比不上自然生產。」啊，原來如此！所以那些用「不自然的方式」（意思是，人工的方式？）生下孩子的媽媽，聽見她們的分娩比不上別人，她們一定很「開心」。聽起來很誇張，但這樣的言論到處都是：用「自然」的方式生產，對媽媽比較好，對小孩也比較好，而且自然產甚至比較符合女性主義。上述講法不僅問題多多，它根本大錯特錯。

首先，因為**談論「自然」生產就是不恰當的**。曾在家庭署發言的婦運人士菈提西亞．內葛里耶與碧翠絲．嘉絲卡爾（前者是陪產士，後者是關係諮商師）提醒我們，所謂的自然，「有時會和生理機制的概念混淆，於是變得彷彿不受環境影響、處於隨時都很穩定的狀態。」[89]她們亦指出，「自從人類文明誕生之時開始，社會就形塑了女性的身體，一如它也形塑了所有其他人類的身體。我們知道，今日的分娩生理機制已和一世紀前大不相同，此外，每一位女性的經歷都不同，而經歷會影響她們各自的身體機制。」因此與其稱之為「自然生產」，**我們應該稱之為「符合生理機制需求的生產」**。

別忘了，**不是每個人都可以（或想要）用符合生理機制的方式生產**。首先，因為大約有百分之二十的妊娠被評估為高風險妊娠（雙胞胎、孕婦疾病……）[90]，因此她們注定無法在分娩中心或自家生產；

有些人可能有身心障礙，因此需要醫護人員協助；有時分娩過程比預期更久、狀況更複雜，於是臨時變成需要醫療介入；並非所有人都有足夠的資源應付非傳統的分娩準備；不是每個人都能找到可以居家接生的**那一位**助產師。或是也許有人就是想打無痛分娩，覺得深受其惠。

別將生理機制學的生產當作一種成功。就算做好萬全準備、將所有幸運握在手中，我們還是永遠無法完全確定自己能以夢想的方式生產。出乎意料的插曲、意外的醫療問題、某些事件導致身體虛弱……眾多偶然狀況，都能改變生產方式。希望使用醫療措施或不得不使用醫療措施，這既不是承認自己軟弱，也並非失敗，因為分娩不是表演。也因為「成功」這個詞本身就是相對的，「成功分娩的定義，對每個女性而言都不同。最重要的是每個人對這件事的感受。追根究柢，成功的分娩，意思是最後留下的回憶是正面的。」瑪莉－海倫．拉海葉這樣說。

讓我們拒絕媽媽之間的競爭吧（因為比賽從分娩的時候就開始了）！絕對沒有哪個生產計畫比別人優秀。我們可以規畫符合生理機制需求的分娩而且覺得過程很不錯（或很糟），我們也可以剖腹產而且覺得過程很不錯（或很糟）。最好的選項，是既非全然吻合生理學的機制，亦非全然依賴醫療措施；最好的選項，是最適合我們自己、適合我們的經歷與信念的選項，它會隨著我們當下的身心狀態與環境設備而調整。分娩不是烹飪大賽或運動競賽，反正，那既沒有完美食譜……也沒有領獎臺。所以絲毫沒必要去計較「誰的力量最強大」。

別忘了，一切並非「只」由我們決定。從規畫生產到分娩當下，我們是依照當下環境允許的條件選擇我們能做的選擇。「產婦置身於一種複雜的處境，很難讓一切都依序就位。譬如居家生產，最後大家會認為這是她們自己的選擇（「妳怎麼沒有這樣做？」、「妳可能做了錯誤的抉擇」），但這個抉擇其實是整體社會風氣的影響。」瑪莉－海倫．拉海葉如此表示。

讓我們擁護每一名孕婦的選擇，使所有產婦都能用她們希望的方式生產。打無痛或不打無痛、趴著或是仰躺、在婦產科生或在家生。因為無論是符合生理機制的分娩或是極端醫療介入的分娩，它們本身都不屬於女性主義。反之，讓每個女性都擁有選擇權，這才是女性主義。

讓我們允許女性居家生產。居家生產不是落後退步，想居家生產的女性也不是搞不清楚狀況。事實正好相反，居家生產是經過深思熟慮的抉擇，往往是經過漫長的考慮才下的決定。別忘了，其他西方國家比我們更常這樣做：法國只有百分之〇．二的孕婦居家生產，而冰島與德國則是百分之三；紐西蘭介於百分之六與百分之十，荷蘭則高達百分之十六[91]。

讓我們多和醫護人員對話、問問題，並說出我們的希望。譬如，我們可以草擬生產計畫拿給醫護人員參考，也可以一起討論。二〇一六年，在婦產科提出生產計畫或特殊要求的女性，不到百分之四。儘管如此，二〇一六年的產前產後年度調查報告顯示，曾經針對分娩提出特殊要求的產婦們「對醫療團隊的回應，經常感到滿意」。讓我們謹記在心：儘管某些醫護人員非常不友善，還是有很多醫護人員有心陪伴產婦、盡力將所有資訊都告知她們。

讓我們好好鍛鍊我們的批判思維。在社群網路時代、資訊爆炸的現代，我們都有可能成為自己認知偏見的受害者，換句話說，對於那些驗證我們自身想法為真的文章，我們會下意識地認為它比較正確。「在正確的資訊和轉發者認為正確的資訊之間，兩者有巨大差別。主流醫界這樣運作，但所謂的『另類』療法也是如此。每個陣營都有好有壞。」海倫．洛克（Hélène Rock）這位陪產員在一篇探討女性主義者懷孕的文章中寫道[92]。她列出一串問題，我們可以用這些問題來試圖避開偏見：「撰文者的利害關係何在？這個主題有其他選項嗎？我該如何取得更多資訊？經驗不同的人會怎麼講，這些人的立場是什麼？」這是一種智識上的自我防衛方式，能讓我們用最清晰明確的方式做抉擇。不僅只是生產，育兒亦是如此。

因為分娩終究是整個母職的縮影。社會壓力、不請自來的批評、人們懷疑我們的能力、質疑我們的抉擇，將我們的主動貶低為被動……然而除此之外，還有女性主義的培力與發聲。毫無疑問，分娩這件事完完全全地預告了我們之後將會面臨的一切。

3 母親的身體並不可恥

前往未知之地

我還記得當我想為兒子拍攝新生兒寫真時，發生了一件尷尬的事。噢，我當然拍了很多他的照片，問題是我一張都不滿意。你們一定會說，反正我什麼都不滿意。但我想問題不只如此，而是我想要的是完美的形象，我們每個人都看過的那種畫面：討人喜歡的嬰兒，依偎在容光煥發的母親懷裡。然而，雖然我有個討人喜歡的嬰兒（當然的啊！），但是照片裡的我一點都不像那個媽媽。照片裡的我看來依舊像個孕婦，而且是那種快要臨盆的孕婦。但我的寶寶已經不在肚子裡，而是擱在肚子上。當時我沒有意識到，這情形還會持續一段時間。生下兒子六個星期之後，有人問我：「什麼時候要生？」而我覺得自己很蠢。呃……是一個半月前生的，但我沒有勇氣說實話。

三年後，我女兒誕生的時候，這一切我都已有心理準備。我知道我的孕期浮腫得花上好幾週甚至好幾個月才會改善；我知道分娩不是終點線，而是起跑點；我知道自己大概會流血好幾週、知道脹奶會很痛、知道我可能會有嚴重的痔瘡問題，我也非常肯定，我的身體會疲憊不堪。但我沒想到的是，這次我會剖腹產，我又再度踏上未知的領域。我已經被告知肚子上會有一道「小小的傷疤」，不過，「太太您放心，那很快就會變得很淺，現在技術很好。」除此之外，他們什麼都沒說。五臟六腑痛得讓我不得不彎腰走路，每次吃完止痛藥就是焦灼等待下次吃止痛藥。傷口縫合釘不斷拉扯我慘遭蹂躪的肚子，讓我不禁懷疑我為什麼要穿上內褲來折磨自己。腹部被切開之後，就永遠不會恢復原狀了。我沒辦法抱兒子，漫無止盡的好幾週期間，連走路都會痛，我覺得自己彷彿被丟進脫水機，不知該怎麼脫身。

一個朋友生下第一胎不久之後，向我敘述她返家之後的狀況。生產一週後，她說：「我身體好痛。」還有什麼比這句話更能說明一切？生下一個小生命之後，我們面對的是生理、心理與情緒的三重風暴，於是再也搞不清楚自己真正的感受是什麼。我們好像被三十八噸重的卡車給輾過一樣。「我感覺自己被一臺公車撞上，生理和心理方面都是如此。」二十九歲的奧蕾麗這樣說。媽媽們談論產後期的時候，經常形容她們的體驗是「震驚」，甚至是「海嘯」，孩子的誕生引發一場難以預期的大海嘯，除此之外，**她們面對的是連自己都認不出來的身體**。全身上下都不舒服，經常（劇烈）疼痛，有時還會尿失禁，不斷有血、奶水和淚水湧出來。這副身軀應該要能讓我們抱小孩、哄小孩、餵小孩，幫小孩洗澡、更衣、搖搖籃，重複再重複。九個月期間，這副身軀原本是所有關注的焦點，但突然之間，我們單獨面對它，這情況經常讓人驚慌失措。「一開始，一切都很艱難。我覺得自己被騙了，而且事先沒有人提醒我要注意。我覺得非常孤單，覺得同時有太多情緒要應付。我必須告別『肚子裡的寶寶』，同時必須學著去愛這個素不相識的小人兒，還得從產後一團亂的身心狀態中振作起來……」二十六歲的夏洛特這樣傾吐，她有一個年幼的女兒。

許多媽媽和夏洛特一樣，她們都表示自己彷彿**任憑命運擺布**。「我們的兒子比預產期早一個月出生。我用盡全力產下他，之後他被送去保溫箱，直到他出生二十個小時之後，我才終於餵他奶。脹奶、產後的疼痛、賀爾蒙變化……這些都沒人向我解釋，也沒人陪我度過。我覺得自己像一個信封，信寄到之後，我最好的下場就是被回收，最糟的下場是被丟進垃圾桶。」三十六歲的寶琳說，她有三個小孩。**女性對產後的真實情況知之甚少，產後她們幾乎孤立無援**。除了早產或發生併發症的案例之外，她們生完孩子三天之後就被送回家裡——剖腹產的孕婦則是五至六天。接下來呢？她們會諮商兩次助產師，並於六週後回診，僅只如此。在這樣的狀況之下，她們很難不覺得孤立無援。況且，她們的痛苦常被醫護人員斷然無視，「剖腹產之後，我沒辦法走路，因為傷口左側太痛了。一名助產師對我說：『這很正常，您的肚子被剖開過。』不，這並不正常。」三十一歲的菈提西亞忿忿不平，因為「新手媽媽的痛苦，無論是肉體上還是精神上的痛苦，都被當成普通的小事，甚至被貶低」；因為當一名女性生了小孩，眾人對她只有一項期待：表現出幸福的模樣。除了這幅幸福的畫面，人們什麼都不想知道、甚至什麼都不願看見。從她們的身體開始談起吧！

不存在的身體

產後我們之所以如此苦惱慌亂，是因為我們在各個層面都面臨劇烈的轉變。不僅如此，也因為我們經常對產後必須面對的處境一無所知。**我們從沒見過新手媽媽真正的樣子**，也完全不知道新手媽媽的身體會經歷怎樣的煎熬。陣陣襲來的子宮絞痛、可能持續數週的惡露、傷口、尿失禁、水腫、浮腫的身體……產婦對此毫無（或幾乎沒有）心理準備。就連準備生產的相關課程都只將焦點關注於分娩的那一刻，未曾提及上述種種。分娩之後呢？就落幕了。「分娩之後的身體是什麼呢？是我生產過程遇見的所有問題全部匯集起來打成的一個結、是我在鏡中看見的自己。那是我第一次看見女人生產過後的身體是什麼樣子，而那是我的身體。」婦運人士作家伊菈娜・魏茲曼（Illana Weizman）這樣告訴我。她「毫無困難地以母親身分投身女性主義」，二〇二〇年冬季，她和其他人創了主題標籤運動「＃我的產後期」（#MonPostPartum），媽媽們可以藉此傾吐她們如何度過這段特殊時期。這個運動緣起於一支遭到禁播的廣告——專研產後防護墊的品牌芙麗達媽媽（Frida Mom）的廣告。在這支廣告中，一名新手媽媽在深夜裡被寶寶的哭聲吵醒，於是艱辛萬分地從床上爬起來。她穿著網眼產後內褲，裡面卡著一塊防護墊，她的肚子依舊圓滾滾，進廁所小便並更換防護墊時，她帶了一瓶水緩解疼痛，而這顯然讓她耗盡許多力氣。廣告中沒有血，也沒有裸露場景，儘管如此，美國ABC電視臺與奧斯卡籌備委員會仍然拒絕在轉播頒獎典禮時播出這支廣告，原因是它「不夠隱晦」。「而人們總搞不懂，為什麼新手媽媽們沒有準備好面對這一切呢？」這是廣告中提出的問題。芙麗達媽媽這支廣告可在YouTube上面觀賞。

「那是我第一次在螢幕上看見女性生產後的身體。我很感動，它深深撫慰了我……」伊菈娜・魏茲曼回憶道。在那之後「＃我的產後期」在短時間內廣為流傳，讓母親們能夠傾訴她們的經歷，伊菈娜・魏茲曼出版一本書探討該主題，這是剖析產後期相關禁忌的第一本相關著作。呈現媽媽們剛生產完身體的作品，怎麼會這麼少？與其說少，不如說完全沒有。為何這身體真相隱而不見？伊菈娜．魏茲曼表示，**因為產後的身體違反主流社會強迫女性必須遵守的美麗規則**。「這樣的身體嘲弄了父權體制強加的理想美感，要求一名女性要纖瘦、緊緻、她的身體要能夠藏住所有污物，才能被認定是有魅力的漂亮女子。然而，產後的身體幾乎完全與此相反：一團亂、鬆弛、浮腫，她們身上有裂口、凹凸不平、有妊娠紋，還有很多液體……它確實與人們預設的女性身體完全相反。」她這樣解釋[93]。

換句話說，產後的身體，即是政治的身體。不僅因為它違背社會的審美觀，也因為**它觸及另一道禁忌：年邁的身體**。「某方面來說，產後的身體是老年的預演，它被烙上了印記，而且鬆弛、乾癟，有時還會尿失禁……身體在這特定時期彷彿變老了。但人們不想看見老女人，因為她們是被排除在所有社會草圖之外的。人們恐懼女性年老的身體，而這份恐懼反應在產後期。」伊菈娜．魏茲曼如此分析。除了不符合社會對女性的要求之外，**這副仍在恢復期的身體不再是有生產力的身體**。沒錯，它的確生產了一個孩子，但它已不如從前。「到了最後，這身體被認為毫無吸引力，因為它變得衰弱，而且不美。基於上述種種原因，最好把它擺在沒人看得到的地方。等它恢復懷孕前的外型之後，它才能再度攫取目光、贏得尊重。」伊菈娜．魏茲曼說道。

必須（趕快）找回來的身體

事實上，人們關注新手媽媽們的身體時，並不是真的為了關心她們過得好不好，而是為了督促她們

「重新找回控制」。完成任務之後，**人們期望媽媽們抹除她們因這項任務而受罪的痕跡**，而且愈快愈好。「產後如何飲食才能瘦下來？」這邊這樣說；「她如何在產後找回夢寐以求的身材？」那邊那樣寫；「產後如何維持性感？」《父母親》（*Parents*）雜誌則是這樣提問；「寶寶誕生後，妳得重新關注自己。做運動、調適心情、掌握生活節奏、梳妝打扮，現在是妳討自己歡心的時候了。讓我們告訴妳如何重拾女性美、如何在日常生活中漂漂亮亮……」媒體和我們的親友都這樣講，叫我們不可以「放任自己」，如今社群媒體使這現象變本加厲，Instagram出現許多「穠纖合度的媽媽」。這些孕婦或產後期的媽媽們，驕傲地展示她們平坦的肚子，小腹依舊緊實、肌肉結實。我們都還記得，二〇一三年，健身教練瑪麗亞・康格（Maria Kang）和她三個未滿三歲的小孩一起在鏡頭前擺姿勢，並質問所有女性：「妳們的藉口是什麼？」另外還有健身網紅希雅・庫柏（Sia Cooper），她生完小孩才七天，就向她的百萬追蹤者分享自己平坦勻稱的肚子。除此之外，Instagram那些瘦身媽媽，每天都不斷上傳幾百張類似的照片。

這些媒體想傳達的訊息很清楚：只要妳想，妳就辦得到。就算妳在尿布與奶瓶之間累得團團轉而且連日徹夜未眠，妳還是得努力雕塑自己產後的身體。二〇二一年秋，演員萊菈・貝克希（Leïla Bekhti）談起她間隔時間極短的三次懷孕，她聊到自己體重增加，她決定要瘦下來。「三年期間，我帶著二十七公斤的贅肉一起生活。我的身體不再是女演員的身體，而是母親的身體。」[94]沒人希望成為一眼就能看出是媽媽，這件事還需要解釋嗎？無庸置疑的是，**社會期望女性生小孩……卻又希望她們看起來不像生過小孩**。因應而生的是媽媽身形改造（*Mommy make over*），專為媽媽們量身訂做的一套整型外科療程，用來「修復懷孕造成的損傷」。在它的網站上，一名法國整形外科醫師大力宣揚這項「在美國廣受歡迎」的手術，內容包括：腹部整形、乳房提高（需要的話，亦可同時豐胸），以及抽脂（有何不可呢？）。總之，這是一項大手術，必須全身麻醉，在手術檯上面躺大約四小時，而且被敲詐幾千歐元，但這一切「效果驚人」，至少他們是這樣保證的。換句話說，妳終於能夠以自己的身體為傲，最重要的是，妳的身體將能再度挑起慾望。

女性不只被敦促要恢復產前的身材，還被要求**盡快重拾性生活**。記者克蕾夢汀・嘉佑（Clémentine Gallot）與卡洛琳・米歇爾（Caroline Michel）在她們的著作《性的重擔》（*La Charge sexuelle*）[95]書中指出，女性承受的精神壓迫無所不在，連性行為都是如此。避孕藥、備孕計畫，她們得配合伴侶的性慾，還要把自己準備得美美的。一般而言，在異性戀常規體制的性行為模式中，是女性必須負責處理性行為的技術問題與情感面，以插入為重點的性行為，男性的慾望至今仍廣泛被視為無法克制的、必須盡力滿足的「需求」。而**女性生了孩子之後，性行為仍是她們的重擔**，她們被逼著要「重拾女性美」（也就是性魅力），並趕快「恢復元氣」。某些女性確實這樣期望，但並非每個人皆是如此，遠非如此。分娩、精疲力竭、剖腹產或剪會陰的疼痛、情緒起伏，有時還加上產科殘暴行徑留下的後遺症……剛生產完的幾週或幾個月，許多媽媽並沒有心情翻雲覆雨。此時喪失性慾是全然正常之事，卻因此造成媽媽們的壓力源。

「#我的產後期」標籤標註的貼文當中，有些媽媽敘述她們的伴侶堅持要求行房，她們只好「強迫自己」進行性行為，或因為拒絕而被罵。問題是，**某些男性會施加這樣的壓力，原因之一是某些醫護人員的古板言論**，在一篇探討相關主題的文章中[96]，精神科醫師貝納・傑伯羅維茲（Bernard Geberowicz）告訴我們，哪些狀況是可以接受的、哪些則否。「性慾降低是很常見的。產後十幾週，伴侶需求並非優先考量，這是可以接受的。」他先是這樣保證（呼，真是鬆了口氣！）。但是過了這段時期之後，就不能再逃避了，妳必須重新開始做愛，更確切地說，再度開始性交。「生產兩個月後，若依舊沒有插入式性行為，就必須請教專家；若是產後四個月依舊如此，就必須諮詢醫生。」他言之鑿鑿。

如果真的一點都不想要呢？小兒科醫師艾爾多・納烏西（Aldo Naouri）的建議是，在這種情況之下，我們的伴侶只需要稍微強迫我們一下即可。「有需要的時候，逼她知道我們有多想要她，這並非羞辱。而且既然知道她一定會得到相當的快感，那麼說服她接受交媾，就不是羞辱她。反之，若您屈服、順她的意，等她感受到足夠的慾望而自行要求結合的話，您就是做了錯誤的抉擇，您以為這樣對她好，但她可能長期毫無慾望，因為孩子已經滿足了她的身體需求。」他以全世界最認真嚴肅的態度寫道[97]。此處討論的性行為，重點並非性行為本身，而是插入。因為，根據艾爾多・納烏西的說法，的確是「性交建構父親的功能，並使其執行父親角色」。既然這樣，事不宜遲。「一旦女性身體完全康復，能在沒有劇烈疼痛之下滿足伴侶要求，就可以重拾性生活。」艾爾多・納烏西在書中這樣說道。他這本書的出版年分並非上一個世紀初，而是……二〇一〇年。他的言論其實相當貼切地反應了社會對於產後婦女的期待：咬緊牙關，用最快的速度恢復身材並像從前一樣滿足男伴的性需求。而媽媽們最需要的卻是同理心、資訊、支援。此外，也需要眾人真正意識到產後期究竟是怎麼回事。

讓我們多聊聊產後期吧！

揭穿產後期的真相吧！它不會在分娩六週後結束，而是如同安娜・洛伊說的，它可以持續到……生產三年之後。讓我們把這個訊息傳遞給（未來的）準媽媽們，和她們談這件事，讓她們對分娩**之後**的情形有心理準備。媽媽們近日踴躍發聲的這起運動已經打破沉默，讓產後期相關話題不再籠罩於沉默之中，讓我們繼續在公共論壇談論相關話題，使未來的媽媽們不再孤軍奮戰。今日，諸如「我的產後期」（Mon Post Partum）或「你媽的產後期」（Post Partum Ta Mère）等Instagram頁面已著手進行這場革命，但這場重要戰役也必須在社群媒體以外的場域進行，尤其是婦產科。譬如與其只規畫「分娩準備課程」，更應規畫真正的「誕生準備課程」教授所有相關知識……就從產後期開始！

讓媒體更常呈現產後期的真實樣貌。「我認為累積相關知識是很重要的，即使對還沒懷孕或還沒考慮懷孕的女性也一樣。這樣她們才能認識產後所有身體症狀，知道這些都是正常的。此外，事先認識這些症狀之後，當我們透過自己的身體去經歷這些過程時，我們才不會覺得自己和別人不一樣。」伊菈娜・魏茲曼說道。然而伊菈娜・魏茲曼也強調，上述主張不能成為另一種背道而馳的強迫規定，我們不可因此要求女性將自己產後的身體當作社運的旗幟。「有些女性可以毫無障礙地公然談論她們的身體與性生活，但並非每個人都是如此。我們並非要求每個母親都把這個責任扛在肩上。重點並非獨自作戰，而是集體策略：呈現產後身體的場合，首先應該是在電影、影集、廣告當中。」

讓我們試著對自己寬厚一點吧！懷孕生產之後，需要很多時間恢復，這完全是正常的事，非常合情合理。我們一點都不像Instagram那些瘦身媽媽，這並不代表我們很遜；我們不想要性關係，這並不代表我們有缺陷；產後幾個月還會漏尿，不代表我們不正常；我們想要找回自己的身體，不代表我們就是壞媽媽。我們並非單獨度過產後期，像探險家獨自迷航北極似的；我們是一隊軍團，成為母親這件事像鞭子一樣用力鞭策我們前進，而我們雖非獨行，卻是孤獨至極。

4 母親不是天生形成的

孤軍奮戰的旅程

回想孩子們剛出生的那幾個月時，萬千感受湧上心頭，他們的柔軟肌膚、他們的髮香、他們小小身體緊貼在我身上的暖意、將他們抱在懷裡時，我心中的感動。但除此之外，我也覺得精疲力竭，時間扭曲變形，白晝變得很長，夜不再是夜，無盡的等待，數著時間等下次餵奶、下次小睡，等可以幫忙的人抵達這裡。一再重複同樣動作的無趣感，還有寂寞。尤其是寂寞，那寂寞深沉到無法言喻，而我們的感受是如此之深。二〇二〇年，法國「讓媽媽受重視」（Make Mothers Matter France）組織對兩萬名女性進行調查[98]，關於成為母親最令人難以忍受的一點，她們當中有**百分之三十一的人回答：孤獨感**。彷彿那是待產包的一部分。

三十九歲的芙蘿倫斯告訴我們，孤獨如何在出乎意料之外，突然籠罩了她：「我成為人母的過程非常平靜。直到兒子滿三個月左右時，我突然被擊倒了。我一點都沒有預料到會這樣。二〇二〇年那時候，我沒想到自己會這麼寂寞。我明明一點都不孤單：我住在大城市的近郊、我有車、我的雙親與兄弟們都住在旁邊，也很容易取得醫療資源……」她和許多媽媽一樣，覺得孩子出生之後，**她彷彿從風景中**

消失了，「懷孕的時候，所有人都對妳照顧有加。等寶寶從妳身體裡出來、肚子平下來之後，妳馬上就不見了，妳變成了隱形人。這樣很殘忍，讓人不敢相信。」這時的她們非常需要大家的支持、道賀與安撫，但許多媽媽卻感覺自己被遺棄了。

抱著寶寶返家之後，這感覺更加強烈，**媽媽們實際上就是被困在家裡**。當然，理論上沒有什麼可以阻止她們出門。就連我本人都曾經以為，生小孩之後，我會帶著小孩到處跑，我才不會因為當媽就放棄我的生活！結果呢？一切只是我以為。雖然沒有明文規定父母不能帶小孩出門，但一切都讓他們不得不待在家裡：大眾運輸工具難以搭乘、親子友善空間少之又少、寶寶的作息，還有疲倦……就實際層面來說，帶著新生兒現身公共場所，這行動本身經常就像一場戰役。「很快地，我就知道自己沒辦法帶著寶寶做我想做的事。他很愛哭、睡得很少。我整天都用來餵奶、哄他、帶他散步。我幾乎沒辦法做其他事。」三十一歲的瑪琳說道，她因為太常抱小孩而患上肌腱炎。演員克萊兒・特洪（Claire Tran）是「女性主義家長」（Parents & Féministes）協會的創辦人之一，她和瑪琳一樣，生下第一胎之後，返家時只覺得被壓迫：「一開始，因為哺乳的關係，我要不是不出門，就是得按照餵奶時間規畫行程。但我不是去咖啡館或餐廳，而是去有小孩的地方，我知道在這樣的地方，如果他哭了、如果我得餵他、如果他吐在我身上，我不會遭受異樣的眼光。」[99]這樣的經驗讓她更加感覺被孤立。「新手父母的社交生活空空如也。我真希望能去一些『嬰兒車咖啡館』，和其他的爸媽一起心平氣和喝杯咖啡，北歐國家有不少這樣的場所，但在法國還是很少見。」

結果，**新手爸媽就被困在家裡。更確切地說，是媽媽們被困在家裡。**父親們雖然有育嬰假，但只有百分之六十八的父親會請育嬰假，其他人若非不願意這樣做，就是他們的狀況不允許他們這樣做。二〇一三年，一份公家調查報告便指出：「獨立工作者、工作處境堪憂以及無業的父親們，較不常在孩子出生時請育嬰假。」[100]這份報告也指出，獨立工作者中只有百分之三十二的父親會請育嬰假——私人企業的長期雇員則是百分之八十，而公家機關的雇員則是百分之八十八。至於女同志媽媽呢？（是的，她們也有權請育嬰假！）這我們無從知曉，直到目前為止，沒有任何相關的統計研究。不過我們知道，儘管父母有權請育嬰假，它的日數其實不多，只有十四天且包含週末。二〇二一年夏天，育嬰假調整為二十八天，其中七天是強制的，聊勝於無，但仍然無法使伴侶完全負起照護新生兒的責任。無計可施之下，只能這裡請一天事假、那裡請一天事假，但是打從一開始，事態就無可挽回。指出這項事實的是法國國家統計與經濟研究所（INSEE）：「整體而言，暫停工作或減工至少一個月的父親，大約只有九分之一，而母親則超過二分之一。」[101]換句話說，第一個孩子出生時，**只有百分之五的父親暫停工作一個月以上**；也就是說，分娩幾天、最多幾週之後，母親就獨自指揮一切。

「十天結束之後，我的伴侶回去工作的時候，我覺得被拋棄、覺得沒辦法獨自面對養育女兒的生活，我才剛接觸這樣的生活，還無法理解這是怎麼回事。我關在家裡，很怕出門、怕她在大眾運輸工具裡大哭、怕我沒有能力處理。直到今天，我還能夠感受這份焦慮殘留在心，感覺自己很怕和女兒獨處這麼久。」艾曼紐說。**新手媽媽已經精疲力竭，再加上孤立感，她們因此陷入焦慮、甚至憤怒。**[102]她們當中有百分之七十八表示，疲倦是最令人難受的。震驚嗎？一般迷思總認為新生兒整天都在睡（所以我們也跟著睡），但凡是曾經和新生兒一同生活的人都知道，育兒生活就是一場賽跑。因為產假並非假期，妳連洗澡都得快快洗，邊洗邊豎直耳朵或睜大眼睛（常常兩者皆是）注意寶寶的狀況；妳只能用一隻手吃飯，因為另一隻手正在抱小孩；妳得試著不被困住，把整天時間都用來餵奶、換尿布、哄睡、安撫……一而再，再而三，期間穿插著小兒科醫師的門診，以及會陰部的復健療程。產假是一陣陣無止無休的哭泣，有時是無法平復的痛哭；產假是放棄連續睡超過三小時，打從古羅馬時期開始，剝奪睡眠就是非常有效的刑求方式，這一點還需要提醒嗎？「我們都知道會很累，但那甚至不是疲累，而是徹徹底底的耗竭。」二十五歲的莎菈說，「深淵般的夜晚讓我失去理智，比以前更憂心忡忡。我很孤獨，因為在別人眼裡，這不過就是一次懷孕、一場分娩、一個身體健康又好帶的寶寶。」這就是問題所在。

新手媽媽苦惱不安的主要原因是無人傾聽她們的心聲，這比新手媽媽必定遭遇的疲倦更加惱人。瑪琳正是因此而感覺孤立感日益增強，她轉向醫護人員尋求支援：「我的寶寶似乎只會哭泣，我開始陷入憂鬱。醫生說我的寶寶很好、說我會累很正常，因為『照顧寶寶就是會讓人精疲力竭。』」認命吧，這很正常！母職帶來的孤立感、疲倦與混亂——這全都沒什麼。媽媽們想傾吐這一切的時候，沒有人願意傾聽，就算有，也非常少數。不管怎麼說，這就是媽媽的工作，不是嗎？

披上母親角色的外衣

問題是為人父母這項「工作」，我們其實還沒準備好。首先，我們絕對不可能事先想像孩子誕生造成的海嘯有多駭人；另一個原因是，**人們總認為照顧寶寶是一種本能**，女性更是如此。我們從小就被灌輸，女性擁有「母性本能」，一種無法克制的天性，它促使我們繁衍、使我們不假思索愛上自己的孩子，最重要的是，它使我們生來就懂得如何照顧新生兒。沒錯，我們是哺乳類，但我們也是一種有文明的生物（而且，我們和貓或天竺鼠不一樣，很少有人類媽媽會吃掉自己的寶寶）。此外，許多研究皆證明：依附情感和育兒能力一樣，並非全然屬於「天生本能」，而更應說是由社會與文化建構而成的[103]。換句話說，就算我們對新生兒的哭聲特別敏感，這也不代表我們「天生」就懂得如何安撫哭泣的新生兒，或是比男人更懂得照顧新生兒[104]。

關於母性本能的迷思，儘管已被大量論證動搖，卻仍深植人心，就連我們都是如此。有能力懷孕，好像就代表我們擁有照顧小孩的所有技能；生下一個寶寶（或是收養一個寶寶），好像就代表我們能立刻成為母親。讓我爆個雷吧！這個寶寶送到我們手上的時候，並沒有附帶使用說明書，我們也是邊做邊學，慢慢才認識為人父母應該怎麼做。這是很讓人頭暈目眩的。

「當我帶著寶寶回家的時候，我絲毫不曉得該做些什麼，我甚至不知道該把他擺在哪裡。我從沒照顧過嬰兒，我承認自己很迷惑，因為我不知道應該對這個人類做些什麼，我只知道要餵奶跟換尿布，這個有人教過我。」三十二歲的瑟琳回憶道。瑪麗則說，她和男伴都以為「一切自然而然就會學會」。然而事實並非如此，孩子出生之後，身為兒童心理教育家的瑪麗覺得自己「彷彿掉進一個洞裡，孤身一人」。卡蜜兒則是在分娩幾天之後「給自己施加許多壓力」，認為她應該要獨力照顧孩子，「如果我失敗的話，就是告訴所有人我沒有能力當媽。最後，我的伴侶成功請到育嬰假。我的壓力仍在，但我儘可能保持低調。我想證明自己是完美的，證明自己無論發生什麼事都可以餵奶、用床邊嬰兒床和孩子共眠、可以每個晚上都不睡覺……我完完全全迷失了。」她這樣敘述當年的自己。

除了試著理解我們的孩子，我們其實也同時在**試著掌握「母親」這個新角色**，對某些媽媽來說，這並不費力。「我馬上就對寶寶產生依附情感，一切都很自然。我知道怎麼和寶寶互動、知道怎麼抱他，並因此感到快樂。」三十四歲的教師賈絲汀就這樣說。但這並非對所有人都輕而易舉，遠非如此。對許多母親來說，母職宛如青春期，是非常煎熬的試煉，**母親的誕生過程是一場非常震撼的身分轉換**。「我確確實實覺得迷失了自我。我本來是一個生性自由的女生，喜歡出去玩、喝酒、抽菸、旅行。我覺得自己變成了一個囚犯，被困在母親的角色裡，變得不知道自己是什麼人。我變得再也不去想自己的事了。孩子剛出生的那幾個月，我成了一個機器人。」二十六歲的行政助理愛洛依絲說。我和愛洛依絲一樣，當時也覺得必須埋葬過去的自己，卻不知道在這之後，自己究竟是誰。當時，眼前唯一清楚明白的事實是我再也不屬於自己了，因為過去幾個月來，我的身體只為了這個孩子服務，而我的心靈也一樣，完全被寶寶給獨攬了。我很難專心聽別人講話、我沒辦法集中精神、我無法閱讀與思考，無法不讓自己被完全吞沒。有時候，我甚至覺得我連自己在想什麼都不知道，原因很簡單：我已經完全沒有屬於自己的心靈空間了。於此同時，我還必須試著掌握身為母親的新身分，然而母親這角色和上述困境一樣，雖然大家都以為是自然而然，但實情並非如此。

「我立刻就愛上我女兒，但我花了很多時間，才終於覺得自己是個媽媽、才終於能說出『我女兒』。有什麼地方不對勁，我覺得自己一點都不像媽媽。」二十九歲的插畫家卡蜜兒這樣說。她穿的是「年輕人的衣服」，喜歡在客廳「大聲聊天、瘋瘋癲癲地跳舞」，她絲毫無法將自己投射在典型母親的形象裡。典型的母親應該很認真、很內行、很滿足於母親的角色，總之，應該很完美，「所以我才必須學習掙脫這樣的母親形象，學著當媽但又同時保有原本的自己。」後來創建「女性主義自由母職資訊」（MILF）這個女性主義媒體來探討母職的記者法比葉妮．拉庫德也提到了自己難以立刻融入母親這角色：「女兒誕生的時候，我一點改變都沒有。這裡有個寶寶，我必須抱她、餵她、換尿布……我都照做，但我腦子裡什麼都沒發生。既沒有滿滿洋溢的愛，也不是不愛，就只是一點感覺都沒有，我很困惑。什麼都沒有，我沒有可以寄託的著力點。」她感到「某種憂鬱」[105]，最後她崩潰了。

母親的困境，社會的共同議題

如今，愈來愈多的媽媽們勇於說出真相：產後期不一定是美好幸福的媽寶時光。二〇二一年底的一份調查報告[106]指出，**只有百分之二十二的母親（與百分之三十五的父親）表示自己平心靜氣度過這段時**

期，沒有什麼困難。其他受訪者則難以適應新生活，甚至在這期間陷入憂鬱（包括百分之三十的母親與百分之十八的父親），其中亦不乏產後憂鬱症，不是短暫的產後憂鬱，而是需要諮詢專業心理醫師的憂鬱症，產後期的負面影響由此可見。法比葉妮・拉庫德表示，當她深陷憂鬱、苦於失眠的時候，儘管助產師耐心傾聽，她卻無法敞開心扉。「我連對自己都難以啟齒。我沒有可以參考的對象，所以我告訴自己，或許這些都是正常的。那時我總覺得如果說出口的話，我就撐不下去了。後來就發生了這樣的事。」當她因焦慮而嚴重崩潰、緊急就醫之後，診斷結果是她得了產後憂鬱症。

在這之後的兩個月期間，她在醫院的婦幼機構接受治療。「自從我的痛苦被承認，我能在一個安全的場所盡情表達自己，而且在這個場所絕不孤單，從那個時候開始，我覺得自己好多了。我終於得到我需要的精神支援。」她這樣說道。然而雖然心理治療讓她受益良多，社會看待媽媽們苦痛的方式卻讓她感到質疑，確切地說，她質疑**社會將母親的困境視為病症**。「在這套機制當中，母職的社會面向被完全否認或忽視。沒人問妳家裡狀況如何，譬如：家事如何分工？家裡的男士會做些什麼？妳有家人支援嗎？回歸職場這件事也一樣，他們會問妳和孩子關係如何，如何調適孩子不在身邊，卻從來沒人問妳的老闆如何迎接妳回去工作。人們一點都沒有意識到這方面的事。」

然而媽媽們的困境，以及令人無從置喙的產後憂鬱症，其原因不只是精神脆弱、情緒障礙、賀爾蒙錯亂，**女性在母職中被迫演出的角色也是原因之一**。以此作為博士論文研究主題[107]的社會學者黛博拉・紀伊（Déborah Guy）強調，社會期待對母親們的精神健康是一種沉重負荷：「『必須成為母親』這件事，不僅要求女性生育，還要求她們如果要生，就必須保證孩子會在最好的物質環境條件與人際關係之中成長。這項規定也強迫她們必須轉變、必須創立與自己和他人的新關係，而且必須很開心、很冷靜地扛下這一切。」[108]就是說嘛！既然女性天生可以生小孩，而且她們擁有母性本能，那麼孩子一旦出生，她們當然就會沐浴在幸福之中。既然這樣，她們當然應該努力變得幸福，這是她們的責任。如果有人失敗的話，就代表她是壞媽媽吧？

想當然耳，並非如此。但是，**這類迷思與母職的真實情況之間的差距，會造成媽媽們嚴重的罪惡感**，生產之後，那些無法開心自己成為母親（或對此抱持矛盾情緒）的女性，承受的是雙重痛苦：她們不僅痛苦，而且還感到內疚，使她們的處境變得更加艱難。如前所述，這些痛苦也與她們的社會處境有關，孤立感、日日照護新生兒的責任、疲倦、各式各樣相互矛盾的資訊與強制規定不斷湧來、找不到托嬰機構……「面對新生兒與幼兒極度需要他人照顧的處境，媽媽們站在第一線，並且一直留守原地，在異性戀伴侶中尤其如此，原因包括家庭政策與獎勵生育政策、產假與育嬰假等『假期』制度、以及托嬰制度的匱乏。」黛博拉・紀伊與安—蘇菲・沃札希（Anne-Sophie Vozari）強調[109]。

儘管如此，媽媽們被指派的社會角色，不曾（或鮮少）被認為是產後憂鬱症的病因之一。重點依舊聚焦在媽媽的心理層面，以及她和孩子之間的關係。「關於這項至今仍被視作疾病的痛苦，無論在實質方面或精神方面，男女之間的家務分配，都不被認為是預防或解決問題的方法。」黛博拉・紀伊與安—蘇菲・沃札希表示[110]。多可惜啊！這樣下去，會有**百分之十至百分之二十的媽媽繼續患上產後憂鬱症**，而她們不一定有醫療資源。政府指派的專家委員會針對新生兒出生後至滿一千日這段期間的報告講得很清楚：「在法國，至少有十萬名女性在孩子出生後第一年陷入嚴重憂鬱，但其中只有一半的人能找到傾訴管道。」

對衝擊刺激產生的恐懼症、創傷後壓力症候群、產後精神病、憂鬱症、人際關係障礙……根據上述報告，百分之三十的新手媽媽「需要特別關注」，原因是產後或輕或重的精神脆弱。「這是公共衛生重大主題，以及妊娠的主要併發症，可能導致嚴重後果。」別忘了，後果可能導致死亡——目前，**產後期母親的死亡原因第二位是自殺**。「儘管如此，」這份報告如此作結，「產後憂鬱症，以及更廣泛的產前產後憂鬱，在法國鮮為人知，也極少在臨床上被診斷出來，於是防治措施不足、治療效果不佳。」新手媽媽和她們的伴侶（如果有伴侶的話），只好自己想辦法面對。

（真正地）陪伴新手媽媽

好消息（沒錯，還是有的）是打從不久之前開始，媽媽們開始允許自己談論「這種事」，她們在社群媒體上、在書店座談、在電視上講述產後期的陰暗面。但壞消息是若真想改變現況，這樣是不夠的。「從來沒人說過生小孩很容易。」、「或許生小孩之前就該考慮清楚……」、「先前那些媽媽不是都辦到了嗎？」、「妳們再這樣把一切講得很黑暗的話，會害其他女生不想生小孩！」……勇於公然揭發母職神話背後真相的女性們，至今仍常聽見這類回應。這些人似乎以為新手媽媽的痛苦是必經歷程；以為這都只是媽媽們的問題，而不是整個社會的問題；以為誰都無法改變現況，因為事情就是這樣，妳們還想怎樣？呃不，並非如此，產後期的痛苦既不是少數特例，也不是命中注定——它是社會問題，需要所有人從不同層面著手，共同努力來解決它。

首先，讓我們開始真正去關心新手媽媽。我們身為她們的熟人、朋友、家人，讓我們更關心她們，不只是在懷孕期間關心她們，也不只是叫她們好好照顧自己。如果我們想去拜訪剛迎接新生兒的家庭，陪產員「月亮們的搖籃」（Berceau des lunes）在她的Instagram頁面上給了我們一些相關建議。

譬如，避免兩手空空登門造訪（理想狀況是事先詢問新手父母需要些什麼）、確認我們不會給他們造成負擔、別在他們家一待就待四小時、問他們感覺如何、花時間好好關心他們……而不是只關心寶寶。因為關心家長，尤其是關心媽媽，就是讓對方知道家長們的身心健康也很重要。

讓我們堅持要求一份真正的產後陪伴政策吧！事態緊急！在「讓媽媽受重視」組織的調查中，關於出生後至滿一千日這段期間的種種行動方針，超過一半（百分之五十三）的受調者認為，媽媽在家中有助產師陪伴是至關重要的；幾乎同樣多（百分之四十九）的受調者認為，產後由固定的醫護人員持續追蹤很重要。這些似乎都很基本，但至今仍未落實。二〇二一年，在「小孩誕生滿千日」（而不是母親生產滿千日……算了，不提也罷）這份報告影響之下，政府針對產後憂鬱症宣布了數道防治措施，包括：創建十間婦幼機構；產後五週的例行診療，經評估有風險者，將於產後十二週再度診療……相反地，毫無長期的家庭訪查機制，確保另一名家長不再缺席，也沒有整體的媽媽與家庭陪伴機制。

讓我們支持相關醫療單位以及工作人員的權益吧！因為新手媽媽（以及她們的孩子）的處境，與這些醫護人員的處境息息相關。然而許多年來，這些醫護人員不斷疾呼經費被刪、工作條件日益低落，亦即產婦權益的日益低落。所以呢？沒錯，醫院並非十全十美；沒錯，到府陪護服務極度短缺。但正是因為這樣的原因，所以我們更應該支援醫護人員：參與相關遊行、捐款贊助其罷工示威、推廣相關連署、寫信給我們的民意代表、投票給關心該議題的人士……母親與家長們需要這些措施，這不是什麼乳液試用品或美妝小技巧，而是針對新生兒誕生與產後期真正的公家服務。

讓我們繼續奮戰，爭取更多日數的育嬰假。法文雖然稱之為「父親假」，但女同志媽媽也同樣能請，「讓媽媽受重視」組織在調查報告中詢問媽媽們認為最能降低產後憂鬱風險的因素，答案是：百分之五十八的受調者要求延長伴侶的育嬰假。二〇二一年，經過許多年的動員陳情（參與者多半是女性）之後，育嬰假終於延長至二十八天，這或許是一場勝利，但只成功一半，因為婦運團體要求二十八天強制休假，結果只有七天是強制的。「小孩誕生滿千日」報告主張九週有薪假，最後我們只爭取到四週，雖然勝過義大利（七天）或瑞士（兩週），但還是遠遠不及西班牙（十六週）或芬蘭（一百六十四天）。

這一切都需要經費——或許更需要強烈的政治信念，但是真正的育嬰假不是政府送給父母的「禮物」或「額外加碼」，而是至關重要的社會與公共健康措施。無論如何，在一個（稍微）在意這些父母的社會裡，這是很重要的。有伴侶陪伴的產後期，不僅能降低媽媽憂鬱症與精神耗竭的風險——「小孩誕生滿千日」報告指出，育嬰假能促進「兩位雙親的合作模式，使工作分配更加平均、家庭生活更加平衡」。說不定，真正的危險藏在這裡……若父親過度插手育兒事務，搞不好就會徹底瓦解既神聖又了不起的「母性本能」迷思。「伴侶的育嬰假愈長，就會對小孩的需求愈敏感。」這份報告這樣指出。這份報告也寫道：「研究證明，只有那些曾在寶寶出生至滿四個月的期間與小孩共度數週的父親，才有能力在不同的寶寶哭聲當中，辨認出自己小孩的哭聲。」您瞧瞧！

我們並不孤單！

儘管我們（目前仍然）無法如願獲得專業陪伴，但我們並非命中注定只能獨自度過產後期。我們是一批軍團，見識過孤寂、兩難、精疲力竭，甚至是憂鬱症。事先知曉這一切，或許不會讓我們的日常經驗變得更容易，但至少能告訴我們一件事：不是只有我們這樣，我們並不爛。我們的人數既然這麼眾多，大家都經歷過相同的痛苦，就代表我們能夠彼此理解，或許甚至能夠相互支持。

讓我們加入產後相關討論團體吧！除了各個地方組織的團體（發起者包括心理醫師、產後健康相關網絡、「憂鬱媽媽」〔Maman Blues〕的分社）之外，如今也有婦運團體舉辦的經驗分享討論團體（詳細資訊請參照書末「實用資訊」）。「女性主義親權促進會」（Collectif pour une PArentalité Féministe, PA.F）定期在巴黎舉辦以產後期為主題的經驗分享討論會；女性主義家長協會亦為媽媽們與父母們舉辦經驗分享討論會，地點包括巴黎與雷恩，也能透過視訊參加。這些空間可以釋放情緒、分享經驗、尋求資源……並且汲取力量。女性主義家長協會的創辦人之一克萊兒・特洪回憶當年，她還記得和其他女性的交流是如何拯救了她，「那時候，我們大約有六、七個人想集結起來。我把所有憤怒都在她們面前發洩出來，並看見她們和我一樣憤怒。那讓我感覺好多了，我深深被安撫，因為我們的憤怒竟能轉化成為某種有建設性的東西。以我們的狀況而言，我們想要抗爭。我們感覺得到，我們每個人都希望現況能有所改變，那真的把我從深淵中拯救出來。」當然，參加一個或好幾個經驗分享討論團體，不代表就一定要加入社運。但可以肯定的是，參加團體可以自我表達而不受質疑、可以認識其他媽媽……光是這樣，就已經很棒了。

不要害怕求助。覺得當媽很痛苦，或是對此感到懷疑，這並不可恥，也沒必要因此怪罪自己。有類似經驗的人比我們想像中更多，而醫護人員愈來愈理解這樣的情形。不須猶豫，我們可以去找助產師、家庭醫師、心理師，母嬰保護中心（PMI）也有提供服務……或是在法國各地都有分部的「憂鬱媽媽」，該組織不僅提供許多實用資訊與資源，還能給有需求的媽媽們帶來一份難能可貴的支援。

讓我們揭發母職的真相吧！質疑並解構媒體呈現的、唯一的母親形象——因自我犧牲而感到幸福、因成為母親而心花怒放。讓我們重新創造關於母親的想像，無論是在大眾文化或社群媒體。「我們聽到的都是孩子帶來的一切。的確沒錯，孩子帶給我們各式各樣、前所未聞的幸福。但有些事實被隱藏起來了，關於孩子帶走的那一部分——有了孩子，會失去一大部分的自己。在這個情況之下，關於母職的種種迷思，對許多女性而言是令人難以置信的殘忍。」伊菈娜．魏茲曼寫道[111]。她也表示：「這種理想化的形象，勢必非得破除不可。人們必須接受，母親的身分認同是在迷惘與矛盾之中誕生，會隨著時間而變化。母職同時是崇高理想與束縛奴役，二者同時存在、同時發生、相互重疊。」我們必須知道這一點，並將之轉述出去。

5 哺乳：放過我們的乳頭吧！

餵母奶是社會常規

我一直想要餵母奶或至少試著親餵。我沒認真想過要這樣餵幾天還是幾個月，但因為我以為這些都是本能，自然就會發生，不管怎樣，我們都是哺乳類，不是嗎？不得不說，在這條未知的路上，幾件事讓我大吃一驚。首先，我赫然發現出生兩天的寶寶喝奶的時候，其實不像雛鳥，比較像食人魚（乳頭好痛啊！）。接下來我才知道，雖然餵奶乍看之下似乎是本能行為，但還是得學習。所以我學了餵奶的姿勢、擠奶器、吸奶器、軟膏、不管到哪都可以餵奶的各種技巧，火車上可以餵，沙灘上也可以餵。然後重點是，我發現我喜歡餵奶。我這個活躍的女性主義者，一向重視我的獨立自主，我竟然愛上餵奶，讓這個小傢伙藉由我奶水的力量來成長。一想到我很快就要回去工作，不能再像這樣把乳房給寶寶吸，我竟深深感到悲傷。好吧，跟你們說個祕密：我的悲傷沒有持續多久。復工一週之後，我就決定讓這間奶舖關門大吉，重拾我身體的獨立自主……而我一點都不遺憾！

女兒出生時，我以為差不多也會是這樣。但並非如此，因為這次我還有長子要顧，我比生第一胎時更疲倦、更分身乏術。我依舊喜歡餵母奶，但這次要付出的代價高多了，我迫切渴求能夠重新找回一點自由，而我感覺得到，那得等我結束餵母奶。於是，我比第一胎更早開始搭配嬰兒奶粉，並且很快就不再讓女兒吸我乳房，那讓我充滿罪惡感，我很內疚，沒讓她和哥哥喝一樣久的母奶。我責怪自己沒有依照醫生建議，餵孩子六個月母奶，總之我怪罪自己沒辦法為了她而隱忍我的苦。那一刻，我清楚意識到兩件事：首先，我和孩子的連結，勝過她的飲食模式——如果我餵她奶粉會比較開心，那她只會長得更好；第二，我選擇餵母奶（我一直認為這是我自己的選擇），其實符合一項非常強勢的社會常規，雖然我不太願意承認。

在一九八〇年代（也就是我出生的年代）的法國，配方奶仍是主流，但之後潮流開始轉向。**如今，母奶才是王道**。國家科學研究中心（CNRS）館長、社會學家多明妮克・梅密（Dominique Memmi）在其著作《肉身的復仇》（*La Revanche de la chair*）[112]一書中指出，經過數十年的配方奶風潮之後，多數西方國家的媽媽們又開始大量餵母奶。「法國即是如此，」她寫道，「餵母奶的比例從一九三〇年代（當時餵母奶的比例是百分之九十）開始緩緩下降，於一九六三年開始驟減，並於一九七〇年代初降至谷底（一九七二年的比例是百分之三十六・六），接著再度上升（一九七五年為百分之四十六），直至一九九〇年代中葉都無甚變化（一九九五年為百分之四十五・六），但接下來便顯著地逐年升高，於二〇〇〇年超過百分之五十二・三，二〇一〇年到達百分之六十九。」[113]當一個國家有三分之二的新生兒一離開婦產科就開始喝母奶，餵母奶如今已是常規，這常規是有社會階級之分的——較常餵母奶、餵得比較久的媽媽們，若非管理階層（百分之七十四），就是從事農業（百分之六十九）或無業（百分之六十四）；

反之則為工人階級（百分之五十一）或受雇階級（百分之六十）[114]。雖然數字有所差異，但它依舊是一種常規。

媽媽們之所以（重新）開始哺乳，並不是因為她們某天醒來的時候，突然所有人都強烈渴望餵奶。這麼多母親放下奶瓶，最主要的原因是因為**母乳成為公共健康的重要議題**。「三十多年來，多數國家的官方健康組織、營養專家與兒童健康專家都建議哺育母乳，認為這是最符合新生兒需求的飲食模式，而健康政策將推廣母乳視為至關重要之事。就連哺育母乳方式與時間長短，專家都有詳細建議。世界衛生組織（OMS）提倡的是『按照嬰兒需求』哺育母乳，前六個月只餵母奶，滿六個月之後再添加流質副食品，直到兩歲以後再停餵母乳。」瑞士人類學家卡洛琳．秀特姆斯（Caroline Chautems）這樣表示[115]。時至今日，母乳的益處廣受醫界推崇：預防腸胃感染；降低耳鼻喉與呼吸道感染風險；預防哮喘、糖尿病、過敏反應[116]。

但不僅如此，母奶再度成為潮流的另一個原因是**它強化了母職**。換句話說，它加強了（極度親密的）育兒行為，意指所有能夠增進親子連結依附感的行為（哺乳、肌膚接觸、使用床邊嬰兒床和背巾……），這項趨勢自二〇〇〇年代不斷增長，主要是因為兒童心理學專家們的大力鼓吹，其中尤以英國心理醫師約翰．鮑比（John Bowlby）提出的「依附理論」最為廣受歡迎。該理論認為孩童的心理情感發展若要得宜，需要一名情感依附對象（通常是母親）回應其基本需求：親近感、情感與安全感。「鮑比於一九六九年提出的研究認為，嬰兒時期缺乏母親關注，對人格發展有顯著影響，該理論無論在美國或歐洲皆廣受肯定，直到今日仍對產前產後相關醫護人員影響深遠。鮑比認為，餵母奶能建立母親與孩子之間的緊密關係，也就是情感依附關係。」卡洛琳．秀特姆斯寫道[117]。因此除了擔保孩子會更健康之外，母乳哺育據說還是**孩子心理健全成長的重要關鍵**。餵母乳就此不再是一種選擇，不再只是眾多選項當中的一個——既然餵母奶對孩子的身心健康這麼重要，那麼它就成了母親們的義務。

這樣對孩子最好？

人類學家卡洛琳．秀特姆斯明白表示：「在這樣的情況之下，餵母奶成為媽媽們的道德壓迫。」[118]法國最新一份相關調查顯示，餵母乳的女性們並非因為這樣比較方便、比較自然、比較便宜所以餵母乳。百分之六十八的受調者表示，她們餵母乳是為了「讓寶寶健康、快樂、長得好」[119]。所以沒有什麼阻止我們餵奶粉，也沒有人強迫我們一定要餵母奶，只不過我們被這個觀念連續轟炸：餵母乳對孩子是最好的選擇。我們一再反覆被提醒：如果餵奶粉的話，可能會讓孩子更容易生病、更常過敏、更易胖；如果不餵母乳，就是剝奪孩子需要的親密感；不餵母乳，可能會影響孩子的情緒健康、妨礙孩子的社會心理發展，甚至……毀了孩子的將來。我們都記得，聯合國兒童基金法國委員會（Unicef France）為了宣導母乳哺育，於二〇一六年推出一支廣告。「餵母乳能讓孩子更健康、智商更高、學業成績更好、成年後薪水更高。」這是聯合國兒童基金會的推特內容。餵奶粉的媽媽們聽了一定很開心吧？原來她們已經把小孩的將來抵押出去了！

難道，就不能通融一下嗎？沒錯，餵母乳可以救孩子一命，尤其是早產兒，但在我們這樣一個飲用水和醫療資源都唾手可得的國家，母奶並不是攸關性命的救命物資。講到這裡，且讓我們提醒各位，安撫奶嘴可以降低新生兒猝死機率（自百分之六十一至九十二不等）[120]，但我們卻從不曾看見推廣安撫奶嘴的公益廣告，也不會質疑那些不使用安撫奶嘴的媽媽們是否正在損害她們孩子的健康。既然如此，為何人們對待母乳議題的態度如此不同？沒錯，母乳的益處無可否認，尤其對消化與免疫系統極為有益，但在其他方面，尤其關於過敏[121]，其效果仍有待商榷；沒錯，有一份嚴謹的研究報告顯示，餵母乳的孩子平均智商高出兩分，但是，母奶並非影響智商的唯一因素，遠非如此，而且，我們真的要為了一百五十分當中的區區兩分斤斤計較嗎？沒錯，餵母奶可以讓母親建立她們和孩子的緊密聯繫，然而，並非所有母親都是如此，哺乳也不是唯一建立緊密聯繫的方式，如果媽媽不情願地強迫自己餵母奶，倒不如開開心心地用奶瓶餵奶。容器無關緊要，重點是裡面要有愛。所以**拒絕餵母奶既不自私、也不是錯誤的抉擇**，絕對不是。就算不餵母奶，我們也不會因此變成「壞媽媽」，而且這不關別人的事。

飽受壓力的媽媽們

「我沒有親餵。這個抉擇在社會上愈來愈被質疑，我覺得這是很讓人擔心的事。一方面，這代表婦權的根源再度被深深質疑，另一方面，這也代表我們屈從於母職的理想形象帶給我們的壓迫。」二〇一六年，女性主義作家蒂蒂烏・勒寇克（Titiou Lecoq）在一篇闡述不親餵的母親如何遭受罪惡感折磨的社論中這樣寫道[122]。除了政府與母奶推廣者之外，還有許多人關心媽媽們怎麼餵小孩：「妳打算哺乳嗎？」（噢不，我打算讓他餓死）、「妳不想試看看親餵是什麼感覺嗎？」、「妳知道，沒有什麼比母奶對寶寶更好！」小孩還沒生下來，媽媽們就已經不斷被詢問她們選擇怎麼餵。不餵母奶的媽媽們承受許多隱而不顯的壓力，有時被溫情勸說，有時則得承受負面的眼光。

分娩之後，婦產科的醫護人員經常要母親讓新生兒「吸吮初奶」，百分之六十五的產婦都有這樣的經驗[123]，即使是那些已經表明不想餵母奶的母親也一樣。「雖然我其實不願意，但我還是照做，因為我覺得好像非得這樣不可。我確實感覺到，助產師認為我會在試過之後改變主意。」瓦蕾西說道。後來她得自己想辦法解決脹奶問題。自二〇一三年開始，國家醫藥安全局（ANSM）建議避免使用藥物抑制泌乳，因為可能有危險副作用。不餵母乳的那百分之二十七媽媽們就自己看著辦吧！她們還得面對周遭親友的責難眼神與惡意言詞，甚至連完全不認識的人也參一腳。「他們說，我兒子一天到晚生病是因為我為了讓爸爸參與育兒而不餵母奶。」三十三歲的奧莉維亞說道；「曾經有人對我說，我女兒這麼愛哭是因為她要求吸我的乳房卻無法如願。」二十七歲的蘿拉這樣說。至於我呢？我還記得一個表兄弟在家族聚餐時，向我們這對新手父母說：「讓寶寶們喝奶粉，會養出一堆小牛。」

但是，不要以為那些做出所謂「正確抉擇」的媽媽（把寶寶餵成傑出的小人兒，而不是養出一堆愚蠢的小牛）就可以逃過一劫。因為，**如果想當個「好媽媽」，光是餵母奶還不夠，還得要用正確的方法餵**。餵母奶的母親備受監視，她們吃什麼食物，有沒有服藥、飲酒、抽菸……還有，她們用什麼方法餵奶。二十四歲的莎拉希望使用擠奶器，結果「在婦產科撞上一道冰冷的牆」，無人理解她的選擇，也沒有人給她技術上的支援。擠奶三週之後，她得了乳腺炎，決定停餵母乳：「我的伴侶讓我充滿罪惡感，他認為餵母奶很重要，」她說，「但我受不了了，無論生理層面或心理層面都受不了。」依莎貝爾則是擠了五個月的奶來哺育她的雙胞胎，主要是為了讓孩子的爸能夠分擔育兒工作：「我覺得人們對這件事的態度非常侵犯隱私，我能感覺自己因為不親餵而承受異樣的眼光。我也想親餵，但我兩個孩子其中一個沒辦法吸住我的乳頭。」這些糾察隊似乎確實忘記一件事：想要親餵的母親，不一定能辦到。母親們儘管被殷切敦促要餵六個月母奶，卻沒有實際措施幫助她們達成目標。

哺育母乳，但不要過頭

組織「讓媽媽受重視」針對二萬二千名母親的調查報告中，百分之八十三的受調者表示她們希望親餵（百分之六十七表示「非親餵不可」）[124]，但她們當中有百分之六十六沒有餵得和期望中一樣久。事實上，出生後喝母奶的新生兒雖有百分之六十六，但滿十一週仍在喝母奶的嬰兒，只剩下百分之四十；滿四個月的嬰兒當中，百分之三十仍在喝母奶；滿六個月的嬰兒當中，則有百分之十八[125]，這數值是歐洲最低的國家之一。明明多數母親希望親餵，為何當中卻有這麼多人中途放棄？在「讓媽媽受重視」的報告中，百分之三十九的受調者表示**缺乏配套措施**。別忘了，二〇一六年，超過百分之三十的婦產科完全沒有專門協助餵母乳的醫護人員[126]。「我以為餵母乳自然就會餵，但我的小孩不懂如何吸吮，才過兩天，我的乳頭就變得很淒慘，而我只要想到他醒來想吃奶，我就會哭出來！完全沒人幫我，我一離開婦產科就改用奶瓶，覺得自己非常失敗。開始脹奶時，我的罪惡感非常強烈，但我不敢再讓他吸我的乳頭。」瑪莉說道。劇烈疼痛、淤積堵塞、奶水不足、嬰兒吸吮困難……餵母奶雖是自然的身體機制，卻絕非天生就會。所以餵奶需要學習、調適、有人支援，有時還需要專家建議，現行措施離這些需求尚有一大段距離，百分之三十的媽媽表示她們提前停止餵母乳是因為「餵奶很痛苦」。

但是，有更多人（百分之三十六）是**因為必須回去工作而不得不停止餵母乳**。這毫不令人訝異，產假（分娩之後十週）結束時，母乳哺育的比例也大幅下降，然而理論上，員工有權在上班時間哺乳（或擠奶）。《勞動法》甚至規定她們因為哺乳，能夠每天少工作一小時，但實際上，重新上班後繼續餵母乳是一場驚人的賭注。有三個小孩的公務員安妮表示，她雖然成功在復工後（以三頭六臂的驚人組織能力）繼續餵長女母奶，卻在生完第二胎的產假結束之後遭到不公平待遇：「我按照規定要求減工一小時來哺乳，所有上司都無異議批准。但復工一週後，我的直屬上司把我叫進辦公室，問我打算怎麼彌補這一小時的缺勤。我的心都涼了。」她疲於抵抗，最後決定每天只請半小時來哺乳，這樣她每週「只需」補回兩個半小時的缺勤，「這一點都不合法，但沒人願意聽我說話，沒有人真的支持我。」

很諷刺吧？媽媽們一方面要承受諸多壓力，被迫必須餵母奶，而另一方面，她們卻又不被允許哺乳，更棒的是，**餵母奶的媽媽們常被譴責**。首先被罵的，是那些膽敢不躲在家裡、在外面餵奶的媽媽。二〇一七年，一名女性抱著她兩個月大的嬰兒，走進巴黎一間警察局，她在無計可施之下，請一名警察借她一張椅子來哺乳。「您不可以在公共場所哺乳！您不能讓四周的人忍受這種事。」警察這樣回答她。她交涉很久、認真解釋，並保證她會很低調（沒錯，我們就是這麼卑微），最後還是被拒絕了，警察總局甚至發表一篇公告，聲援……這名警察[127]。四年後，另一個媽媽在巴黎迪士尼樂園的長椅上哺育她的新生兒，卻被警衛阻止，理由是外國觀光客會難為情[128]。但是冠軍寶座應該頒給一個快遞包裹取件中心的客人，她痛罵一個邊排隊邊親餵六個月嬰兒的媽媽，還打了這個媽媽一巴掌。而這名母親去警局報案的時候，還必須在警察面前證明自己有理，並回答警察的問題：她露出「百分之幾」的胸部。

綜上所述，**女性必須親餵，但親餵的地點不能是工作場合、娛樂場所、公家機關，不能餵得太明顯……也不能餵太久**。一個理想的母親，應該按照孩子需求親餵大約六個月（符合世界衛生組織建議），然後逐漸添加副食品。法國的媽媽們平均哺育母乳十九週，少有所謂的「長期」哺乳者。滿六個月的嬰兒當中，只有五分之一還在喝母奶；滿周歲的孩子當中，仍在喝母奶者只有百分之九[129]。超過這個年齡之後呢？確切數據我們無從知曉。我們只知道這些媽媽讓人無法視而不見。二〇一三年，兩名英國學者針對一千三百名女性做調查，發現孩子滿六個月之後還在哺乳的媽媽們，經常面對他人的訝異或震驚反應，人們會開她們玩笑、問問題、講閒話——她們接收到的訊息是，她們這樣很奇怪、很好笑、很不正常，甚至屬於異常行為[130]。

哺乳就是這麼矛盾，雖被視為「正常」且「自然」的行為，卻依舊令人尷尬。「儘管哺乳是廣為宣導的常規（譬如說，女性會依循公共健康組織的建議決定哺乳多久），但哺乳這項行為依舊經常被認為是『異常』的，無論情況如何，皆是如此：若她們在公共場合露出乳房、哺乳太久、太開心或不夠開心，皆是如此。」二〇二〇年，多倫多大學的社會科學博士生克莉絲汀娜・楊（Christina Young）在一篇文章中寫道[131]。女性哺乳之所以這麼令人尷尬，是因為**她們的乳房既是嬰兒的營養來源、同時又是性的象徵，因而混淆了性事與母職之間的界線**。關於這一點，文中引用哲學家艾里斯・瑪麗恩・楊（Iris Marion Young）寫下的字句：「乳房駭人聽聞，它打破了母職與性慾之間的界線。乳房是禁忌，因為在母職與性事的分類之間，它無論在定義層面、生理層面、功能層面，都無法歸類。女性主義若能證明這項同時關乎母職與性事的雙重兩義性，便能達成其最具顛覆性的創舉之一。」因為乳房的抗戰，即是女性主義的抗戰。

女性主義並不（僅只）存在於奶瓶之中

您嫌棄今晚的朋友聚會太平淡乏味嗎？家族聚餐讓您無聊得要命嗎？您可以試試將「哺乳」與「女性主義」放進同一個句子，效果絕對值回票價（還是提醒您：小心心悸），因為對許多人而言，這兩個主題在本質上就是背道而馳。這毫不令人訝異，因為長期以來，哺乳議題始終是婦權運動的窮親戚、是本質主義派與唯物派之間的主要分歧。第二代女性主義的唯物派，譬如西蒙・德・波娃，認為哺乳是妨礙婦女解放的奴役與束縛，這是法國的主流理論。後來的女性主義運動相當關注女性在生育方面的健康議題……但甚少討論哺乳議題，幾十年後，人們依舊**認為哺乳違背女性主義**。

「我認為女性主義與哺乳行為是不相容的。在我看來，哺乳讓女人蒙羞，它導致伴侶雙方無法平衡分攤育兒事務。」三十一歲的黛芬坦誠，後來她的想法改變了。有兩個小孩的女性主義者奧黛莉則表示，她的信念無法接受她在母職方面的抉擇：「最初，我覺得自己不配自稱女性主義者，因為我喜愛哺乳、因為我不願意拋下三個月大的孩子回去工作、因為我需要和孩子共享家庭的溫暖。這一切似乎和我以為的女性主義者完全相反，我以為女性主義者應該是充滿自覺的自由女子。」三十七歲的芙蘿則是被她前夫的母親教訓：「她看見我餵兒子母奶就開始羞辱我，她說：『妳竟然在哺乳？真是亂來……我以為妳是女性主義者，妳現在成了一個小鬼頭的奴隸。』」餵奶粉的媽媽總被認為是壞媽媽，餵母奶的媽媽則被歸類為不合格的女性主義者。不過，情勢漸漸有所改變。

近幾年，我們確實正在見證一場轉變：不久前還被關在衣櫃裡的**哺乳議題，已成為女性主義的議題之一**。二〇二一年春，《女性主義新課題》（*Nouvelles Questions féministes*）在雜誌中針對該主題做了一份專題報導，這是該刊物於一九八一年創刊以來首度以唯物派的觀點討論母乳議題[132]，由此可見風氣正在改變。「哺乳不一定是奴役、也不一定是令人心滿意足的，我們正是希望提出超越上述二元觀點的新見解。」參與編輯該期雜誌的瑞士學者伊莎貝爾・齊恩（Isabelle Zinn）在女性主義Podcast頻道「自己的Podcast」（Un podcast à soi）其中一集這樣說明[133]。該集節目的主題亦是哺乳。伊莎貝爾・齊恩在節目中戳破**「哺乳即是兩性不平等，瓶餵奶粉才能保障平權分工」的迷思**：「伴侶兩人輪流瓶餵，並不保證、也不代表父母雙方分工的真實平等。對某些伴侶而言，選擇瓶餵確實是較為平等的選擇。（…）但我們需要提醒各位，這並非總是如此，也不會因為瓶餵，雙方就立刻享有更多平等。並非所有父親都會參與。如果瓶餵真的更加平等，我們應該能在統計數據中確認這件事，但數據完全並非如此。」她提醒我們。

正如瓶餵不代表平等，親餵也不代表奴役。恰好相反，許多女性如今將她們的哺乳體驗視為**自我肯定、獨立自主、甚至是充滿力量**的行動。有時，哺乳甚至被視為一種**政治行動**，是抵抗資本主義的一種方式。對某些母親而言，餵母奶不只代表她回應孩子的需求，而是同時具有不同意義：環保考量、抵制農產品加工企業、抵抗我們這個社會的唯利是圖。在「自己的Podcast」節目中，導演夏洛特・碧昂艾梅（Charlotte Bienaimé）講述自己將哺乳經驗視為女性主義抗爭，不只為了她自己，也為了她的孩子：「我希望能慢慢來。不再計算每次餵奶之間的時間間隔、不再計算時間與毫升，把我自己從自由資本主義的節奏中解放出來，也把我的孩子解放出來，至少在他們人生的早期，不讓他們受限於此。我認為自己透過這樣的行為，開始思考如何改變社會、讓身體重新成為關注焦點，並深入尋思我們和孩子建立的是怎樣的關係。」她說道，並肯定地表示「即使手持奶瓶，也可以投入這場戰鬥」。

換句話說，讓我們停止將母親們區分為親餵母乳與瓶餵奶粉這兩種陣營吧！沒有一方是不符合女性主義的好媽媽、也沒有另一方是符合女性主義的壞媽媽。追根究柢，我們只有一個陣營、一個團隊，也就是一群希望大家放過我們乳頭的媽媽們。

親餵或瓶餵，都是同樣的戰場！

讓我們別再評論母親們的抉擇。沒錯，就連我們也一樣。我們也會試圖說服好友「再多餵一陣子」；我們也會用異樣眼光看待妯娌，彷彿她是外星人，只因為她親餵自己的三歲小孩。無論我們怎麼看待其他母親的抉擇，這都是她們自己的事，與其試圖告訴她們該走什麼路，我們應當支持她們走她們自己選擇的路，母奶糾察隊已經夠多了。既然無法制止這些人四處猖獗，讓我們勇於挺身而出，捍衛眼前因為在休息時間哺乳而被找碴的同事；讓我們勇於捍衛眼前因為餵奶粉而被批評的表姊妹；讓我們勇於對眼前這個在公車上哺乳的母親釋放善意……支持每個人的選擇，即使那與我們的選擇不同——或許我們尤其應該支持那些與我們不同的選擇。因為到了終點線，舉杯慶祝的永遠是媽媽們。

讓我們擺脫罪惡感吧！有件事我們都很確定，那就是：無論我們的選擇是什麼，我們都得不斷為自己辯解。人類學家卡洛琳．秀特姆斯在「自己的Podcast」[134]節目中解釋得很清楚：「可以確定的是，無論是瓶餵奶粉或親餵母乳，女性們永遠是注目焦點，無論她們怎麼做，她們永遠必須為自己的選擇與作法溝通、解釋、辯護。而當餵奶的人是父親時，大家都會稱讚他，沒人會問他手中的奶瓶裝的是配方奶還是母乳。」證明完畢。所以這個故事的寓意是：讓我們跟所有爸爸一樣，把自己當成爸爸吧！

讓我們允許自己改變主意吧！或許我們原本以為自己不想親餵，卻在孩子出生之後發現自己熱愛哺乳；我們也可能非常渴望親餵……卻發現自己不適合，甚至痛恨如此。法比葉妮．拉庫德的親身經驗即是如此：「停餵母乳對我而言是解放，」她說，「這是我身為母親的第一個行動，是我為了自己也為了孩子所做的第一個決定，而不是遵循我媽或我姊的腳步，也不是為了符合他人的期望。」換個角度、改變心意，就像把步槍換邊肩膀背一樣，這並非放棄或繳械，而是一種自我肯定、一種培力。

把哺乳變成常態吧，隨時、隨地。「#隨時隨地餵母奶」（#AllaiterPartoutToutLeTemps）、「#我要自由哺乳」（#IwantToBreastFree）、「#讓哺乳常態化」（#NormalizeBraestfeedin）這些主題標籤的目標即是如此。Instagram頁面「一些自由的片刻」（Instants libres）亦是由此而生，在社群媒體展示許多女性在家外面哺乳的照片，其中一些甚至成為巡迴攝影展的作品。定期在英國與美國舉辦的「哺．乳」（nurse in）活動也是以此為目標，這活動已持續十幾年，餵母乳的女性們集結於公共場所，抗議讓她們深受其害的輿論。英國甚至成立了一條相關法案，自二〇一〇年起，政府明文規定，在公共場合哺乳乃是合法行為。極右派首腦奈傑．法拉吉（Nigel Farage）對此不以為然，二〇一四年，他公開表示，餵奶的母親們應該「遠離他人」、「避免明目張膽」。別受騙了——哺乳議題揭露的是女性作為性對象被物化，以及女性在公共場所位置何在，無論是否哺乳，這些議題都與女性息息相關。

讓世人別再輕忽哺乳這項工作。我們經常聽說餵母奶是免費的，實情完全相反。哺乳耗費精力、花費時間，甚至花錢（購買相關設備、減少工作時間、放棄或丟掉工作……）。「有人告訴我，她這輩子大約花了四千八百六十六個小時來餵母乳。」二〇一九年，美國一名學者在她的推特頁面這樣寫。她也強調：「母奶並非免費，除非您認為女性的時間、身體與照護勞動毫無價值。」承認餵母奶是一項繁重的工作，並不代表餵母奶是一種奴役，也不代表餵奶粉就很輕鬆，而是要讓母親們艱辛而鮮為人知的照護工作不再被忽視。

讓我們用女性主義的配套措施來伴隨哺乳行動吧！比方說，教育所有在婦產科、小兒科與嬰兒保育領域工作的相關人員；比方說，強化對哺乳職業婦女的職場保護，並懲罰那些無視她們權益的雇主；比方說，推廣哺乳相關資訊，讓媽媽們不再因此飽嘗罪惡感。此外，醫護人員應該更加懂得傾聽，保持開放而令人心安的態度，不因媽媽們的育嬰抉擇而論斷她們——其實不只對媽媽如此，對所有病患都應該如此！或是以具體（而且專業）的方式，協助那些不願意或不再願意餵母奶的媽媽們。要求母乳配套措施，並非強制所有女性都要親餵，而是要讓那些希望親餵的媽媽們能在最佳條件之下達成目標，並依照她們期望的時程來執行；同時也讓每個媽媽都能擁有她應得的配套措施，無論她的處境如何、選擇為何。

上述種種也和我們先前說的一樣，我們並非孤軍奮戰；上述一切都不是個人意願或個人選擇的問題。我們如此懷疑自己，我們常覺得自己「很爛」、覺得失敗或搞不清楚狀況，並不是因為我們是冒牌的贗品母親，而是因為在我們身處的社會，某些選項就是比其他選項更簡單、更容易讓人接受、貌似更合理；因為我們置身於父權體制之中，女性的身體（以及所有性少數族群的身體）在這當中是被蔑視、被掌控、被扭曲的。在這套體制當中，媽媽們的抉擇不斷受到檢視、不斷遭受質疑。一言以蔽之，這套體系並不在乎她們的處境、不在乎她們經歷了什麼，正是因為如此，所以今日才會有這麼多女性在母職當中探討女性主義。

第3部

抵抗家務的巨輪

當我開始策畫這本書時，有個女性朋友對我說：「電視新聞每天都應該報導這些從早到晚盯著碼錶趕時間、腦子裡永遠是待辦清單的女性們。」這句話的畫面真是太鮮明了。成為人母之後，我覺得自己無時無刻不在規畫時間、安排時間、計算時間，我總是緊盯手錶，不斷想著我是否能夠準時抵達學校、抵達保母家、抵達工作地點。我每天都對自己重複一千遍：我現在必須準備餐點、盥洗、哄小孩睡覺、晾衣服、繳交餐費，還有別忘了跟牙醫約時間（但是，要約哪個時間啊？）。我總是不斷事先規畫成千上萬該做的事，抓緊每個機會「稍微解決一些該做的事」（在媽媽們的世界裡，所謂的機會，通常代表趁著孩子泡澡的十分鐘，趕快把碗盤從洗碗機裡拿出來，或是把紅蘿蔔切一切）。事情很容易理解，生小孩之後，我就抱著時鐘和待辦清單過活。我覺得自己好像變成卡通人物阿G探長（Inspecteur Gadget），只不過我的彈簧不是裝在帽子裡面，而是在我的屁股下面（實在很不方便，尤其是當妳必須端坐超過一分鐘的時候，您說對吧？）。

這幾年，我經常想到我媽還有我的外婆，當年我們常笑她們「坐不住」。小時候，我常對她們說，她們坐在餐桌前時，總是只把屁股輕輕擱在椅子上，好像隨時都準備站起來一樣。在我童稚的雙眼看來，這是她們的性格使然，像某種家族遺傳的特性。後來我才理解，她們只是沒有閒情逸致、沒辦法和我們一起閒閒坐在桌前吃飯。如果不這樣的話，誰來煮飯、看火、端水、上菜、收拾碗盤、清理廚房？三十年後，我變成兩個孩子的媽，而我心想：這一切是否真有根本上的改變？乍看之下，我們似乎可以認為有所改變，我們在成長過程中接收的觀念是女性（幾乎）和男性平起平坐，既然如此，我們這一代應該不用再忍受家務分工方面的不平等待遇，異性戀伴侶的男性應該會「幫忙」他的女伴。確實如此。不過這才是問題所在。

男性「幫忙」女性，意思是家務依舊是女性的責任，家事與育兒依然歸她們管，年復一年，各種統計數字無情地確認了這個狀態。成為人母之後，這就是狠狠打在我們臉上的現狀。成為母親的這一刻，曾經以為兩性已然平等的我們被壓垮了，如今蔚為話題的精神重擔是如此沉重。生小孩之後，這個社會的性別法則把我們放回原本的位置：媽媽們，乖乖待在家裡吧！我們原本以為自己不會像統計數字裡那些可憐蟲一樣，但家務方面的性別不平等，卻重新逮住了我們。所以既然我們被送回這裡，好吧！今天我們就從這裡展開戰鬥！

因為媽媽們面對著她們的家務負擔，她們不斷和伴侶、行程時間表、女性主義理想展開辯論。她們抵抗不平等、疲倦以及種種箝制。在她們日常生活這些大大小小的抵抗、各自嘗試改變家中處境的不同策略背後，浮現的是一個非常政治的課題，關於照護工作、人類需求，以及這些需求在我們極度個人主義的社會中扮演何種角色。

1 精神重擔：巨大的騙局

浮出水面的社會問題

生了兩個小孩之後，我心知肚明以後不能再賴床了。沒問題，我會早起，有小孩就是這樣，這我早就知道了。反之，我沒料到的是每天早上醒來時，我腦子裡都有一份長長的待辦事項清單，簡直像電話簿一樣厚。別忘記和小兒科醫生預約時間、別忘記確認家庭津貼補助中心（CAF）更新了我們的檔案資料、別忘記去領包裹（不然包裹會被退回）、別忘記買牛奶給小孩喝、別忘記把今天的晚餐準備好（咦，家裡還有蛋嗎？）、別忘記帶尿布去給老二的保母、別忘記老大要註冊運動課程（七月初還是八月底？）、別忘記續借圖書館的書（哎呀糟糕，太遲了！）、別忘記買好出席慶生會的生日禮物、別忘記打電話給那個壽星小孩的家長（通常是媽媽）問他們週六怎麼安排、別忘記老大要重配一副眼鏡、別忘記叫孩子的爸去拿眼鏡。諸如此類、諸如此類、諸如此類，無須多加說明，妳們都很清楚這些清單是怎麼回事。或許妳們也和我一樣，心想：說好要生小孩的時候，我是不是忘了詳讀相關契約書上面的陷阱？我們是不是漏看了什麼條款，上面標示媽媽要負責家裡所有大小事？或許妳們的結論和我一樣：我們從來沒有簽字同意這種事！

我家老大出生的第一年，我累得抓狂，不斷提醒自己別忘記事情，整天忙著列清單、預先準備、規畫時間，這甚至成為最常導致我和伴侶起摩擦的導火線。想當然耳，我認為一切都是我的錯，是我太不會安排事情嗎？我要求太多嗎？太愛生氣？太難搞？我差點以為問題出在我身上，都是我一個人的錯。但就在這個時候，**我們（重新）意識到「精神重擔」這個概念**。二〇一七年，插畫家艾瑪讓這個社會學概念廣為人知，它起源於一九八〇年代，用來描述家務管理導致的沉重負荷，苦主幾乎都是女性。艾瑪（Emma）的短篇漫畫〈妳早該叫我幫忙〉（Fallait demander）[135]最早是在網路上發表，很快就廣為流傳。我還記得無論是在社群媒體或在我身邊，許多媽媽（不一定是女性主義者）反應踴躍，不只彼此分享，還拿給她們的男伴讀。隔年出現了Instagram頁面「妳沒忘記吧……？」（T'as pensé à…?），集結眾多女性被這精神重擔壓得喘不過氣的經驗談，該頁面同樣立刻大受歡迎，一週之內就有兩萬人追蹤，如今有超過十七萬名粉絲。在這之後，每週都有媒體談論這個主題，驚人的海嘯，和媽媽們剛成為母親時歷經的巨浪一樣劇烈。

我們討論的不是無關緊要的附帶現象，也不是某些人不善規畫時間的個人問題，而是一種大規模的、全面的、系統性的現象。二〇一八年，一項相關調查顯示，十位女性中有八位表示她們有「太多事情要操煩」，百分之二十三苦於過度的精神重擔、百分之四十六認為這份負擔源於孩子出生（至於男性，則有百分之四十七認為這重擔與他們踏入職場有關）[136]。我個人的觀察也是如此，當我詢問媽媽們如何看待母職時，最常出現的兩個回答是：產後的孤獨感，以及……當然是精神重擔。「大災難」、「大衝擊」、「海嘯」、「嚴重的困擾」、「嚴重的幻滅」：這就是媽媽們，很多很多的媽媽們對於母職的感受。「精神重擔對我們的伴侶關係形成重大威脅。我的伴侶當然完全同意分擔家務，這一點我們甚至無須討論。但是他總是心不在焉，他什麼都不會去想！什麼都不記得！記住他母親哪天過生日、領包裹、填寫一家的時間表……這些都是我在做。去家庭醫師那邊看診，這沒問題，他會抽身帶孩子去看醫生。問題是，打電話去約時間、記住時間、記住要帶健康手冊，這些都是我的事！我沒辦法讓他改進。」有兩個小孩的艾洛蒂就這樣說。

對許多女性而言，**這份沉重的精神重擔，以及明顯失衡的家務分配是讓她們的女性主義意識覺醒的契機**。「我絕對是在成為人母的同時，變成女性主義者。從前我以為兩性不平等是離我很遙遠的事，而我發現並非如此。在我四周、在我的日常生活中、在我的伴侶關係中，到處都是男女不平等……在我的伴侶關係中尤其如此。我必須處理一切，精神重擔讓我快要崩潰，我的伴侶就像是我必須顧的第三個小孩。」三十三歲的蘿荷說。像她這樣的媽媽人數眾多，她們都「很憤怒，非常憤怒」。孩子誕生後，她們從高處跌了下來，覺得自己被騙了。「對我來說，我和丈夫應該分擔一切，這是顯而易見的事。（…）學校教我們兩性平等，而我深信不移。我真的以為我先生會發自內心扮演好他的角色，快樂地和我共同分擔家務。我非常幻滅。」三十九歲的奧黛莉說。目前懷孕第二胎的芭芭拉也有類似感觸：「我以為我的伴侶關係很平等，我丈夫是女性主義者（他真的是），但突然之間，所有精神重擔都由我來扛，育兒所有責任都落在我身上，我整天都用來照顧小孩。（我）覺得非常孤獨，面對非常嚴重的不公不義。」

疲乏不堪、被壓榨、對一切都感到幻滅——媽媽們真的受夠了。

「放手吧」，新型態的強迫規定

人們如何建議這些媽媽擺脫精神重擔呢？「放手吧。」〈精神重擔：練習放手的三則建議〉、〈精神重擔：如何接受放手〉、〈減輕精神重擔：並非不可能，只要學會放手〉……這些文章，還有書籍、節目都告訴媽媽們：您只要放輕鬆，接下來一切都會好轉，讓我們瞧瞧這本大眾健康雜誌提議的「四個步驟，減輕您的壓迫」。第一個步驟？「給自己一點時間，停下來好好釐清狀況。」噢不，妳休息可不是為了去和朋友喝一杯，而是為了把事情規畫得更完善。「我們經常難以區分哪些是重要的事、哪些是瑣事；而重要的事當中，又分緊急的事和較不緊急的事。」接受雜誌訪問的這位專家說。第二個步驟：「學習（真正地）把事情交給別人。」天哪，我們怎麼都沒想到！「以假期規畫為例，若你們講好讓爸爸來安排，那就讓他全權處理，媽媽不要插手。」專家這樣說。如果爸爸不想管呢？這篇文章說，我們還是可以「請他幫忙」。

因為根據這篇文章的觀點，這些媽媽之所以飽受精神重擔折磨，是因為她們不懂得請對方幫忙。該如何著手呢？文章這樣說明：「清楚表達您的要求（哪個日期、什麼時間、為什麼），並解釋為什麼這對您很重要，並強調您理解對方的立場……」為了達到目標，我們還得「降低標準」。換句話說，是女人要負責解釋得更清楚、是女人要懂得如何要求，而且還不能要求太多。「放手吧」，他們這樣說。好吧，如果到時候沒人預約去哪裡度假、冰箱空空如也，而且沒人讓孩子註冊運動課程，那也沒有關係，我們就在客廳裡露營兩個月並且只吃洋芋片，這樣就好了。「孩子滿兩歲的時候，整整兩年來都是我獨自解決一切，我很挫折，我們常常吵架，所以這次我要求我的伴侶負責規畫我們去國外旅遊一週的假期。回程我們得先搭渡輪、再轉乘火車。當我看見他選擇的日期時，我提醒他這樣可能會有點趕，我們可能沒辦法及時回來。他被惹毛了。大家都說要放手，所以我就放手了。但是我們抵達乘船處時，沒辦法搭上渡輪，因為他搞錯船票的日期。結果我們整天慘兮兮，帶著嬰兒車和大包包……最後，我只好自己一個人帶著兒子，搭了六個小時的火車。」三十六歲的法比安妮（Fabienne）說。她是瑞士人，在推特使用「奇聞」（Fable）這個暱稱來談論母職、女性主義與家務負擔[137]。

「『放手』成為一種新的強迫規定，目前蓬勃興起的個人發展與心靈導師都很常提及。令我感到擔憂的是，一些知名的心理學家也開始散播這類言論。」寫作《妳沒忘記吧……？》一書，並與他人共同創建同名Instagram帳號的寇琳．霞本提耶（Coline Charpentier）對此感到憤慨[138]。**這項嶄新的強迫規定造成的問題有三個層面**。首先，它讓人以為女人是問題的源頭，因為她們要求太多、控制欲太強、太緊張……總之，太難搞。再來，這些建議擺明是針對女性，而且只針對女性。所以男人呢？我們真的就應該把他們當成大孩子，需要我們監督他們做家事的大孩子（而且還得檢討我們是不是要求太多）？抑或在迫不得已之下，我們必須把家務交給這些伴侶（而且必須放手）？我們再也搞不清楚了。但是有一點是肯定的，而這就是第三個問題——「放手」是行不通的。

面對這來自心理學領域的魔咒，寇琳・霞本提耶清楚指出事實：「我們必須懂得分辨精神重擔與精神疾病。假設我什麼都無法放手、無法不每天用吸塵器，或是沒把家裡整理乾淨就無法出門，這樣的話，或許應該試試心理治療，才能理解這種機制的背後原因何在、為何我這麼需要完美掌控家中環境。」換句話說，強迫女性「放手」，無法解決精神障礙或精神官能症患者的問題，至於其他女性，「放手」並不能幫助她們面對日常生活的責任。「若要能夠放手，就必須有防護措施。就我個人而言，如果我人在兩公尺高的地方，下面有一小塊毯子可以緩衝的話，那我很樂意放手。但是如果我人在五十公尺高的懸崖邊緣，下面什麼都沒有的話，那我可不會放手。」寇琳・霞本提耶解釋得很生動，她的著作《妳沒忘記吧……？》就是一本「對抗精神重擔的自我防衛指南」[139]。意思是，如果沒有人在後面接應的話，要求女性放手，這樣是遠遠不夠的。因為我們可以將就客廳很亂、洗衣籃的髒衣服滿出來、吃飯吃不飽，但是當妳有小孩，而且還是年紀很小的小孩，妳很難「放手」不讓小孩吃飽、不好好照顧他們、不讓他們穿乾淨衣服，否則，就是必須要有另一個人（或許剛好是爸爸）履行這項不允許偷工減料的家務工作。這正是問題的核心所在。

家事分配不均：別再迴避重點了

「職場精神重擔」、朋友之間的「情感重擔」、「美學重擔」……寇琳・霞本提耶認為，**精神重擔這概念已漸被過度濫用**：「時至今日，一切都可稱作『精神重擔』。但我們必須提醒一點：『精神重擔』當中有『重擔』這個觀念，也就是痛苦。否則就只是時間規畫的問題。但精神重擔不只是規畫的問題，妳還得處理盥洗、尿布、垃圾；不只是思想方面的問題，並不『純』然乾淨。精神重擔首先是家務工作，這個概念出自學界，它有非常明確的定義。」該定義首先由專門研究工作議題的法國社會學家莫妮克・海柯（Monique Haicault）於一九八四年提出概論[140]。當時，她將她的研究主題命名為「二倍生活的日常管理」，意思是女性在職場與家庭生活之間團團轉的「雙倍的一天」。她在文中首度提出「重疊的」白日的精神重擔，精神重擔的特徵正是這樣的雙重性，也就是必須同時規畫（並且處理）兩個截然不同領域的事，一邊是工作、一邊是家庭，而且必須想到所有事情、為所有人想、一刻都不能鬆懈。

作家安妮・艾諾（Annie Ernaux）以「冰凍的女人」一詞形容她的人格在婚姻與母職背後消逝無蹤，我們也可以說這樣的女性是「重疊之女」，甚至整個世代皆是如此。我們當中有許多人是在當媽的同時發現自己是女性主義者，或更加確認自己的女性主義信念，這並非偶然；精神重擔議題在今日成為爆炸性話題，這亦非偶然。

「我們這個世代屬於由職業婦女養大的第一批小孩，而我們當中有許多人都是有小孩的職業婦女——對我們當中多數人而言，這是理所當然的。其中裂痕，負荷過重，難以應付。」女性主義親權促進會的瑪莉－娜汀・普拉杰（Marie-Nadine Prager）分析。但她認為，除此之外還有另一個因素：我們成長其中的性別平等神話：「我們原本被允諾擁有和男人平起平坐的人生，但這承諾沒有實現。我們以為自己的人生會和男性友人們、兄弟們、男伴們的人生一樣，但結果完全不是如此。我們或許是面臨這個狀況的第一個世代。」於是，我們原本以為育兒生活能夠享有或多或少的男女平等，但某天早上我們一覺醒來，發現自己已經被家務的巨輪壓垮了。「放手」無法將母親們從精神重擔當中拯救出來，而分工才能。伴侶必須分擔這項不受重視、令人感到掃興、卻至關重要的工作。

2 苦役最前線：喊停的媽媽們

精神重擔或家務剝削？

「等一下，妳講得太誇張了，我明明做了很多事！」、「說真的，和大多數的男人比起來，我真的幫很多忙。」、「妳運氣已經很好了，妳老公願意幫妳！」……哪個母親抱怨家務分配不均時，沒被伴侶或親友這樣講過？哪個母親不曾在某天因為家事分工不平等而感到憤慨？哪個母親不曾覺得自己彷彿在沙漠中獨自吼叫，因為全家只有她覺得需要熨一下亂堆超過八天亂七八糟的衣物？沒錯，不是每個媽媽都這樣，並非每個男人都這樣，也不是所有伴侶都這樣。如果認真找的話，我們或許可以找到一些確實完美平等分工的異性戀伴侶。但是統計數字不容妥協，統計數字確實顯示，**目前女性承擔大約三分之二的家務工作**[141]。

更確切地說，根據法國國家統計與經濟研究所的《時間分配調查報告》（*Enquête Emploi du temps*），職業婦女平均每天花三小時又二十七分鐘做家事（職業男性則是兩小時又六分鐘）；至於待業中的男性與女性，這項差距則略微縮小（女性四小時又五十七分鐘；男性三小時又二十三分鐘），但在獨立工作者當中卻大幅遽增（女性三小時又二十八分鐘；男性一小時又十七分鐘）。這數據已經比以前好多了，相較於一九九九年的前一份報告，女性花在家務上面的時間已經少了二十二分鐘（感謝Picard的冷凍食品）。至於男性呢？他們每天花在家事上的時間增加了……一分鐘。這份精細的報告不僅指出女性從事多數家務，它也告訴我們，**女性承擔的是最卑微不討好的工作**。

若深入探究家務分工當中，誰負責做什麼事，我們會發現女性在清潔工作上面花的時間超過男性兩倍，並不是因為她們特別喜歡打掃——洗廁所或洗碗是成就感最低的工作之一（驚訝嗎？）。反之，最讓人愉快的家庭工作是男性最常負責的工作。法國國家統計與經濟研究所的學者賽西兒．布瑚斯（Cécile Brousse）表示：「若將不同工作按照其帶來的滿足感程度分類，我們會發現男性選擇的家務是被認為最愉快的（裝修、園藝）、在家外面進行的（採買），或是能夠教育孩子、和孩子玩遊戲的工作。」[142]

男性做的家事是有選擇的，而他們參與家務的程度也和他們的職業有關，具體來說，相較於沒有從事支薪活動的男性，有工作的男性參與家務的時間少了一半。乍看之下很有道理……但是，女性的相關數字並非如此，相較於沒有職業活動的女性，有工作的女性做家事的時間只減少四分之一。為什麼呢？難道女性們就不會被職業纏住嗎？「這樣的不對稱，主要是因為女性負責的家務是最難縮減的（清掃、育兒）。」賽西兒．布瑚斯這樣回答[143]。更清楚的說法是：不管女性有沒有職業，都是她們負責把這個家撐起來。

到了這個階段，我們可以思索一個問題：如此明顯的差距、如此根深蒂固的鴻溝，還能夠僅以簡單的「兩性不平等」來稱呼嗎？自七〇年代以來，學界的唯物派女性主義學者，譬如克莉絲汀．戴爾菲

（Christine Delphy）以及柯里特．圭洛敏（Colette Guillaumin），便已針對導致家務工作分配不均的社會關係進行分析。她們的研究告訴我們，女性痛苦的根源並不是極度的完美主義，也不是因為「嫁錯郎」。女性之所以受苦，是因為她們是體制的受害者，是被指派從事家務勞動的社會團體（她們被指派的工作，更廣義來說是某些人稱為「生殖工作」的勞動）。而且，**隱藏在「家務分配不均」這問題背後的，是女性在家務方面遭受剝削的事實**，她們的（無支薪）勞動成果由男性受惠。此外，上述情形並不僅限於有小孩的伴侶。

法國國家統計與經濟研究所在二〇一〇年的報告中指出，相較於獨自居住的女性，有伴侶的女性會花更多時間做家事——每週多七小時。她們做家事的時間也比她們的男性同居人多（平均八小時二十分鐘）。「沒有小孩的伴侶中，多餘的家務主要落在女性身上。**男性會把他們獨居時會做的家事交付一部分給女性做**。」賽西兒．布瑚斯寫道[144]。比起獨居的男士們，這些有女伴的先生在家輕鬆多了（他們每週可以省下三小時），這大概就是女人們辦不到的「放手」吧……。

奇怪的是，人們很少提及家務剝削。「如何減輕精神重擔」的建議有一大堆，其中卻未出現家務剝削這類的詞，彷彿一切只是個人時間規畫的問題，而不是社會集體強迫女人負擔家務勞動。「我講的精神重擔，指的是女性被剝削、指的是她們的時間被剝奪。」寇琳．霞本提耶明明就這樣確認過這件事，既然如此，為何「剝削」一詞宛如禁忌？寇琳．霞本提耶認為，首先是因為媒體成員的社會位階：「雖然很多記者都很貧困，但也有許多社經地位較高的媒體人不會使用『剝削』這個詞，因為這個詞太『左傾』。因此這些人處理家務工作議題的觀點，便和多數女性的日常經驗相差甚遠。這些媒體人自己的家務經常是交給專業清潔人員以及支薪保母。」除此之外，精神重擔被去政治化還有另一個原因：「從剝削角度談論家務勞動，會讓你被歸類在極端主義者的陣營裡。所以這很讓人畏懼。」她如此總結。不僅媒體如此，寇琳．霞本提耶經常觀察到一個現象：「『剝削』這個概念的政治意涵經常被誤解。我從不會說『女性是無產階級中的無產階級』，因為這樣是行不通的。這樣講的話代表她們被男伴騙了、代表她們成為了別人的『奴隸』。沒人能夠忍受這樣的想法。」這確實令人難以忍受，當妳置身於那個只能抱怨、只能嘮叨的位置上，妳只能不斷要求權益，並不斷不斷地生氣，因為我們都知道，這些女人在他人眼中是什麼模樣：潑婦的模樣。

誰會想當（忙於家務的）潑婦？

這就是最矛盾的地方：**絕大多數的女性都因家務分配不均而感到痛苦，但極少有人公然抱怨。**您會發現目前沒有婦運組織為此上街抗議，也沒有針對該議題舉辦的集體活動或空間，相關的婦運活動也少之又少。鼓舞人心的女性形象是那些強而有力的女性，而不是做家事的女人們。而且我們誠實說吧！誰想沾染這種形象？誰會想被歸類為那些因為兩性不平等，所以被家務壓垮的媽媽？顯然多數人都不想。或許原因之一是連我們自己都無法接受這樣的形象，因為我們賦予自己的形象是自由而獨立的女性、和男性伴侶平起平坐，我們希望自己在他人眼中是這個樣子，而不是被家事纏身的黃臉婆。或許也因為我們覺得可恥，因為抗議這樣的家務分配不均就等於是承認：連我們這麼信奉女性主義的現代女性，都在我們自己的伴侶關係中損失慘重。或許也因為我們總覺得自己的運氣畢竟沒那麼壞、覺得男女不平等這種事，應該是發生在別人家裡才對。

蒂蒂烏・勒寇克在其著作《解放女性：髒衣籃前的女性主義勝役》（*Libérées. Le combat féministe se gagne devant le panier de linge sale*）中，敘述她剛開始研究這個主題時，詢問她身邊的女性以及伴侶們的狀況，而多數人都回答：他們家裡的家務分工「很合理」。這答案很令人欣喜，但也很令人訝異，因為許多研究都證明實情遠非如此。事實上，蒂蒂烏・勒寇克表示，這項差距的主要原因是因為**我們心中的「平等分工」概念，被「合理分工」的概念取代了**。「統計數據乃是基於兩性平等的原則，進行伴侶雙方之間的比較，但在我們的生活中，我們進行的是同性別之間的比較。」她寫道，「我們總會告訴自己，儘管伴侶之間的分工是不平等的，但是和從前相較，已經沒什麼好抱怨的，我們已經比上一代或我們的朋友好多了。於是每個女性都認為，和別人相較之下，自己運氣已經很好（我們總能找到更不幸的女人）；男性則認為，和別的男人或他們自己的父親相較，他們已經做很多事了。」蒂蒂烏・勒寇克表示，實際上，「所謂的『合理分工』，指的是她們尚可忍受的不平等分工。」

在日常生活中，我們忍受的就是這樣的不平等，因為我們的狀況不是最糟的、因為我們沒有力氣也沒有意願在自己的伴侶關係中發動一場戰爭，也因為如果攤牌、如果挺身爭取家務分工更平等的話，妳一定會被烙上**難搞的烙印**，妳會被妳的男人和他的朋友們當作「難搞」的女人、「歇斯底里」的女人、恰查某、女權納粹者。此外，我們也可以發現，如果某個男性抱怨他做的比女性伴侶多，通常大家都會對他表示同情——「他運氣真背，他好可憐，他什麼都得做。」但是如果是一名女性抱怨她做的比男性伴侶多，通常大家都是對她的男人表示同情——「他運氣真背，他好可憐，他跟一個難搞的女人住在一起。」我們都很清楚，如果針對家務分工這件事攤牌，就有可能會被歸納為「潑婦」，用這種醜惡的形象弱化女性的憤怒，很實用、很有效。攤牌也經常引發伴侶之間的衝突。「我們不想搞砸伴侶關係。我們已經要處理一切，不希望除此之外還要照顧先生的憤怒情緒、逼他做他不想做的事……那真的很累人。」寇琳．霞本提耶解釋道。

面臨考驗的伴侶關係

二〇二一年秋，作家暨婦運人士伊菈娜．魏茲曼打破沉默，探討一項既普遍又禁忌的議題：嬰兒衝擊（baby clash），也就是孩子誕生之後伴侶之間經常出現的爭執、衝突與距離。根據相關研究，這並非少數特例，而是普遍現象。二〇一六年，一份報告[145]指出，在接受調查的五百名法國媽媽當中，有三分之二表示生下第一個孩子之後，伴侶之間的衝突變得很頻繁；百分之二十甚至表示她們差點和對方分手。比這份調查早十五年的另一份美國報告[146]指出，**百分之六十七的婦女認為成為母親之後，伴侶關係品質顯著下降**，爭執次數明顯增加。嬰兒衝擊的原因是什麼呢？寶寶的誕生引發諸多變動：適應母親新身分的種種困難、育兒的疲倦、生活型態改變、需要擔負的新責任、教養理念的意見分歧、孩子成為所有關注的焦點、產後憂鬱症的可能性……或許還有家務負擔的不平等。孩子誕生之後，這一切都同時爆發。

儘管人們談到嬰兒衝擊時很少提到這一點，但**家務分工是伴侶衝突最常見的原因之一**。許多男性覺得委屈，因為他們被指責沒做該做的事；許多女性覺得委屈，因為她們每天要做太多家事。二〇一九年一份報告指出，這正是伴侶起爭執的最主要原因（接受調查的伴侶當中，百分之七十五都提到這一點），勝過婆媳糾紛、3C產品使用時間（不需多加解釋吧！）。兩年後，另一份報告顯示，近十年來，這類爭執日益頻繁，和二〇〇五年相較之下，表示因此「很常」吵架的法國女性（百分之十五）增加三倍，年輕族群尤其如此。或許因為百分之七十三的女性表示她們「做得比伴侶多」（男性則有百分之十六這樣表示），而且男性往往「迴避」甚至完全拒絕某些工作，譬如熨衣服（百分之七十一的男性避之唯恐不及）或清潔浴廁（百分之五十二）。法國民意研究中心（IFOP）「性別與性健康」處長佛蘭索瓦·克霍斯（François Kraus）針對這項調查結果指出：「若由女性承擔大多數的家務，其負面影響不可小覷，因此男性應參與並分擔家務，使其盡可能平等，這對維護他們的伴侶關係至關重要，如此方能維繫兩人之間的慾望、情感，以及令人心蕩神馳的性生活。」

沒錯，**過度操勞家務會導致疲倦、苦悶、以及憤怒，因此勢必會讓性慾下降**，如果妳整天都在工作、孩子、廚房、洗濯……之間忙得團團轉，真的很難有心情翻雲覆雨，而且妳會對妳的男人非常火大。有三個小孩的女性主義部落客愛洛伊絲·西蒙（Héloïse Simon）以幽默的口吻在一篇文章中敘述這情形，文章的篇名很諷刺：〈女性主義者都是性生活不美滿的怨婦〉（Les féministes sont mal baisées）[147]。她在文中闡述女性們的「三重晝夜」（也就是已經將一天份的時間貢獻給工作，同時也將一天份的時間貢獻給家庭之後，還要再將時間奉獻給性愛），並提出一個問題：為什麼有些媽媽就是不想在晚上十一點和她的男人上床呢？因為她很累，沒錯，的確如此，但主要原因是因為她很憤怒。她的結論是：「性慾無法和失望、幻滅，以及被騙的感覺好好相處——性慾只能和這些感受分房睡。」

媽媽們堅決抵制

媽媽們受夠了，她們發聲、書寫，大聲疾呼她們不願再單獨置身於苦役的最前線，她們再也無法忍受一肩扛起大半工作，而且除此之外，她們還得詳細證明她們確實做得比較多。她們受夠了為家務、育兒事務與該死的精神重擔操煩；她們受夠了只能選擇兩種角色：要嘛乖乖做牛做馬，要嘛被當成歇斯底里的潑婦。所以媽媽常常就這樣算了、委曲求全，但是她們也常常挺身爭取權益，在社群媒體尤其如此，她們彼此交換各種訣竅、各種（不一定成功的）經驗，以及種種策略，試圖阻擋家務的沉重巨輪。她們在日常生活中的抵抗行動有大有小，當中包含極度圓滑巧妙的解決方式，以及非常激進極端的行動方式。

在這方面，有些媽媽**試圖教育她的伴侶**。因為我們的男人並不一定真的是笨手笨腳的沙豬。的確有些男人厚顏無恥地全部仰賴女方，但還是有很多男性重視兩性平等。說來容易，做起來困難多了，因為關於家務，男性與女性的社會處境與養成過程都是截然不同的。我們無論男女，都困在性別刻板印象的常規與樣板之中，難以擺脫這樣的困境。而且，一開始我們不一定會用同樣的方式看待事情，這就是為什麼（至少部分原因是因為如此），女方花了兩小時來打掃、煮飯、收拾家裡，而她的男人回她「可是妳怎麼不叫我幫忙？」時，她會這麼火大。由於這類訊息有時（通常？）比較適合由第三人來傳遞，因此有些媽媽會嘗試各種方式，譬如，讓她們的伴侶閱讀艾瑪的漫畫《另一種觀點》（*Un autre regard*）、定期在「妳有想到嗎？」的貼文下面標註她們的伴侶、在他們耳邊播放「蛋蛋上桌了」（Les couilles sur la table）的Podcast節目……甚至教導她們的孩子：分攤精神重擔是至關重要之事。譬如，她們會讀嘉艾勒・吉爾（Gaëlle Gill）的《起司重負》（*La charge de l'Emmental*）[148]給孩子聽，這本書試圖用幽默的方式，從最年幼的時期開始改變常規。

最初這個階段告一段落之後，有些媽媽會**建立一套實用系統，讓日常生活的規畫變得容易**，或許只是建立一個新的電子郵件信箱並共享行事曆，讓媽媽們不再是唯一負責回信和處理學校事務的人，或是每週定期舉行家庭會議，如果孩子夠大的話，他們也可以一起討論。「我們每週都會依照每個人的行事曆來安排時間表、決定誰要做什麼事。」一名媽媽在某個女性主義社群中表示。另一名媽媽則說她使用「時間分配鐘」：伴侶雙方各自繪製兩個二十四小時的時鐘，在其中一個鐘面標示自己在哪些方面花費多少時間（工作、交通、育兒、家務等等），另一個則標示他或她認為對方在哪些方面花費了多少時間，「然後我們比較雙方繪製的時鐘，首先試著針對其中一方的時間表取得共識，接著是另一方的時間表，然後彼此交涉。這不是最完美的方法，但能夠提供我們一個討論的基礎。」另外有個媽媽表示，她建立了一份「分工表格」，讓每個人列出各自負責的職務，根據這些工作需要耗費的精力來打分數（譬如，從一分到五分），並在每一週結束的時候計算總分，某些用來分擔家務的應用程式的原則即是如此，譬如應用程式Maydée，它可以計算每個人做了多少事情，或是應用程式OurHome（它是英語介面），它會依照家族成員事先擬定的規則來積分或扣分。所以女性（仍然）經常是必須總管家務的人，而且得用一點詭計才能得逞，像我們平常哄小孩的方法一樣，讓這些家事帶有一點娛樂的性質，有時候這樣才能成功。

我們也能試著**讓人們知道家務帶來的精神重擔有多沉重**，因為這正是日常家務最不公道的地方之一：它是被隱形的。「家務的悲劇本質即是如此：家事沒人做的時候，才會有人注意到家事這件事。」蒂蒂烏．勒寇克這樣說。為了讓家裡的其他成員意識到這些工作的存在，有些女性因此不再把洗好、熨好的乾淨衣物收起來，「這樣的話，我先生才能**看到**他和孩子們的衣服並不是奇蹟似地自動出現在衣櫃裡，而是有人（就是我）必須去做這件事。」三十六歲的娜迪亞說。「現在，當我在家庭備忘錄中寫下一件事的時候，我會把所有該做的細節都寫清楚。比方說，如果我寫了『朋友聚餐』，我會列出所有待辦事項：聯絡大家、決定菜色、採買食材、煮菜、準備甜點、買禮物給某某人。」瑪琳這樣解釋。插畫家蒂凡尼．庫珀（Tiffany Cooper）在其著作《男人，甜美的家人》（*Homme sweet homme*）中，建議女性不只要列出待辦事項清單，也要同時列出「已辦事項清單」，把她們這一週或這一天已經完成的事都寫下來，日積月累之下，每個人完成了哪些家務都能清晰可見。

比較直接的作法是**採取男性會採取的態度**。三十二歲，有一個小孩的瑟琳就這樣做：「當我開始想太多，各種黑暗的念頭在腦子裡徘徊不去、讓我覺得自己毫無價值的時候，或當我焦慮自己忘記做某些事導致寶寶狀況沒那麼好時，我常常告訴自己：如果是孩子的爸，他會怎麼做、怎麼想？爸爸們、男人們，他們會把標準訂在哪裡？這樣一想，我馬上就會平靜下來，我會用另一種觀點看事情，並告訴自己，相較於男性，我著實不需做得更多（於是突然之間，原本壓在我肩上、像大象一樣沉重的精神重擔就消失不見了）。」這技巧有兩個好處：一是幫助我們降低我們對自己過高的要求；二是讓我們在許多情形之下能夠完成基本任務。「無論是在職場、在維繫家族情感方面、在選擇聖誕禮物時……這一招不管到哪都行得通，真的！」瑟琳非常肯定地說。這套「男人會怎麼做？」的哲學，已成為她的哲學。

另一個類似的招數是**拋下家事不管**。不是在沒人會發現的早上九點到十一點之間，而是在緊要關頭這樣做（譬如當妳再也搞不清楚應該把衣服丟進洗衣機並把小孩放進浴缸洗澡，還是該把小孩丟進洗衣機並把衣服放進浴缸的混亂時刻）。「學校放假的時候，我故意把我所有的運動行程排在中午或晚餐時間，而且絕不過問孩子們要吃什麼、冰箱裡有沒有東西……我就讓我的男人自己想辦法解決，像我平常都自己解決一樣。我覺得他有接收到我的訊息。」艾莉婕說。工作晚歸、出差、社團活動、時機不巧的約、沒辦法取消的健身課程……讓我們像男人一樣當個男人吧！讓他們自己去處理。

若事態嚴重，我們也可以**罷工**，有兩個孩子的瑟麗詩就是這樣做，當時她和伴侶爭執不下，氣氛非常緊繃：「一天晚上我告訴他，我不幹了。這樣他才能知道，如果我什麼都不做的話會怎樣。我不再洗衣服、整理玩具、採買、幫孩子準備下午茶……那很讓人難受，因為我心中充滿罪惡感，我覺得自己是個壞媽媽。但這是我的最後手段，如果不這樣做的話，我一定會瘋掉或是和他分手。」她的罷工不只不做家事，也同時放下精神重擔，「當他問我：『我幾點要去學校接孩子？』，我叫他去看學校網站怎麼寫，因為我也是這樣做的。有一天的放學時間我有約，所以我跟他說我沒辦法去接小孩，我沒管他能不能去接，因為他都這樣做，所以我也這樣做。」這段時期宛如「大災難」，無論個人層面或家庭層面皆是如此，但她熬過來了，「這場罷工持續兩週多，直到我再度和他討論家務分工。在那之後，雖然不盡完美，但事情大有改善，分工大約是我六成、他四成。」罷工不是仙丹妙藥，也不讓人開心（尤其當小孩牽涉其中的時候），但有時確實有效。（無論如何，我們至少能因此喘口氣。）

然而，事情顯然徹徹底底無法挽回的時候，有些女性會做出最極端的選擇：**終止伴侶生活**。「我的解決方式是不再和我的伴侶共同生活。我們沒有分手，但各住各的。」一名媽媽這樣說。「我最後因為這樣而離開了。結果呢？很顯然地，雖然我現在是自己一個人帶小孩，該做的事卻比之前少多了。」另一個媽媽如此表示。當然，沒人認為這是最理想的解決方式。而且我和很多人一樣，很受不了某些人總對那些不滿現狀的女性說：「如果妳們不高興的話，分手不就好了？」（很多人這樣說，連在女性主義的圈子裡也一樣！）這些人能不能稍微想一下，或許她們不想分手？或是沒有經濟能力可以獨立？或她們就是沒有那個可能性？「現今的女性主義言論採取的立場是非常自由主義的，我們被灌輸的理論是，如果想要兩性平等的話，只需要「選對對象」、做全職的工作，或是分手即可。意思是，那終究是我們的責任，是我們自己要負責有能力達到平權。但是生育之後，很多女性變得動彈不得，她們被困在陷阱裡。不是想分手就能分手，而是必須在心理層面與物質條件上都有足夠的籌碼。」在推特使用暱稱「奇聞」的法比安妮這樣說。

透過電話訪談，她告訴我她如何在憂鬱症康復後，決定離開她的前男友：「長期之間，我一直天真地以為事情會有所轉變。當我認清事實並非如此，當我體悟到那個應該愛我的人毫不在乎我的困境時，那真的很殘酷。我花了很多時間：首先說服自己，這不是我想要的人生；接下來，我得帶著一個年幼的孩子找工作、找新的住處。」解救她的是一群單親媽媽，她透過她們找到一戶公寓，「充滿姊妹情誼的避風港，大家彼此幫助、相互尊重。」她這樣形容。是歡喜大結局嗎？「和還沒分手的時候相較之下，我現在好多了，這點無庸置疑。但我的工作是餬口用的無聊工作，我家依舊沒有沙發……我仍未脫離倖存狀態。」她語帶保留。

此外她堅持認為，女性主義者應該**停止將成功的故事強加在所有人身上**，「妳如果想被視為一個合格的女性主義者，就必須成功駕馭妳的人生。家務剝削可不是什麼光彩的話題，除非妳是要聊妳如何成功擺脫它，不然妳最好別提。這話題是禁忌，而且很可恥。」然而家務方面的男女不平等，既非特例，亦非「選錯對象」的結果——它源自一個大量剝削女性的體制。這些女性費盡全力、努力不讓她們的船沉下去——，或許她們因此不得不對殘酷的現實睜一隻眼閉一隻眼，抑或稍微犧牲她們對兩性平等抱持的理想，但儘管如此，那並不代表我們就是失敗者，或「不合格的女性主義者」。

3 請幫傭的兩難

把家事交給……其他女性？

家務導致的種種衝突，有點像是週六去逛宜家家居：很煩，但兩人生活剛開始的時候，幾乎無法避免。我家和許多伴侶一樣，在達成尚可滿意的家務分工之前有過一段調整期——甚至可以說是交涉期。孩子出生時，我們和很多人一樣，以為家務分工的問題早就解決了，但我們也和很多人一樣，被猛爆激增的育兒瑣事壓得喘不過氣，宜家家居的層板終於垮下，砸在我們身上（主要原因之一是父母之間的產假與育嬰假不平等，真是太感謝了！）。不用太多時間，我們就退回了最初的出發點，埋首於柴米油鹽之間。不過這次，我們首度開始思考一個禁忌的問題：「如果我們請一個幫傭呢？」坦白說，這個選項相當奢侈，二〇一七年，有報稅的家事服務當中，百分之十二．六是到府服務（其中百分之七十七．四是居家照護服務）[149]。根據市調與數據分析公司YouGov於二〇一九年進行的調查，**只有百分之六的法國人會請幫傭**[150]。至少，以有報稅的情形來說是如此。

然而，有小孩的伴侶之中，百分之六十九表示他們需要家務服務。多數人放棄的原因，首先是經濟因素——百分之四十九皆提及這一點。但有時也是因為原則問題，「我們談過幾次，要不要請一個幫傭，但我的伴侶總是拒絕，因為他覺得那是『有錢人的玩意』。所以我常常就是那個幫傭。」曾經一度罷工的瑟麗詩這樣說。三十三歲、有兩個小孩的克蕾蒙絲則相反，在她家，是她的男性伴侶提議請人來幫忙：「我沒辦法接受他竟然這麼不願分擔育兒以及家務引起的精神重擔。我想，他甚至連那是什麼都不知道，他能夠想到的解決方法，就是找別人來幫忙（他是在非洲長大的，家裡總是有人幫忙做家事、帶小孩等等）。我很難接受這種事（我來自一個非常有意識的左派家庭，家裡很重視人道主義）。」

身為女性主義者，尤其是重視社會正義的女性主義者，將家務交給他人會有道德上的疑慮。因為這些累人、低薪又讓人瞧不起的工作，從事者幾乎（百分之九十五的幫傭[151]）都是女性、貧困的女性，很多是移民[152]或有色人種。因此無論雇主的意願如何，雇用一名「幫傭」都是在複製我們社會中的性別、階級與種族[153]之間的宰制與剝削關係。

女性主義者，以及她們的幫傭

幾年前，專攻性別研究的社會心理學家帕絲卡・莫妮里葉（Pascale Molinier）著手研究這項「女性主義者的盲點」：她們當中，有些人會請幫傭幫忙家務，「幫傭所觸及的，正是最敏感的痛處：理論與實踐之間、理想與妥協之間的矛盾之處。」[154]那麼，為什麼這些擁護女性主義的女性們（在這項研究中，全都是「白人異性戀女性，介於三十七歲至六十歲之間，受過高等教育」）最後會選擇雇用幫傭呢？原因幾乎都是為了**維持與伴侶的和平**。帕絲卡・莫妮里葉表示：「尋求幫傭的支援，是為了避免伴侶爭執。」而她們的女性主義信念呢？該如何取得平衡？「她們當中有不少人採取各式各樣的策略，因人而異：有人會雇用男性的幫傭；有人聯絡的對象是代理商，也就是雇主；有人會避免在幫傭工作時待在家裡，這樣就不用命令對方……」[155]事實上，這些女性**必須迴避兩種困境**：首先，是和家務有關的伴侶糾紛；另外，是雇用一名地位較低的人士可能面對的權力關係。

當然，她們心中非常內疚。而她們試圖噤口不語、試著扮演「好老闆」。「如果取信於客觀數據，譬如薪資或退休津貼等等，這些女性可以算是好老闆。」帕絲卡．莫妮里葉說。她們將自己定義為「酷老闆」，非常在意幫傭的處境，儘管如此，這並不代表她們就是「女性主義老闆」。所謂女性主義老闆的典範，應該像帕絲卡．莫妮里葉所言，「不剝削，不當老闆」。所以轉包一部分家務的時候，這些女性取得了一些個人利益，也就是擁有更多的自由時間，像男性一樣，「然而，將家務轉包給地位更低的女性來讓自己從中解放，這樣無法改變女性遭受剝削的整體結構。」帕絲卡．莫妮里葉提醒我們。這麼做的同時，**她們也加強了家務工作屬於特定性別、特定種族的既定刻板印象**。

沒人能夠逃脫這道鴻溝。無論是這些女性（她們很清楚自己給孩子的榜樣是什麼），抑或是和某些沙豬一樣認為女性主義只是資產階級的狂想，雇用幫傭正是最佳明證的人（關於這一點，去問人類學家埃馬紐埃爾．托德〔Emmanuel Todd〕吧！）。就連對這些矛盾現象提出質疑的反對聲浪，包括其中最激進、最挑剔的極端分子，都逃不過這道鴻溝。好啦，大家等著被打屁股吧！如果妳們曾經考慮請個幫傭，甚至真的請了，那妳們就等著被貼上「不合格的女性主義者」的標籤吧（又來了）！「想像一下，妳自稱女性主義者，妳批評社會總認為家事是女人的事，但妳有一個女傭？」不久前，一名年輕女性憤慨地在推特上這樣推文。「請幫傭的人，還能算是激進女性主義分子嗎？」同一個圈子的一名女性主義記者這樣嘲諷道。而三月八日那天，一名非裔婦運人士在她的Instagram頁面發表一張圖，內容是一個白人女性對她的黑人幫傭說：「我去遊行了。」她在圖片下面寫道：「將力量賜予被歧視的黑人女性，她們讓白人女性能夠享有兩性平等。」一針見血。

讓家務問題成為公共議題

事實的確如此，西方世界的女性之所以能夠從家事中解放，並非因為男性突然開始分擔家務或照顧小孩，而是因為有其他女性代替她們去做她們不做或不願再做的家事。「歷史上的法國資產階級女性能夠出門工作、從事管理職務，是因為有其他女性幫她們顧家、育兒。到了今天，這類女性負責清掃全世界，清潔白領女性的辦公室、清潔她們為了去度假或通勤而搭乘的火車。這類女性大半都是備受歧視的有色人種。」政治學家法蘭索瓦絲．維爾杰斯（Françoise Vergès）這樣說道[156]。她是致力於解殖議題的婦運人士，最著名的著作是《女性之腹》（*Le Ventre des femmes*）。換句話說，**有權階級的女性（通常是白人）之所以能從家務之中解放，是因為她們的解放奠基於平民階層女性（通常是有色人種）的勞苦工作之上。**

既然如此，我們是否應該怪罪我們之中最有權有勢的一批人背叛了女性主義，並懲罰她們一輩子拿抹布？女性們，尤其是有小孩的女性們，一旦將部分家務轉包給其他女性，是否就應該自我鞭笞？不，因為幫傭雖然遠非完美的解決方案，有時卻是某些女性面對沉重家務負擔的唯一解決方案。而且，這是伴侶雙方的共同選擇，不應由女性獨自承擔責任。然而你們會發現一件事——人們只會怪罪女性把家務轉包出去，只會說「她請了一名幫傭」；人們只會怪罪女性去工作或去遊行，讓別人「代替她」去刷浴缸。彷彿這些家事只是「她」的工作，而不是伴侶的工作、整個家所有成員的工作。所以除非我們真的認為家事是女人的工作，否則我們必須提醒所有人：**並不是女人把「她」的工作轉包出去，而是男人「與」女人一起把他們的工作轉包出去**。育兒方面也一樣，是父母**雙方**一同將照顧小孩的工作交給別人，不是為了「讓媽媽可以出去工作」，而是為了讓爸爸和媽媽都能出去工作。

這樣說來，我們是否應該無視某些女性主義者針對其中種種矛盾的反對聲浪？不，與其全然否定這些批評（無論是因為這些批評使我們困窘，抑或因為它與我們無關），我們應該**讓家務問題成為公共議題**。若我們認為女性主義運動應該是解放所有女性的運動，那就讓我們首先來檢視並承認不同女性族群之間的宰制關係，以及其中的階級特權與種族問題；若我們認為女性主義應該是社會正義的原動力，那就讓我們把要求社會正義的訴求與反對種族歧視的訴求，擺在婦運的核心；讓我們挺身支援幫傭的抗爭運動，以及所有貧困工作者的抗爭運動；讓我們廣為宣導她們的動員行動，譬如巴蒂尼奧勒的宜必思（Ibis Batignolles）旅館清潔人員的抗議行動，二〇二一年，經過二十二個月的抗爭之後，她們終於贏得這場長期抗戰；讓我們金援她們的罷工募資，和她們站在同一陣線，建立一個互助合作的社群，團結抗戰；讓我們傾聽她們的聲音，不要拒絕質疑我們自己的特權，並檢討我們的生活方式與既定成見。我們並非異想天開，我們知道這並非易事，也知道僅僅如此，並無法終結上述兩種女性族群的對立。然而，正如非裔女性主義理論家貝爾·胡克斯（bell hooks）所言：「女性若要長久團結，唯一的手法是面對這些分裂，並採取必要措施，逐漸將之消弭。」因為這才是女力的團結——不是行銷口號、不是浪漫版本（並經常被加諸各種遐想）的女性情誼，而是不同女性之間建構的、真正團結一致的政治結盟。

別忘了，我們在此討論的是社會結構的問題（也就是說，政治問題），而不是區分誰是好人（負責撢灰塵）、誰是壞人（負責叫別人撢灰塵）的道德競賽。重點是要指出問題所在、轉化我們社會奠基其上的權力宰制關係，而不是把享有某些特權的人抓去遊街示眾。美國作家羅珊·蓋伊（Roxane Gay）在她的著作《不良女性主義的告白：我不完美、我混亂、我不怕被討厭，我擁抱女性主義標籤》（*Bad Feminist*）中，挺身抗議這樣的道德高尚競爭：「我們必須停止參與這場奧運般的瘋狂競賽，比較誰的特權最多、誰受的壓迫最嚴重，這樣是不會有任何進展的。」關於這一點，我們會發現，當問題的焦點是將照顧勞動（care，意指與家庭成員有關的照顧工作）轉包給他方時，相關討論總聚焦於家務上面。人們會指責那些請人來幫忙照顧家庭成員的女性（而非男性與女性），至於那些把年長父母送去養老院、把小孩送去托嬰中心的人，受到的責難輕微多了，然而，養老院和托嬰中心的繁重工作也是由其他女性負責擔任，她們往往也是領低薪的有色人種。這項事實應能點醒我們：問題並不在於要不要請幫傭，不只這麼簡單。事實上，在我們的社會裡，**多數的照顧勞動都轉包給別人負責**。無論是一般雇員、管理階層或待業者，無論男性還是女性，我們全都會在某個時候，請專門的照護員來幫忙，對父母而言尤其如此，否則他們無法繼續工作。

4 破除照顧勞動的誤解

照顧勞動是女人的事

根據國立幼童觀察站（Observatoire national de la petite enfance）的最新調查，**未滿三歲的幼童當中，目前有百分之三十六由非家庭成員負責照顧**[157]**，這些照顧者幾乎都是女性**。百分之九十九．五的幼兒園助理是女性[158]；百分之九十九的托嬰中心職員是女性[159]；百分之九十七．三的到府服務保母是女性。

幾年前，社會學家卡洛琳．伊博絲（Caroline Ibos）投身從事相關研究，八年之間，她詳細調查了象牙海岸出身的「保母」們的處境，並研究她們和雇主夫婦之間的關係。她的研究成果，書名昭然若揭：《小孩給誰顧？保母與媽媽》（*Qui gardera nos enfants ? Les nounous et les mères*）[160]。她的研究不僅指出富裕白人雇主與「全球化的無產階級」黑人保母之間的社會階級差異與種族不平等，她也以巧妙的方式指出這些保母與其女性雇主之間的從屬關係。沒錯，女性雇主。因為卡洛琳．伊博絲的研究顯示，這是**女人的事**——受訪的二十一個異性戀家庭中，她只採訪到三名父親。而且打從一開始，就是媽媽們要負責她口中的「糟糕透頂的心理層面勞動」[161]。

這情況不僅侷限於有權有勢的家庭——而且這類家庭當中，只有百分之二雇用到府服務的保母。無論形式如何，**轉包育兒事務的工作，總是由媽媽負責**。「育兒事務交給外人時，需要做出重大決定、需要處理很多手續，這些全都落在媽媽身上，或許因為這涉及她們能否回歸職場。但或許也因為照顧孩子、尤其是照顧幼兒這件事，仍然是伴侶中的另一方不太會去管的事。」社會學家提耶利・布洛斯（Thierry Blösse）於二〇一六年這樣表示[162]。他並進一步說明：「無論社會階級或教育程度，與育兒負責人之間的關係經營，都是由女性承擔。」儘管如此，伴侶將孩子交給別人帶，因而背負罪惡感的一方，卻是身為母親的她們。

三十四歲的麗莎是非政府組織的負責人，有兩個小孩，母職使她陷入違背女性主義信念的矛盾之中：「我不得不（非常痛苦地）接受事實：我得請另外一名（比我窮困的）女性去做我不想做的工作，這樣我才能滿足我自己在女性主義方面的渴求。意思是她要在我去工作時幫我照顧寶寶。我很難接受這件事，但我的伴侶卻一點都不猶豫。」或許因為面對這兩難抉擇的人，永遠是母親、只會是母親。是她們必須將部分的照顧勞動交付給別人，才能回職場工作，而她們因此備受苛責——抑或她們為了這份照顧勞動而離開職場，卻仍舊因此備受苛責。

女性主義主婦？

備受譴責的，不僅只是那些選擇雇用幫傭或「保母」的媽媽。在「不合格女性主義者」的頒獎臺上，金牌的位置絕對是保留給家庭主婦的，因為在眾人的想像中，留在家裡做家事照顧小孩的女性，經常就是六〇年代那些犧牲自我的家庭主婦刻板形象。她整天待在家裡燉牛肉湯、烘烤蘋果派，邊打掃家裡邊等丈夫下班，她眼裡只有小小的家，總之，就是女性今日仍被困在家裡的一幅圖像、誇大的不實畫面。事實上，**真正的家庭主婦並不存在**。家庭主婦指的是誰？根據法國國家統計與經濟研究所的調查報告，家庭主婦指的是二十歲至五十九歲、有伴侶且沒有工作、非學生亦非待業的女性。在法國，這樣的女性目前有兩百一十萬人（也就是該年齡層的百分之十四），一九九一年，她們的人數是三百五十萬人。她們當中，百分之四十三沒有小孩，百分之十八有超過三個小孩；她們當中大部分的人（百分之七十九）曾經工作過，但並非全部。平均來說，她們的教育程度比職業婦女低（但比從前高），但百分之六十八受過教育且取得至少一張文憑，百分之十九受過高等教育[163]。總之，她們的資歷與經歷都大有不同，但無可避免地，她們都得忍受同樣的刻板印象。

首先，她們被認為很乏味，這是當別人問她們「妳是做什麼的？」而她們回答「家庭主婦」時，人們唯一的反應。好一點的狀況是他們雖然尷尬，但仍彬彬有禮；糟糕一點的狀況是，對方會立刻開溜，以免必須和黃臉婆閒聊（聊什麼呀，究竟？）。「我知道在他人眼裡，只因為我現在沒有工作，我就是個懶惰鬼，整天賴在沙發上看電視，沒什麼新鮮事可以聊。」有四個小孩的雅莉艾諾這樣說。她原本是圖書館員，現在是家庭主婦，彷彿沒有工作就沒有價值。二〇一〇年，學者安－瑪莉．狄厄（Anne-Marie Dieu）、克莉絲汀．德海葉（Christine Delhaye）、安妮．寇爾涅（Annie Cornet）針對比利時法語區的家庭主婦進行一場研究，她們在報告中指出，**離開職場對這些女性的身分認同與社會地位均有重大衝擊**：

「在今日社會中，人們的身分首先是以其職業來定義，甚至可以說，我們從事的行業進一步延伸定義了我們是誰，對許多人而言，說出自己的職業就是說明自己的身分認同，於是在我們的社會中，家庭主婦日益被人瞧不起。」既然她們沒工作，那她們一定什麼都不做。（甚至什麼都不是？）

「妳不一樣，妳不需要每天早起、去上班、去面對外面的世界。」、「妳每天都在做什麼？不會覺得日子太長嗎？」、「妳應該會覺得無聊吧？」……這是茱媞西亞離職在家照顧小孩之後，別人對她說的話（這只是一部分而已），她都貼在部落格上[164]。遊手好閒、無所事事、好吃懶做，在許多人眼中，家庭主婦過的是爽日子，真的嗎？前述三名比利時學者認為，家庭主婦確實比職業婦女擁有多一點點自由時間（平均多出百分之十），但是，**她們並非「沒在做事」**。「她們負責的不只是採買、打掃家裡、照顧孩子、教育孩子……她們還要負責經營社交關係、接待朋友、送小孩去學校、帶孩子去看醫生、照顧生病的孩子，這些工作往往無人注意。」這些女性不只遠非「什麼都不做」，她們做的也遠遠並非「只有」這樣。她們或許重拾課業、從事藝術家或手工藝者的活動、當志工、投身和孩子有關的各種組織，尤其是學校活動。「她們的貢獻不可小覷，因為除了參加家長會的活動之外，她們也參與籌畫各種節慶活動（這是學校的收入來源之一），她們會陪伴學童外出郊遊、會在學校圖書館當館員、會在午休時間帶孩子們做一些活動，譬如讀書、畫畫、練音樂等等。學校非常仰賴這些隱而不見的得力幫手。」家庭主婦不是一些靠丈夫養或是仰賴家庭津貼補助的遊手好閒分子。她們從事的是照顧勞動，這勞動鮮為人知而且沒有薪水，卻至關重要。

某些人正是因為上述原因怪罪她們，認為她們遵循傳統「男主外、女主內」的性別分工。就某方面來說確實如此，的確有些女性洋洋得意地炫耀自己多麼符合完美家庭主婦的形象。Instagram上面這些網紅版布莉・荷治（Bree Van De Kamp，電視劇《慾望師奶》女主角之一）就頂著傳統女性的形象，鼓吹家庭主婦大舉回到爐灶前。各式各樣的反動人士亦大聲宣揚這方面的期望，譬如擁護「女性有留在家裡的自由」的民族陣線（FN）前議員多明尼克・馬當（Dominique Martin）或社論主筆尤潔妮・巴斯提葉（Eugénie Bastié）（她認為母親天生「就是會比較想要照顧孩子」）。然而，儘管最極端的反女性主義聲浪將家庭主婦視其為寵兒，這並不代表這些主婦一定認同上述的過時世界觀。**她們離開職場的原因，不一定是因為她們夢想成為溫順乖巧的家庭主婦**，她們當中有許多人丟掉工作的原因是因為工作合約到期（百分之三十五），或因為被解雇（百分之十），換句話說，她們退回家庭場域**是因為就業市場不穩定**。對某些女性而言，回歸家庭可讓她們擺脫充滿暴力的職場，專注於家庭生活而非不愉快甚至只是奴役的工作，一種解放行動。

然而，家庭主婦身上總牢牢貼著一些刻板印象標籤：她們是未解放的婦女、她們不獨立，總之她們不會是女性主義者。她們甚至被認為背叛了自己人，「家庭主婦是父權體制愛用的白癡嗎？」這是女性主義記者娜迪亞・達姆（Nadia Dâam）在二〇一六年提出的問題。因為在這個只有百分之四的父親會請育嬰假的社會裡，留在家裡照顧小孩的家長總是媽媽，為此付出代價的人也是她們，由於選擇在家育兒，她們的退休福利將因此大為減少，而一旦和伴侶分手，她們極可能陷入經濟困境。這些女性對此心知肚明。況且她們之中有些人是立場堅定的女性主義者，她們非常清楚，她們的決定在別人眼中「就女性主義來說，是不正確的」。譬如三十四歲的賈絲汀，她曾兩度在孩子出生之後離開職場一年：「我很難接受在家育兒的選擇，我認為自己是個女性主義者，」她這樣傾訴，「我總覺得整個社會、還有我身邊的親友，都因為我沒在賺錢、靠老公養，所以瞧不起我。」賈絲汀的丈夫也是女性主義者，是他幫助她「放下這份罪惡感」。「他仍繼續做他應該分擔的部分，無論是家事還是育兒方面的事。他知道如何讓我覺得全職媽媽的身分有價值，儘管社會（或我想像中的社會）認為這角色微不足道、甚至是可笑的。」

三十六歲、有兩個小孩的瑪西雍決定暫時離開職場時，她的親友紛紛投以責難眼光：「有些人的論調非常負面，試圖說服我改變主意。但對我來說，女性主義應該是要讓每個人都能選擇適合自己的生活方式，而不是要求女人去過更像男人的生活。」婦運人士蘇菲．古西雍（Sophie Gourion）決定辭職時，也同樣面臨來自女性主義陣營的壓力，她的決定引發許多負面批評……這些批評幾乎都來自其他女性：「這些人能不能稍微停下來，不要老是忙著幫別人決定怎樣對女性比較好？女性主義的目標，不正是讓女性擁有選擇的權利嗎？而不是不斷地批評她們的選擇？」二〇一四年，她在部落格上這樣寫[165]。我們應該提出來質疑的，不是媽媽們的抉擇（反正她們的抉擇永遠是錯的），而是照顧勞動在我們的社會中占了什麼位置？

照顧勞動或生產效率，我們想要怎樣的社會？

抨擊家務勞動的分工不平等，並不是要當糾察隊，也不是要指責某些女性做得太多或不夠多、轉包太多或不夠多，更不只是指明誰做了多少家事（以及為什麼）、誰每晚都要照顧孩子（以及為什麼）。不是這樣的，揭發家務勞動的真相是為了質疑我們的社會將所謂「私人」領域的事務放在什麼位置；是為了讓我們一同思索社會如何看待家務勞動、如何關注並照顧其他人、如何陪伴那些需要照料的人們……總之，思索這些一向被認為屬於女性的工作。這些領域一向被忽視（是巧合嗎？），實際上卻對我們的人生不可或缺。因為在我們這個講究生產效率的世界，性能與競爭力是唯一的王道，照顧勞動在其中並無一席之地。社會只重視生產力，總是如此、永遠如此。政治家的唯一指標是經濟效益——不僅公司行號如此，醫療機構也一樣。社會就是圍繞著它打轉，我們的生活也隨之共舞，然而我們全都為此付出代價。此外正是因為如此，現在才有這麼多人和我們一樣渴求改變、渴望另一個世界，在這個新世界，我們能有時間去學校接小孩、把家裡打點得好好的，並從中獲得成就感。

若我們希望如此，**首先，要承認照顧勞動是有價值的**，儘管該勞動的實踐場域屬於私人空間也是如此。七〇年代的女性主義運動「家務勞動有償化」（Wages for Housework）正是以此為目標，該運動呼籲讓家務變成支薪工作。並不是為了讓女性留在廚房裡，而是為了讓人們看見女性長久以來無人聞問的無薪工作。這個提議從未在婦運圈取得一致共識，但仍不時回到檯面，譬如二〇一九年六月，婦運團體在瑞士發起罷工時，便要求「用實質方式認同家務工作的價值」；同一年在阿根廷，法院判決一名男性必須賠償前妻（犧牲她的事業）育兒顧家的三十年。這可以提醒所有人（如果有人忘記的話），家務勞動確實是一種工作，根據法國國家統計與經濟研究所的統計，它占了法國國內生產毛額的百分之三十三[166]，這可不是小數字！

讓照顧勞動相關產業得到應得的價值認同。新冠疫情是一記當頭棒喝，提醒了我們：如果沒有這些小幫手每天幫忙清潔、照護、教育、餵養，社會便無法繼續運轉。這些小幫手幾乎都是女性，她們是四分之三的教師、清潔人員與收銀人員，也是百分之八十七的護理師、百分之九十一的照護人員、百分之九十七的到府服務照護員……這些行業不可或缺，卻是最受歧視、薪水最低的行業之一。這已是老生常談了，不是嗎？為這些行業爭取合理薪資與其應得的認可並非異想天開，這訴求能讓社會選擇多數人的福祉與社會正義，而非僅讓少數人牟利。

讓照顧勞動不再專屬女性。照顧勞動之所以沒能得到應得的重視，主要原因是它仍被認為是女性天生的技能。照顧勞動所需要的才能，無論是社交層面、技術層面或規畫組織層面，都被認為是個人特質，而不是需要學習與經驗累積的知識。若要改變照顧勞動在社會中的地位、在我們家裡的地位，就必須讓它不再是只屬於女性的工作。「意思是，解構我們的既定形象；讓照顧勞動不再被視為自然本能；說明這工作之所以現在大半由女性執行，是基於歷史上的緣由，而不是因為女性天生就該做這工作。」帕絲卡・莫妮里葉如此表示。若要實踐此道，我們得讓孩子接觸一些沒那麼刻板的性別呈現；用同樣的方式教導小男孩和小女孩照顧家裡（以及他人）；和孩子們一同質疑目前的兩性不平等現況……並且接受男性可以在托嬰中心工作。

事實上，當我們抨擊家務與育兒方面的男女不平等、批評照顧勞動僅歸女性時，我們的抗爭不僅只是為了爭取兩性之間的平等，我們同時也質疑一件事：支薪工作在我們人生中為何是最核心的重點？我們因此思索：相較於每天在辦公室填九個小時的試算表，在家裡打點家務真的比較沒價值、比較沒意義嗎？符合資本主義邏輯的工作真的比其他工作更有價值嗎？現今的職場環境真的是我們（無論男女）唯一能夠自我實現的人生目標嗎？若我們活在一個更重視照顧勞動的世界，將之視為社會生活的核心而非可調整的可變參數，那我們是不是都能擁有更多收穫？答案是什麼，我們都已知曉。

5 瀕臨崩潰邊緣的媽媽們

媽媽們精疲力竭

如果有什麼東西，是我在當媽之後才開始懂得去喜歡的，那就是咖啡。我講的不是坐在咖啡館悠哉品嘗飯後一小杯的濃縮咖啡（帶著兩個小孩，怎麼可能悠哉……），而是星期天早上七點半，我站著一口吞下的那杯咖啡，我得趕快打起精神，孩子們已經活蹦亂跳了；還有早上十一點那杯咖啡，以及下午三點那杯咖啡，試著讓自己振作一點，畢竟已經連夜睡不好；還有重新加熱第三次的那杯咖啡，這次應該可以把它喝完了吧？當我看到有這麼多媽媽在社群網站上分享她們的一杯又一杯咖啡，我想顯然不只我一個人把咖啡當成救命索，像登山家緊抓繩索一樣，抓著我的咖啡不放。嗯哼，真妙，媽媽都愛喝咖啡！你們一定會說，這大概只是個人喜好的問題、某種程式設定有問題……抑或這是一種徵兆，顯示媽媽們大量疲勞不堪，誰知道呢？因為，看吧，不用在咖啡渣裡找答案，事情很清楚：媽媽們累壞了、累斃了！

事情很多，沒錯吧？因為除了工作之外（百分之七十四的媽媽要兼顧職場），我們還肩負沉重的精神重擔，還得負責百分之七十一的家務勞動，同時還要負責百分之六十五的育兒工作[167]。整體而言，現在的爸爸們的確做得比以前多，他們陪伴孩子的時間比上一代多出許多，但儘管如此，站在最前線的依舊是媽媽們。百分之八十二的單親家庭是單親媽媽，而在異性戀伴侶當中，**媽媽花在孩子身上的時間是爸爸的兩倍**（平均每天一小時三十三分鐘，男性則是每天四十四分鐘）。她們分配到的往往是比較沒有成就感的工作，法國國家統計與經濟研究所的統計表示，接送小孩、洗澡、煮飯，這些是媽媽的活兒；帶小孩出門、玩遊戲、娛樂活動，這些則是爸爸們較常分擔的工作。況且，媽媽也比爸爸更常獨自帶小孩（平均每天一小時二十一分鐘，男性則是每天三十一分鐘）[168]。總之，**媽媽更常負責掌舵、獨自掌舵，也更常負責那些討厭的工作**，日復一日，這當然讓人吃不消。

二〇一六年，三名美國學者著手探討父母雙方如何扮演他們的角色[169]。她們用三年時間深入研究一萬兩千名家長的日常行為與感受，她們的研究結果同樣指出，媽媽更常孤身奮戰，她們分配到的工作比較重複且無趣，而且她們的時間表更令人喘不過氣……到了最後，儘管媽媽們說自己喜歡和孩子共度成長時光，但她們看起來就是**比爸爸們焦慮**、**疲倦**、**不開心**，而且比爸爸們更沒有時間休息一下。這份研究指出，父親們的自由時間比母親們多出半小時——而媽媽們永遠無法徹底忘懷自己的母親角色，即使是從事她自己的個人娛樂時也一樣。「個人放鬆時間的長度與品質，能夠影響家長陪伴孩子時的心情，兩性在休息時間方面的不平等，可能導致父親與母親的育兒體驗不同。」這份研究寫道。她們亦指出另一個影響關鍵：睡眠不足。當然！

沒什麼好稀奇的，養小孩就是很累。但是媽媽們的睡眠似乎特別不足，她們的睡眠時間不比爸爸們少，睡眠品質卻比爸爸們糟糕許多。因為她們有更多煩惱（讓我們向精神重擔說聲哈囉）、更常被驚醒（讓我們向尿床說聲哈囉），她們的睡眠品質經常在生了小孩之後，變得和從前截然不同。二〇二〇年，加拿大一份調查報告亦證實這點，該報告的研究對象是一百一十一位至少有一個小孩的家長[170]。這份報告指出，**父親的睡眠品質不會因為孩子的數量而改變……母親則不然，孩子愈多，她的睡眠就愈常中斷，影響非常顯著**。原因何在？或許因為「新生兒的夜間需求，主要是由媽媽負責，不只因為她要餵奶，也因為爸爸白天要工作。另一個可能的解釋是，這項分工是根深蒂固的社會常規，根據傳統陳規，女性就是要負責照顧小孩。」或許正是因為如此，身為職業婦女的媽媽當中，百分之六十三覺得自己「精疲力竭」[171]，今日，育兒過勞的受害者往往也是媽媽。

育兒的疲勞，演變為媽媽的過勞

「不僅職場，父母也會過勞！」、「育兒過勞：當照顧小孩變成一種痛苦……」、「過勞的父母確實存在，別噤聲不語！」……近十年來，這主題成為一種社會現象。媒體與專家開始頻繁談論該現象，原本專屬職場的「過勞」，如今成為家庭中的常見問題。該現象的字面定義，讓人不禁尋思，父母需要如此堅持追求效能、把育兒事務規畫得像公事一樣，甚至不惜像工作狂一樣因此痛苦，直到終於倒下的那一天嗎？有兩個小孩的護理師多蕾蘭斯（Tolérance）在她的 Instagram 頁面「媽媽過勞了」（Maman a burnouté）敘述自己終於崩潰的那一天：「那個早上，一大清早，我無緣無故對孩子大吼。前晚我又沒睡覺，我已經一整年沒有好好睡覺。我需要有人幫我處理日常生活的事，但沒人幫我。（…）我把孩子送到學校，然後去上班。我坐在地鐵車廂裡，突然汗如雨下，不知自己發生什麼事，我覺得很不舒服，眼前一片模糊，全身上下都痛，我感覺不到自己的雙腿。走出地鐵站後，我無法向前走，我沒有腳了，我頭很暈。全身僵硬、動彈不得、焦慮不安、疲倦不堪……我甚至搞不清楚是哪項。於是我坐在一張長椅上哭泣，哭了很久。（…）我很想死，死在這張長椅上，忘掉我和伴侶的爭執、忘掉精神重擔、忘掉壓在我肩上的沉重責任、忘掉我腦中轉啊轉的所有一切。」

這就是育兒過勞，不是一時軟弱，也不是暫時的疲勞過度，而是巨大的疲累，嚴重到妳有一天就再也無法振作了。當我們的個人資源再也無法抵擋日常的壓力時，它就坍塌了，像舞臺垮下來一樣。育兒過勞雖然尚未被定義為一種疾病，但它的特徵是清晰可辨的：**父母角色導致的身心俱疲、和孩子之間情感疏離、喪失效率與喜悅感**。專研該主題的心理學博士生依莎貝爾・羅斯坎（Isabelle Roskam）與莫依涵・米寇拉吉查克（Moïra Mikolajczak）呼籲[172]，這些徵兆結合起來的結果是爆炸性的，甚至可能「釀成悲劇」。因為育兒過勞所導致的，不僅只是情緒低落、痛哭流涕、看輕自己，它也會造成顯著的睡眠障礙、上癮症狀、自殺念頭、伴侶爭執，以及忽略孩子或虐待兒童的風險。很嚴重，而且很禁忌。哪個父母膽敢告訴別人，自己曾經害怕做出傷害孩子的事，或曾經想逃得遠遠的，讓誰都找不到？敢講出口的人，顯然不多，然而育兒過勞比我們想像得更加普遍。根據依莎貝爾・羅斯坎與莫依涵・米寇拉吉查克的跨國調查，目前約有百分之六的法國人面臨育兒過勞，比利時和美國的數據則是百分之八[173]，而這些受害者當中，**三分之二是女性**[174]（此外，她們也比男性更容易面臨職場過勞）。這並不令人驚訝，看看我們的社會對母親的要求有多高，而她們每天要承擔的負荷又有多重。「我有三個小孩要顧，我的職業很難搞，再加上新冠疫情，還有各式各樣關於我個人社會生活的強制規定——這類規定已經很難應付，而它們來自我的家人，所以更糟，於是我過勞了。（父權體制導致的過勞？）」三十六歲的教師寶琳這樣說，她不是唯一認為育兒過勞與父權體制有關的人。「我覺得很孤單，得獨自面對淚水與無眠的夜。男人出去工作，而我呢？我扮演女人的角色，犧牲一切的媽媽，一切都歸我負責。育兒過勞使我覺醒，喚醒了我心中沉睡的女性主義！」現在的她，從事育兒過勞相關的宣導工作。因為媽媽的疲倦並非命中注定，而是我們的社會看待親職的方式導致的結果。

（逃離過勞的）出口在哪裡？

我們心知肚明，媽媽們真的累壞了，甚至成為育兒過勞的首要受害者，主要因為她們一手包辦家裡所有大小事。這我們都知道（統計數據也不斷這樣提醒我們），也都會講（已經講了幾十年），但是多數人顯然無動於衷。說真的，如果能把所有工作都丟給媽媽去做，大家不是輕鬆多了嗎？雖然還是有人願意改變（沒錯，還是有的），要改善這麼多世代以來根深蒂固的心態與習性，還得花很多時間。況且我們每個人的腦子裡，都有一個超人媽媽的身影：無論什麼時候、無論遇到什麼難題，超人媽媽都能把事情做好；不管發生什麼事，她都能夠忍下來，把所有最好的留給孩子。這樣的完美母親是眾人的幻想，她不像人類，比較像濕婆神，但我們這些媽媽至今仍舊把她當成參考的榜樣，這並非因為我們是被虐狂，而是因為在我們的社會中，大家都認為，（好）媽媽就是應該為了她的子女犧牲。

最具代表性的例子是雜誌《媽媽話題》（*Paroles de maman*）在一篇口吻幽默（但很讓人火大）的Instagram貼文中寫道：「媽媽＝為了愛而犧牲她的身體、她的隱私、她的睡眠、她熱騰騰的每一頓飯、她的耐心、她的精力與她的心理健康的人。」有個網站「為人父母」（Être parents）張貼了一篇文章，標題是〈當媽：犧牲也是一種幸福〉（Être mère : le bonheur se trouve aussi dans le sacrifice），證實了同樣的論點。這篇文章向我們解釋：「媽媽是一種特別的生物」，因此「對於放棄她們自己的興趣、渴求、信念與需求，毫無異議」。而且，她們要這些東西做什麼？「對一名母親來說，連犧牲都讓她感到快樂。」這篇文章信誓旦旦。至少對「好媽媽」來說是這樣（至於其他媽媽，就被這篇文章歸類為「壞家長」）。看吧！在歌頌媽媽（這些日常生活的英雌）有多勇敢的口號之下，女性們被囑咐要以全然的犧牲忘我精神來扮演母親，然後媽媽們撐不下去，竟然有人感到訝異？

若要讓媽媽們脫離疲勞的地獄，**首先，讓我們打破迷思，讓母職不再以犧牲為榜樣**，這榜樣存在於我們每個人的腦袋裡，它只會幫倒忙、為憂鬱症與過勞鋪路。心理學學者黛博拉・羅亞勒（Déborah Loyal）的研究主題，便是形塑這些情緒障礙的心理、社會、文化因素[175]。研究結果顯示，在媽媽們的育兒經驗中，「媽媽就是要犧牲」的老生常談，不僅「非常有礙健康」，更是引起憂鬱症狀與過勞風險的主要因素。因此與其繼續謳歌媽媽真偉大，不如讓我們提醒大家，就連那些最最了不起的媽媽們，她們也需要喘口氣——而且，你們一定不相信，她們也需要睡覺！

讓我們學著培養「懶惰媽媽」文化。既然沒辦法像變魔術一樣，一下子就改變遊戲規則，那就讓我們允許自己當個遊手好閒的家長吧！「根除完美母親樣版的最佳手段是『無所事事』，這個用詞很重要，它沒有任何成果，它是『兼顧』這個詞彙的敵人。因為在我們的社會，希望當個無用之人，這件事本身已經需要極大勇氣，對一個媽媽來說，這更是全然的顛覆。」二〇一七年，女性主義作家艾蔓汀・德（Amandine Dhée）在她的小說《混亂的女人》（*La Femme brouillon*）中這樣寫道。四年後，心理分析師暨評論家蔻琳・梅耶（Corinne Meyer）呼籲媽媽們將「無所事事」當作抵擋精神重擔的堡壘：「我們必須團結一致，和『隨傳隨到的勤勞媽媽』保持距離，用最放鬆的方式當媽，並且不為此內疚。我們的解放之道是創造懶惰媽媽的文化。」[176]換句話說，把妳親手烹飪的薯泥換成冷凍食品，或是把親子創意美勞時光換成卡通時間，這並不會改變孩子們的生活，但我們自己的人生會大有不同。所以，與其認為這樣會證明我們是不及格的媽媽（就算我們心裡某個聲音試圖這樣說服我們），不如讓我們將之視為一場針對母職迷思的顛覆行動吧！

不要等到過勞才發出求救訊號。「我不是最慘的。」、「別人會覺得我整天都在抱怨。」、「這是我自己的事。」、「是我想生小孩，現在我得把事情做好。」……多蕾蘭斯漸漸陷入育兒過勞時，曾經不斷對自己重複這些句子。「現在我知道了，我們必須清楚地、不斷地說出我們的困境，才能夠讓我們的家人、讓整個社會聽見我們的聲音，進而支援我們！所以我們每個人都必須用自己的方式繼續說下去。」

現在的多蕾蘭斯這樣說。讓我們勇於表達、書寫，告訴大家我們有多累、多麼受不了這一切，而我們無須因此感到羞恥，我們不只要告訴伴侶和親友、在社群網站上發聲，還要告訴醫護人員。媽媽的過勞不代表失敗，而是一種正當合理的痛苦，這痛苦有權被傾聽，有時也需要治療。

讓我們停止認為育兒過勞是個人的失敗。依莎貝爾・羅斯坎與莫依涵・米寇拉吉查克曾花兩年時間研究該主題，她們研究了四十二個國家的一萬七千名父母[177]。她們的結論是什麼？首先，育兒過勞不分國籍，凡是面對過多家庭壓力的父母都有可能成為受害者。但她們的研究結果亦指出，某些國家的父母更容易過勞。矛盾的是，在子女數目平均較少的西方國家，發生育兒過勞的機率卻是最高的，為什麼呢？羅斯坎與米寇拉吉查克的答案是：因為西方國家的文化最傾向個人主義。「個人主義對育兒過勞影響甚鉅，勝過各國之間的經濟差距、或任何其他來自個人或家庭的因素，諸如子女數量、孩子的年紀、陪伴孩子幾小時等等，這些因素都比不上個人主義的影響。」她們如此作結，另一方面，也因為西方文化要求父母必須極有效能、極度完美。還有一個原因：親職在西方國家是孤獨的活動，小家庭往往孤立無援。

換言之，育兒過勞沒辦法只靠幾次親職諮商就能解決。真正的解決之道是放下對於完美父母的追求（這點稍後會談），並**將孩子的教育轉化為集體行動**。也就是說，育兒的責任不應僅只落在父母（尤其是母親）肩上，我們應該重建我們談論已久的村莊環境，「首要（措施）是復興我們文化中的互助精神，讓不同父母在或大或小的社群中彼此分享、互相幫忙。為人父母是一項至關複雜的工作，我們可以和其他成人或幫助者分攤責任。」依莎貝爾・羅斯坎受邀談論這項研究時，她這樣表示[178]。比方說，我們可以要求親友幫忙、將孩子託付給專門機構、請鄰居或孩子同學的家長偶爾幫忙顧一下孩子……讓社會不再將孩童視為父母的個人責任，而是眾人的共同事務。另一方面，我們也必須學著相信別人，讓他們（不只是女人）幫忙照顧孩子。我同意這並不容易，首先，因為我們大家腦中某個角落，都藏著害怕孩子遭受暴力對待或性侵害的隱憂（而這類犯罪行為的犯人，經常是家族成員或親近的朋友），而且在這個核心家庭的時代，試圖以集體方式教育孩子，著實不容易。

「在我們的社會中，這樣的親職形式是很顛覆的，因為它和『父母（尤其是母親）應該全權負責育兒事務』這觀念相牴觸。」一九八四年，非裔女性主義思想家貝爾・胡克斯這樣寫道[179]。她不僅呼籲眾人一同分擔育兒重任，並將親職視為女性主義的重要議題，「在這個社會，只要女性仍是親職的主要執行者，且該情形並無改善跡象的話，婦運人士就應該再度挺身抗議親職問題。」因為思索母親（以及父母雙方）的處境，便是改變婦女的地位、改善所有女性的處境；便是質疑孩子在我們這個社會扮演的角色；便是讓我們邁向一個新的社會，那兒更沒有性別歧視、較不個人主義……總之，每個人都能更不受奴役的社會。

第4部

昂貴的母職

我真想證明這些預測是錯的；我真想避開這些陷阱，讓這些多年來不斷指出兩性有多不平等的研究報告都變成謊言；我真希望我能說：我們家不是這樣。但並非如此。我儘管是擁有許多相關知識的女性主義者，卻還是淪為上述這些數據的一分子。生產之後，是我請了產假；第二個孩子誕生後，是我將原來的工作轉為兼職型態，而我的伴侶升職了，他升遷的同時，我的職業抱負則降低了。為了穩住我們的家庭、為了能在瘋狂忙碌的生活節奏中存活，我決定犧牲我的一部分收入，這樣做之後，我在職涯方面的晉升機會就變小了，日後的退休金或失業救濟金也會減少。如果明天我變成單身的話，是我要為此付出代價。所以親職是世上最美的職業，卻顯然也最不符合經濟效益……對媽媽而言，確實如此。

我知道談錢很不光彩，而且身為媽媽，一個真正的媽媽，妳腦子裡想的應該是愛，而不是錢。但是養小孩這件事，不管妳願不願意，它就是錢的問題，一個家若只有愛和自來水是活不下去的。有小孩之後，若要繼續工作，就要找人顧小孩——這是要付錢的。有小孩並不影響父親的收入，也不會影響父親調薪，但母親的收入卻因此驟降，並非因為媽媽們的工作表現比較差，而是因為必須在工作與家庭之間找到平衡點的人永遠是我們。這就是傳說中的男主外女主內：男人以工作為優先、女人以小孩為優先。結果男人擁有金錢與聲譽，女人坐擁貧困。雖然我們總聽別人說這樣很自然，但這樣的雙親角色分配，其實一點都不自然。可是這樣真的很方便，社會集體的失敗與矛盾之處，只要叫媽媽們買單就好了。

社會的矛盾之處是逼我們生孩子，卻不願花錢補助我們請人顧小孩的費用、學齡前托嬰機構的費用，或是實實在在的產假津貼；社會的矛盾之處是它重視工作，它要求我們把為人父母的生活放在一邊，以工作為優先，然後我們面臨無法消弭的男女不平等、大量成為育兒過勞的犧牲者之後，社會竟然擺出一副驚訝的樣子。爸爸們也很矛盾，他們希望建立家庭，卻往往繼續把工作擺第一；眾多爸爸們嘴上說自己很重視兩性平等，卻繼續把育兒家務丟給女方。這一切，都是我們要付出代價。

事實上，讓女性付出昂貴代價的並不是母職，而是我們這個社會的性別歧視與因循守舊、是人們看待工作的方式、是工作在社會中所占的位置——結果呢？這矛盾成為我們允許（或不允許）自己生小孩的矛盾。所以是時候拿出計算機了，讓我們來算帳吧！這樣，媽媽們才不會永遠都是受害者；這樣，爸爸們才能完成他們的革命；這樣，我們的孩子才能在一個理想的世界成長，在這世界，是工作讓我們活得值得，而非活著只為了工作。

1 為何親職讓女性付出昂貴代價

媽媽們受困家中

懷第一個孩子時，我很清楚找到托育孩子的解決方案並不是輕鬆的事。我知道我們必須認真思索這件事，而且得趕快找到方法，不然我們會窮到脫褲子，但我很天真，我以為只要用一點巧思、早一點行動，事情一定會迎刃而解。我很怕跑行政程序，但是當我去托嬰中心遞交申請書時，我相當驕傲，因為當時離預產期還有整整五個月，真的是很早很早很早遞件了吧？噢不太太，很抱歉，如果想要有一絲機會可以爭取到一個名額的話，您得在懷孕滿三個月時就立刻來報到——而且就算如此，也沒人能夠保證妳的孩子會有位置。新手媽媽們，妳們就咬牙忍耐吧！從此刻開始，找到顧小孩的方法，變成一場實實在在的馬拉松，我不知道跑了多少間托嬰中心詢問，無論是公立的、私立的、社團組織或家庭經營的，我都跑過了。一次又一次，我們重新計算這間托嬰中心的費用、開放時間、離家裡有多遠，只為了在工作時將孩子交付給他們，這些問題我們推演了無數次，直到我的育嬰假逼近尾聲，我陷入焦慮：我有辦法回去工作嗎？還是我會因為找不到托育孩子的方法，而被困在家裡？

我不是第一個遇到這情形的人。和大家以為的相反，沒有任何準父母能百分百確定自己的小孩能找到托育機構，二〇一九年，三歲以下嬰幼兒的托育率在法國是百分之五十九．八[180]，意思是，還有**百分之四十的家庭找不到任何托育中心或相關機構**。況且該數值在不同的居住地區有高低之別，如果妳住在巴黎、上羅亞爾（Haute-Loire）或是菲尼斯泰爾（Finistère）的話，那妳運氣很好，這些省分的托育名額與全國平均值相等，或是更高；但如果妳住在瓜地洛普（Guadeloupe）、塞納－聖丹尼（Seine-Saint-Denis）或是科西嘉的話，那妳就倒楣多了，妳居住的省分是托育的荒漠，該地區能容納的名額，只有當地嬰幼兒的百分之十到百分之四十。在這宛如年度抽獎活動的托育申請大賽中，居住地並非唯一的決勝關鍵。您應該猜到了吧？社會階級差異也是因素之一，甚至是決定性的因素，二〇一三年，最有經濟能力的家庭中，百分之六十四的家庭將孩子托育給家人以外的對象；而在最拮据的家庭當中，則只有百分之八[181]，其中有一些是個人的選擇，有些則否。二〇一七年，家庭津貼補助中心委託進行一起研究[182]，調查新生兒父母的托育意願。在家育兒的父母占整體的百分之五十四，其中只有百分之二十五是原本就希望如此。對其他人而言，這原本並非他們期望的解決方式。

雙親當中，由誰負責在家顧小孩呢？幾乎總是母親（真令人驚訝！）。二〇二〇年，育嬰假條例修訂通過五年後（別忘了，這項條例是為了促進兩性平等），**只有百分之〇．八的父親會將育嬰假請滿**，無論他們有幾個小孩要養[183]。為什麼呢？首先是出於經濟考量，因為育嬰假的津貼很微薄（每個月四百零五歐元又九十七毛，必須符合某些條件，而且最多只能補助二十四個月），因此雙薪家庭便會選擇犧牲兩人當中比較低的那份收入。四分之三的情況中，都是媽媽的工作被犧牲[184]。但除了經濟層面的考量導致這樣的決定之外，還有社會常規與文化慣習的沉重壓力，我們的社會依舊認為是母親應該照顧孩子，孩子年紀很小的時候尤其如是。根據法國國家統計與經濟研究所於二〇〇八年的調查，超過一半的訪談者（百分之五十三的男性與百分之四十九的女性）認為學齡前兒童的母親若出去工作的話，孩子可能會因此受苦[185]。年長者較容易有這樣的想法，但在不到四十歲的受訪者當中，亦有五分之二也這樣認為。就拿父母們為例吧！法國國家統計與經濟研究所這份調查的十年後，依舊有百分之六十一的父母認為應該是媽媽要照顧小孩[186]。

所以，有些媽媽決定放下工作的原因是為了專心教育孩子。她們的動機儘管是真實的，但在這樣的個人選擇背後，有著「來自社會環境與文化的強烈影響」。社會經濟委員會（Conseil économique et social, CESE）這樣提醒我們[187]。這樣的選擇對她們有不少壞處，在家育兒的媽媽當中，百分之六十表示她們恐懼喪失社會連結，也害怕她們因此經濟不獨立；百分之四十二則表示她們原本希望能夠繼續從事先前的職業。「脫離就業市場的女性當中，絕大多數其實不願如此。她們並非因為想請育嬰假所以請育嬰假，而是因為她們難以繼續工作。」社會經濟委員會如此表示。某些媽媽是因為懷孕而丟掉工作——懷孕仍是女性受到職場歧視的主因之一[188]。其他媽媽則是因為她和伴侶沒有找到托育孩子的管道（因為太貴、因為伴侶雙方的時間表都無法配合托育機構，或因為他們根本找不到托育機構）。翁布琳就在《新觀察家》（*Nouvel Obs*）雜誌的網站上[189]敘述她的荒謬遭遇：當她發現自己賺得的薪水大半都花在汽油費（為了開車去工作）與托育費用（為了能夠去工作）上面時，她要求換崗位……然後她就被解雇了。她「一點都不想當家庭主婦」，但唯一的解決之道就是留在家裡帶小孩。她心想，等孩子上小學，她就可以重返職場，但是她的小孩現在上了小學，她卻被困住了——由於她沒有工作，所以她沒資格讓她兒子在學校食堂吃午餐，也無權要求課後安親服務……「因為我們沒在工作，所以小孩歸我們顧！而因為我們要顧小孩，所以我們沒辦法工作。」這情形很荒謬，它清楚指出媽媽們的職涯是如何被看待的：只是一個可以調整配合的參數。然而這些調整配合是有代價的。

身為女性，有小孩就要付出代價，而且是直接付現。因為孩子出生之後，是媽媽遠離職場；因為她們暫停工作之後，她們的收入將會受到長久的影響：根據家庭津貼補助中心一項調查，**暫停工作者每停工一年，後來的收入就會減少大約百分之十**。而且就算媽媽們繼續工作，親職的入場券仍舊由她們買單，而且代價昂貴。

轉兼職的真正代價

這份代價，法國國家統計與經濟研究所曾於二〇一九年發表相關數據[190]。**第一個孩子誕生五年後，媽媽們（在私人企業）的薪水和「若是沒生孩子」相較，大約減少百分之二十五**。而且收入最少的族群照例最慘，她們的損失是百分之三十八。更慘的還有誰？生好幾個小孩的媽媽們！她們的慘況已經不是降價，簡直就是跳樓大拍賣！生兩個的媽媽們減少百分之五十的收入，生三個則減少百分之五十七。這樣說來，或許會讓人以為爸爸們的狀況也是如此，但並非如此。法國國家統計與經濟研究所表示：「父親們則相反，孩子的誕生對男性收入成長幾乎沒有影響。」好吧，還是有一點影響：男性當中，收入較高的族群當父親之後，他們會工作得更勤奮……因此，他們的收入會增加（平均增加百分之十七）。他們和女性相反，女性的收入與升遷希望都和太陽底下的融雪一樣消失無蹤。

為什麼呢？因為是她們放下工作照顧孩子，而有小孩的男性工作比例（百分之九十一）則高於沒有小孩的男性工作比例（百分之八十二）[191]。此外，為了兼顧家務以及育兒事務，女性從全職轉為兼職。在雙薪父母當中，**百分之三十一的母親從事兼職工作**。有些是因為不得已（百分之二十五希望她們不只是兼職），絕大多數是因為家庭因素（有三歲以下幼童的媽媽當中，百分之六十六皆如此表示）。你們一定會說：她們又不是唯一負責承擔一切的人！那麼，爸爸的狀況又如何呢？有薪的父親之中，**只有百分之四**轉為兼職，就算是有好幾個小孩的父親們，這數字也不受影響[192]。對女性而言，狀況當然相反：有一個小孩的媽媽當中，百分之二十五轉為兼職；有三個小孩（其中有一名幼兒）的媽媽則有百分之四十七轉為兼職。

老實說，對這些媽媽們來說，轉為兼職並不全然是不愉快的經驗，恰好相反。「我可不想和我丈夫交換。」克蕾蒙絲就這樣說。她的伴是一名忙碌的醫師，她則是助產師，目前轉為兼職模式。她說她們家這樣「一點都不女性主義」，但她很滿意現在的模式：「說實話，我很願意只做百分之六十的工作，好好陪伴小孩。」因為在日常生活中，兼職模式是有好處的。它能讓家長有更多時間和小孩相處；它能讓我們不至於喘不過氣，況且我們還要兼顧另一個工作（也就是家務工作），有時，兼職甚至能讓我們免於過勞。對許多女性（包括我自己）而言，**兼職模式能幫助我們尋得工作與家庭之間的平衡點**，因此能獲得更佳的親職體驗。儘管如此，我們付出的代價仍然很高……而且影響深遠。

就算沒讀過經濟學，也能輕易理解這一點：縮短工作時間，就是減少一部分的收入——如果沒生小孩（或如果身為男性）的話，我們原本可以保有這份收入。這就是所謂的「機會成本」，也就是做出某些決定時，因此必須放棄的代價。但它指的不僅只是薪水的減少，轉為兼職的女性所犧牲的，不只是當下收入的一部分，她們也犧牲了未來加薪或升遷的機會，日後的退休金也將因此減少。而**爸爸們卻是因為媽媽們的機會成本，他們才能夠繼續全心投入工作**。他們繼續領全薪，並在職涯中繼續向上發展；加薪或是領獎金，讓他們自己的個人帳戶更加豐飽，並享有理想的退休金。如果媽媽沒有空出自己的時間接送小孩、帶幼童去看醫生、監督學童寫作業，爸爸有可能繼續做他的全職工作或照顧孩子嗎？顯然沒辦法，至少沒辦法享受這麼多。讓我們看看法國國家統計與經濟研究所針對受薪族的一項調查[193]，研究問題是：成為父母，對他們的職涯有負面影響嗎？百分之四十五的母親回答「有」（管理階層的母親當中，則有高達百分之五十六的人回答「有」）；百分之七十七的父親回答「沒有」。父親們較不受影響……單親爸爸除外：「沒有伴侶的男性，比其他男性更容易因育兒而影響工作，其影響非常顯著，而女性是否單獨撫養子女，對此並無太大差異。」意思是，如果家裡沒人負責張羅大小事，爸爸們可沒辦法像現在一樣安心工作，而爸爸們若多分擔一些家務，媽媽們的收入就不會減少那麼多。懷疑嗎？二〇一九年，有個研究團隊在挪威針對異性戀伴侶與女同志伴侶生下第一個孩子之後的情形進行比較[194]。挪威的兩性平等政策舉世聞名，但生育依舊對異性戀媽媽的收入有明顯衝擊（減少大約百分之二十二），而父親的收入則不受影響。女同志伴侶呢？負責懷孕的一方的收入也降低了，但「只減少」百分之十三，而她們的伴侶則少了百分之五的收入。該數據顯示女同志伴侶的分工較為平等，而且比異性戀父親更投入家庭生活。此外，第一個孩子誕生四年後，女同志媽媽們的收入就回到平均水準……而異性戀媽媽們的收入仍繼續減少。

做愈多，賺愈少

你們一定會說，夫妻養小孩是團隊工作，就像一種互惠協定，雙方都有各自的工作：爸爸負責在外工作，媽媽負責打點家裡，這有什麼問題？追根究柢，最重要的不是百分之百的兩性平等，而是家庭維持穩定，不是嗎？是沒錯，但還是有個小問題：在這情況之下，**一方的工作有錢可拿，另一方沒有**。正是因為其中一方（通常就是女方）免費從事家務育兒勞動，所以另一方才能繼續做他的工作、領他的薪水。媽媽在家裡當免錢義工的時候，爸爸繼續累積他的財富。「全職的有薪工作，可以帶來社會認同、登記在個人名下的金錢、做決策的影響力、各種權利、地位，可以讓你不用做家事、可以讓你一階一階確實晉升，並賺得長期的資產。這些，都是能夠經年累月帶來利潤的財富。（……）這不是詐騙，但他們是大贏家。」記者露西爾・齊葉（Lucile Quillet）在其著作《應付的代價》（*Le Prix à payer*）中這樣寫道[195]。她在這項調查中，計算異性戀伴侶的女性背負多少經濟負擔，尤其是媽媽們需要支付的金錢：「兼職工作的女性，就和家庭主婦一樣，她一肩挑起私人生活與職涯之間的矛盾，成為拒絕升遷的人。因為伴侶，她的收益減損了。當事情變複雜時，事實就浮現了：女性擁有的顯然少很多。她們比較沒有選擇（離開或留下）、在經濟上較為弱勢（財產、薪水、退休金、失業救濟金），也比較不受尊重（『噢，太太，誰叫您不去工作呢？』），她們的行動選擇與自由，都大大受限。」

有些人會說：儘管如此，媽媽還是在其中得到不少好處不是嗎？她們不是可以花用伴侶賺的錢嗎？她們應該過得很開心吧？當她們的男人埋頭工作時，她們可以好好陪伴孩子不是嗎？對某些人而言確實如此，然而事實上，女性做的工作並不少於男性。二〇一〇年，法國國家統計與經濟研究所在一項研究中[196]，逐一比較男性在職場的勞動與女性在家中的勞動，發現有伴侶的父親們平均每週勞動五十一小時（職場三十三小時；家務十八小時），而母親們則是五十四小時（職場三十四小時；家務二十小時）。毫無疑問，**媽媽做得比爸爸多，但賺得比爸爸少**。原因不僅只是家務分工的不平等，也是職場方面的不平等：女性從事的工作，大半屬於收入較低的領域，而在同一個領域中，儘管其他條件都是相等的（年齡、年資、職位……），她們的收入平均仍比男性同事少百分之十。到最後，**伴侶雙方的薪資差異高達百分之四十二**（單身男性與單身女性之間的薪資差異，只有百分之九）[197]。「目前，我們這個社會的常規，就是『賺很多先生』配上『賠很多太太』。」經濟學家海倫．裴西葉（Hélène Périvier）這樣說道[198]。

所以伴侶彼此通融，分擔所有支出——各付一半、按照收入比例分配，或是輪流付帳。不是說了嗎？要平等！不過，這是有限制的……「當男性收入較高時，伴侶雙方會認為正因為如此，他就應該比女方擁有更多個人存款、有更多決策權。」社會學家卡洛琳・韓索茲（Caroline Henchoz）在一份針對女性經濟獨立的研究中表示[199]。確切來說，在一個家庭當中，究竟誰支付哪些項目？這正是法國國家統計與經濟研究所的學者黛芬・羅伊（Delphine Roy）的研究主題，十五年來，她的研究結果顯示，伴侶雙方分別支付的項目，大半有男女之別。女性通常「負責『流動支出』（日常採買、不持久的事物）」，而男性則「經常負責支付重要支出，通常是可以久存的項目：房租、電費、車貸……」。黛芬・羅伊表示，癥結是「女性參與的支出通常較男性的支出更不可見、較不常以發票之類的形式留下證據、較少讓她們成為資產持有者，一旦離婚，這就會造成很大的問題」[200]。因為當媽媽支付醫藥費和日常採買時，爸爸支付的是房貸或車貸。如果兩人分手，猜猜誰會舉杯慶祝？

2 離婚：媽媽買單

屬於我們的，屬於我嗎？

「離婚把他榨乾了！」、「離婚讓男人破產……」、「離婚對男人沒有好處。」、「離婚的爸爸可不是提款機！」……這些老生常談總不斷在我們耳邊迴響：離婚之後，許多父親因此身無分文，因為他們必須支付驚人的龐大贍養費給前妻。真的嗎？相關研究的結果顯示並非如此。例如法國國家統計與經濟研究所的研究就指出，**伴侶分手或離婚確實會導致「經濟上的衝擊」……但「主要針對女性」**[201]。社會學家瑟琳．貝西耶荷（Céline Bessière）與西碧爾．荀拉克（Sibylle Gollac）的研究結果也指出同樣現象，她們花了二十年時間調查離異與繼承方面的財產分配、計算以及各種爭執，試圖釐清經濟層面的兩性不平等如何在家庭內部持續存在。她們的研究很有意思也非常有建設性，研究結果於二〇一九年出版，書名是《資產兩性有別》（*Le Genre du capital*）[202]。在這份研究當中，結論亦無庸置疑：分居之時，媽媽們是最大的輸家。

以住處為例，分手一年後，男性單獨保留原先住處的比例占百分之四十三，女性單獨保留原先住處的比例則是百分之三十二。若該住處登記在這對伴侶名下，兩性之間的差距就更大了：百分之四十六由男性保留，百分之三十由女性保留[203]。「我們經常聽說，有監護權的一方比較有優勢留在原先的住處，但這是錯的。除了社會住宅之外，媽媽們比較難繼續住在原處，就算孩子歸她們也一樣。如果住處是他們一起買的，那麼男性與女性之間的差異就更大了。（…）男性通常較有能力償還房貸，而女性較常在倉促之中搬離住處，原因是她們較常遭受家暴威脅。」瑟琳．貝西耶荷與西碧爾．荀拉克在《經濟替代方案》（*Alternative économiques*）雜誌訪談中這樣表示[204]。媽媽們曾經投入在該住所上面的資金能得到金錢賠償嗎？可以，但不一定是公道的數字。

在法國，只有百分之三的財產分配會上法庭解決，幾乎所有分配都是在公證人或律師見證之下協商解決。然而，瑟琳．貝西耶荷與西碧爾．荀拉克的研究清楚指出一點：這種時候，計算基準不是「該資產值多少錢？」而是「保留該資產的一方能給多少錢？」並以該數據作為出發點，計算失去資產的一方將會收到多少金額作為補償。瑟琳．貝西耶荷與西碧爾．荀拉克稱之為**前後顛倒的帳目**，其出發點並非計算資產的實際價值，而是最後達成的期望值。離婚贍養費的計算方式亦是如此，該制度專屬已婚伴侶，目的是平衡離婚造成的財力失衡（對象通常是為了育兒而犧牲事業與收入、因此導致生活水準降低的女方）。不過它也有同樣的問題：該補償的計算基準，並非離婚導致的實際損失，亦非根據一套官方規定的換算表，而是根據前夫（或前妻，但較罕見）能夠給予的數字來決定。

然而，**這套機制雖是目前常用的慣例，卻對女性非常不利**。搬離之後，她們不一定有能力耗費多年歲月去爭取她們應得的權利。無計可施之下，她們只能乖乖接受對方的條件……並因此蒙受損失。不只住宅方面如此，根據瑟琳．貝西耶荷與西碧爾．荀拉克的研究，若伴侶雙方擁有共同創建的事業體，落差就更大了——和住宅一樣，公司通常會落入男性手中，有時女方連一毛錢的補償金都收不到。「一名以擁護女性主義聞名的律師告訴我們，她的女性客戶永遠爭取不到一半的金額，因為這會讓公司面臨營運危機。（……）父親的社會地位，就代表孩子們的社會地位，因此若讓父親的資產岌岌可危，就是損害孩子的將來。」瑟琳．貝西耶荷與西碧爾．荀拉克這樣寫道[205]。為了不要影響孩子權益，許多母親選擇放棄她們應得的權利。這使得男女雙方之間的財產差異落差更大——自一九九八年至二〇一五年，該差距達到百分之十六（我就讓你們自己猜猜誰輸誰贏囉！）。母親因此更接近貧困，她們的生活水準經常在分居之後驟然下降。

孩子歸誰養？

額外的房租支出、尚待添購家具的新住處、需要更換的交通工具、不再享有互助補助的托育費……顯然，離婚或分居就是會讓人變窮，至少一開始是如此。這是男性面臨的困境，而女性不只有相同的困境，甚至更嚴重：分居之後，**媽媽們的生活水準大約下降百分之二十**（而父親的生活水準大約下降百分之三）[206]。「分居四年後，半數的媽媽依舊未能重拾原先的生活水準，而父親們經常已經過得和從前一樣好，甚至更好。」法國國家統計與經濟研究所一份報告這樣表示[207]。原因何在？因為**一般而言，媽媽們的收入少於前夫或前伴侶**。另一個原因，是因為孩子的監護權通常歸她們。二〇二〇年，法國四百萬名未成年的單親家庭兒童中，只有百分之十二是與雙親輪流同住。其他孩子則有百分之八十二和母親同住，由母親擔任主要監護人或唯一監護人[208]。

題外話，一些單親爸爸組織宣稱，爸爸們較少取得監護權，是因為他們是司法制度鄙視男性的受害者。實情並非如此，您知道我指的是哪些組織，就是二〇一三年高聲疾呼自己被用不正義的方式剝奪親權的那些人：「爸爸救命啊」（SOS Papa）、「不能沒爸爸」（Jamais sans papa）、「爸媽兩個我都愛」（J'aime mes deux parents）……好些年來，這類組織不斷提出同樣的陳腔濫調：媽媽們堅持爭取小孩的監護權是為了報復爸爸們，並騙取他們的贍養費。既然家事法庭的法官（JAF, juges aux affaires familiales）多數是女性，她們當然會偏袒女方，於是爸爸們形隻影單、身無分文、被所有人無視，而孩子的媽則享受更好的生活。且讓我們說明一下：確實有一些父親是司法不公或病態關係的受害者，但這些組織宣稱「大部分」的父親都是備受歧視的受害者，那就不對了，完全錯誤。

別忘了，這些備受媒體矚目的組織並非中立組織。這些組織擁護男性主義，他們以爭取兩性平等作為幌子，發表許多反女性主義（甚至可以說是厭女）的言論與訴求[209]。這些人士當中，某些媒體寵兒甚至曾因家暴遭受法律制裁。換句話說，這些高呼「親職兩性平等」的爸爸們，可不是什麼無辜的爸爸。況且他們爭取的所謂親職平等，指的只有他們自己的權益——我們可曾聽見他們要求家務分工平等？我們可曾見過他們挺身爭取更理想的父親育嬰假制度？爭取更多托育管道？都沒有。他們唯一在乎的，只是父親在分居後能享有更多親權。

而他們似乎（或故意假裝）忘記了一件事：**爸爸們很少拿到監護權……是因為他們並未要求監護權！**二〇一二年，司法部發起一項研究[210]，分析超過六千起家事法庭判例，結論是：百分之七十一的案子將監護權判給母親，百分之十二判給父親。不公平嗎？並非如此，因為在百分之九十三的案子當中，這是依照父母雙方所提出的要求來決定的。若雙方的意願不一致，相較於雙方意願相符的情形，法院將監護權判給父親的機率其實高出兩倍。所以儘管單親爸爸相關組織信誓旦旦，但家事法庭並未偏袒母親。而母親們拿到監護權之後，可不會因為這樣就有錢去瑞士開一個戶頭來逃稅，儘管她們會收到贍養費。

媽媽們既非貪財，亦非乞丐

贍養費對媽媽而言是一筆意外之財嗎？這筆錢的用途是為了分攤孩子日常支出的花費。百分之九十七的贍養費是由父親支付的。「我們可以說，父親是債務人，母親是債權人。」瑟琳．貝西耶荷與西碧爾．荀拉克如此表示[211]。這筆錢並不是前夫或前伴侶基於慷慨而賞賜給女性的施捨，而是用來償還跟孩子有關的部分支出，由母親負責用在孩子身上。他們給予多少錢來幫助母親支付孩子的衣著、食物、托育、娛樂、教育、醫藥費？每個孩子平均每個月一百七十歐元。但是，三分之二的母親收到的金額低於標準參考金額（每個孩子一百三十一歐元）[212]。這金額著實不高——養育一個孩子的花費，平均是每個月七百五十歐元[213]。

儘管如此，理論上決定贍養費金額的判定標準，有三個參考依據：孩子的需求、負責養育孩子的一方（通常是母親）的收入、不負責養育孩子的一方（幾乎總是父親）的收入。但相關研究顯示，實際判決的情形與上述理論有很大出入：實際上，決定贍養費金額的關鍵因素是父親的收入[214]。就算母親唯一的收入是失業救濟金也一樣；就算她入不敷出也一樣；就算她因為沒錢請保母或支付安親班，而必須放棄自己的工作也一樣。瑟琳・貝西耶荷與西碧爾・荀拉克認為：「贍養費的標準參考金額，無視單親媽媽在經濟方面的犧牲，它並未考量媽媽會為了能夠應付孩子的相關支出，而放棄她們自己的日常需求、事業、收入。」[215]贍養費最重要的判定標準，是父親的收入——他賺多少、能賺多少、可以動用多少。

「沒人在意媽媽該怎麼辦。若爸爸要求家事法庭調降他的贍養費金額，大家會想：『噢，他真慘，他的收入只有這麼一點點。』然而若媽媽說她的收入是同樣微薄的金額，沒人會想：『噢，她真慘，她得在孩子身上花費多少支出？』沒人會去想這種問題，因為不管怎樣，媽媽就是會付帳。」莎拉・樂貝莉（Sarah Lebailly）這樣表示[216]，她是「單親媽媽協會」（Collective des mères isolées）的會長。彷彿贍養費並非生活必需花費，而是「額外收入」、一筆基於慈悲送給母親的獎金。以報稅為例，目前在法國，媽媽收到的贍養費必須報稅（她可能因此喪失或少領某些社會津貼）……而爸爸們則可以全額抵免稅金。當然這是指他們有確實支付贍養費的情況。

因為事實上，有能力支付贍養費的父親當中，有四分之一的人連一毛錢都不付[217]。收入大約每月一千兩百歐元的父親當中，有一半的人不付贍養費；每月收入超過兩千三百歐元的父親當中，則有百分之十不付贍養費。整體來說，三分之一的單親家庭都是被積欠贍養費的受害者[218]。就法律層面來說，這是名為拋棄家庭的不法行為，儘管如此，為此對簿公堂的案件卻非常稀少[219]，檢察官甚少為此出動（因為沒時間還是沒資源呢？）。而媽媽們已身陷諸多困境之中，她們當中只有百分之十二的人為此告上法庭（百分之三十八則請承發吏〔huissier〕出面……費用由她們自掏腰包）。那麼，當她們的前夫或前伴侶不付贍養費的時候，她們如何解決經費問題？

她們可以申請單親家庭撫養津貼（ASF），每月可領一百一十八歐元，條件是……她們必須保持單身。二〇一七年，贍養費追償中介中心（Aripa, Agence de recouvrement et d'intermédiation des pensions alimentaires）成立，協助被積欠贍養費的單親家長討回款項，但是該機構並未締造奇蹟。因為事實上，隸屬於家庭津貼補助中心的這個機構無法償還贍養費的全額，它能支付的金額僅限於……家庭補助津貼。而且尋求該機構協助的單親家長人數極少，該機構成立一年之後，只有百分之十的受害者申請遞件。主要原因是它的申辦手續「很複雜」、相關行政手續「很費心力」（這是家庭津貼補助中心親口說的！）[220]。而且媽媽們申辦該手續之後，就會成為原告。

為了追求更高的效率，該機構最近將手續轉為自動化：從二〇二三年開始，由家庭津貼補助中心負責收取並轉匯贍養費，決定其金額的是強制執行狀（意指法律或行政文書，而不是非正式的私下契約）。這是顯著的進步，但仍舊無法保證單親家長能確實收到款項：若債務人逃避責任的話，就是由家庭補助津貼取代贍養費。法國律師公會對此表示遺憾：「由於無法保證贍養費能夠確實支付，單親家庭面臨的困境仍舊毫無解決之道。」[221]哎呀，又搞砸了！

單親媽媽，貧困的媽媽

這些困境事實上是非常難熬的。現在有四分之一的家庭是單親家庭，其中有**三分之一是貧困家庭**。需要說明嗎？這些貧困的單親家長，多半都是媽媽，這並不是說單親爸爸（他們占了單親家長的百分之十八）全都腰纏萬貫，由單親爸爸扶養的孩子當中，百分之二十二活在貧窮線下。不過由單親媽媽扶養的孩子當中，百分之四十五過的是貧困生活。整體而言，**單親媽媽的生活水準平均比單親爸爸低百分之二十**[222]，單親媽媽同時面臨許多不同的困境。

首先相較於單親爸爸，她們要養的小孩比較多：百分之五十四的單親媽媽有好幾個小孩，而單親爸爸則有百分之四十六只有一個小孩。單親媽媽擁有自有住宅的比例較少，她們經常是社會住宅的租客。若她們有工作，她們當中只有百分之十的人是管理階層，而單親爸爸則有百分之十八是管理階層[223]；她們經常得從事兼職類的工作[224]。毫不令人意外的是，單親媽媽亦是最遠離職場的族群：二〇二〇年，她們當中有百分之三十三沒有工作（單親爸爸則是百分之十九）。她們較常失業，領失業救濟金的人口當中，她們占了將近百分之三十[225]。她們是大量負債的高風險族群，百分之四十五的單親媽媽每個月都透支[226]。此外，食物援助計畫的救濟對象中，她們亦占了將近三分之一[227]。

對這些母親而言，生活像一條啃食自己尾巴的蛇。因為若要脫離貧困，就得找到工作，然而若要出去工作，就得找到托育孩子的方法，妳必須有管道，並在其中投入追加費用。結果就是有太多單親媽媽陷在困境中動彈不得，**她們唯一的選擇，就是放棄她們自己的車子、暖氣、醫療、衣物、娛樂……甚至食物**。「有時，我什麼都不吃。」這是二十五歲的愛洛蒂最近接受訪談時的證言，她為了照顧十七個月大的孩子，而辭去護理助理員的工作[228]，「當我兒子真的有需要時，我會把自己餐盤裡的肉給他吃。從兩個月前開始，我每隔天才進食。不吃東西的日子我就喝茶。這種時候，我不願讓兒子發現我沒吃東西，所以我會準備一盤麵條，讓餐桌上有點東西。隔天我再把同一盤麵條端出來。」雅美莉這樣說[229]。希薇・隆古葉（Sylvie Longuet）在她的Instagram頁面「希薇小報」（La gazette de Silvie）上，敘述這樣貧苦的日常生活如何將她「實實在在地掏空」：「誰會希望哪天像我這樣，陷入必須二選一的抉擇：給孩子吃飯、還是幫汽車加油？」[230]她在Instagram頁面定期分享自己身為單親媽媽的種種苦惱。譬如在二〇二二年的春天，她（再度）因為孩子生病而必須取消一個重要的約。她**永遠不能休息**，「完全無人接應。在這樣的處境之下，我們如何脫離貧困呢？」她既憤怒又沮喪地問。眾多單親媽媽上街示威或加入黃衫軍的抗議陣營，並不是沒有原因的。窮困、赤貧、孤立無援——單親媽媽們，有許多憤怒的理由。

單親媽媽的反擊

近幾年，法國兩百萬個單親媽媽的怒吼漸漸無法平息，她們在不同角落試圖結盟。譬如**「母親們的國際抗爭聯盟」**（Réseau international des mères en lutte），這個女性主義團體是由學者、婦運人士與家暴倖存者組成，力求消弭女性離開伴侶後面對的種種暴力；以及**「拋棄家庭零容忍！聯盟」**（collectif Abandon de famille - Tolérance zéro !），創建者包括婦運人士史蒂芬妮・拉米（Stéphanie Lamy），目標是協助這些媽媽對抗家暴（尤其是經濟層面的家暴）；還有二〇二〇年在蒙特勒伊（Montreuil）成立的**「單親媽媽協會」**，這是法國第一個全國性的單親媽媽組織。

「讓我們忍無可忍的最後一根稻草是讓人憤怒的營養午餐價格。我在我居住的城市的臉書頁面上面貼了一則貼文，告訴其他單親媽媽：『我們創一個組織吧！』」莎拉・樂貝莉這樣回憶道[231]。她是該組織的會長，也是創辦人。不過為什麼是營養午餐？因為學校並未考量單親家庭的經濟困境，營養午餐的價格對某些媽媽來說是她們收入的十分之一，「為什麼我們必須支付比未婚同居的雙薪家長更高昂的餐費？某些城市例如敘雷訥（Suresnes），就會把單親家庭列入餐費的考量因素之一。這是公正問題，我們已花了兩年爭取。想改善單親媽媽的處境，有很多環節需要我們行動，這只是其中之一。」莎拉・樂貝莉說。她和其他夥伴一樣，拒絕將自己定義為「單親媽媽」，認為這是去政治化的用語，「除了我們自己的小孩之外，沒有人可以叫我們『媽媽』。這個用語太溫和了，而我們每天的生活都是艱苦戰鬥！所以我們要求的稱謂是『獨力撫養子女的母親』，這是行政用的、社會學上的、政治性的用語。我們的要求，是為所有單親家庭的處境做一場總體檢，檢視其中的兩性不平等問題。」因此，莎拉・樂貝莉和其他成員「大肆喧嘩」，不只在她們的城市蒙特勒伊，也不只為了營養午餐。

馬賽、蒙彼利埃、里昂、布列塔尼、北部地區……各地媽媽紛紛加入單親媽媽協會，它既是一個互助組織（大家彼此幫忙、交換律師電話、互相提供各種實用資訊），也是可以溝通交流、尋求支援的場域，更是活躍的婦運組織，為單親母親爭取更多權益與未來的資源。家事法庭的司法正義、家暴議題、分手引起的暴力、職場歧視、貧困、社會孤立……二〇二二年，經過兩年的深入討論之後，她們提出**二十二項政治訴求，並提交給總統候選人與議員候選人**。她們的要求是什麼呢？建立「單親家長」的報稅身分、贍養費不再課稅、讓單親家庭的托育相關法規延伸至十二歲、健保特別優惠……但是請注意，莎拉・樂貝莉特別聲明：「我們要求的不是施捨，我們不要這邊一張鈔票、那邊一張鈔票。我們要的是改變整個體系關係。」好讓媽媽們不再單獨支付經常過度昂貴的親職代價。

3 來談錢吧！

和妳的伴侶談錢

大家都聽過這句格言：「相愛的人什麼都不計較，無論時間或金錢。」此外身為媽媽，數錢是會啟人疑竇的。說實在的，女人就是不應該計較錢，因為銅板、鈔票、錢財，您知道的，都是男人們的玩意兒。男人不是最懂錢嗎？這類認真嚴肅的事就是該他們管不是嗎？無論是在電視上，抑或是在家裡，他們都是最有資格談論經濟的人不是嗎？女人如果對錢感興趣，那她們大概是初出茅廬的不正經女子（這是最好的狀況），不然就是貪財的淫婦（這是最壞的狀況）才會對錢有興趣，斤斤計較、試圖敲詐男人。她們可以管理日常支出和家裡的津貼，這沒問題。但是如果她們想要開戶或開門見山談錢，那就是另一回事了。而且如果我們這些媽媽把母職放上財務的天秤，那我們一定是壞媽媽吧？想當然耳！因為大家都知道，一個（好）媽媽會犧牲自己、什麼都不計較、為愛付出一切。如果我們開始算錢、記帳、提出異議，那大概代表我們其實沒那麼愛孩子。而且我們得承認，談錢不只尷尬，還很惹人厭。所以如果一切大體上還過得去，我們就不談這檔事，或幾乎不談。但是我們錯了，「關於伴侶的財務分配，我發現很多事的考量是錯誤的——或者應該說沒有被考量。並不是因為其中一人試圖剝削另一人或欺騙對方，而是因為現行的分配方式似乎運作得很好，所以從來沒人提出質疑。然而事實上，這樣的運作方式，長期下來會導致嚴重的問題與財務危險，對女性尤其如此。」愛洛伊絲・波蕾（Héloïse Bolle）這樣表示。她原本是專研經濟的記者，後來轉職從事資產管理，她在二〇一八年成立「錢財與伴」（**Oseille et compagnie**），一間專門為小資存款戶提供諮商服務與財務教育的公司。難以察覺的不平等、有風險的慣習、離婚或分居導致的財務窘境，為了讓女性不再受害，她出版一本書供伴侶參考，書名是《好帳目造就好愛人》（*Les bons comptes font les bons amants*）。可想而知，我想問她這個問題：我們這些媽媽該怎麼做，才能取回這些脫離我們控制的金錢？

首先我們得**養成習慣，質疑我們和伴侶的金錢分配方式**。就算一切都沒問題也還是要這樣做（尤其必須這樣做！）。「這並不容易，因為這是一個我們不太願意去想的話題，而一切通常是不假思索的：我們隨波逐流採取一種模式，而它行得通，所以我們看不出有什麼好改變的。這樣的分配方式會造成兩性不平等的問題，我們不一定會發現，或是等我們發現時已經太遲了。」愛洛伊絲・波蕾這樣表示。她認為打從一開始，伴侶雙方就應該坐下來好好談一談，決定兩人的財務如何規畫。除此之外，每當兩人的生活或處境有所改變（生育、升遷、生病、搬家……）時，就應該**定期重新評估，講明誰應該付那些錢**。「金錢應該是伴侶需要討論的話題之一，這話題和長子的學業或么子的水痘一樣重要。最理想的方式是以冷靜超然的態度討論，毫無隱瞞、沒有禁忌。」這是愛洛伊絲・波蕾的建議。她提醒我們：我們和金錢的關係，以及談論金錢的能力，會受到參考對象的影響。所以，談錢往往並非易事。

事先涉想未來可能發生的困境（離婚、分居、喪偶）。「基於諸多理由，伴侶之間經常出現不平等的狀況。就算另一方對妳說：『沒問題啦，妳看我們還有錢去度假。』但通常只有一方有保護網，另一方沒有。如果他們分手，就會有一方的生活還過得去，另一方則陷入貧困。於是弱勢的一方沒有別的選擇，如果想過經濟安穩的生活就必須留下來。這是一個很嚴肅的問題，因為它亦涉及伴侶關係的本質——財務是維繫伴侶關係的主要因素嗎？」關於這一點，我們可別忘了，禁止另一方出外工作、拿錢威脅對方、控制對方的金錢與消費、扣押其薪水或財產，這些都是**經濟層面的家暴行為**。這類家暴比我們想像的更加常見：目前，五個家暴受害者當中，就有一人遭受這方面的暴力對待[232]，各個社會階層與職業領域的受害者都有。

檢視雙方支出的分配比例（即使我們深信這毫無必要，因為我們家超級平等）。「就算兩人的精神重擔相等、儘管我們深信自己掌握一切，但是請產假的是女性、請育嬰假的也多半是女性、轉為兼職的也同樣幾乎都是女性……這些事實累積下來的結果，就是許多家庭的固定模式是讓媽媽去接送小孩（而且順路去超市採買三趟）、讓媽媽送小孩去參加課後活動（同時發現她必須幫小孩買一雙舞鞋），諸如此類。到最後，家庭的日常支出經常由媽媽支付。這不是斤斤計較，而是指出事實。因為一開始我們沒有預料這情況。」那麼，如果帳目看起來很平等：妳付了一百歐元的營養午餐、我付了一百歐元的車貸……這樣就沒問題了，對吧？問題是，一旦遭遇困難，無關緊要的支出不會出現在檯面上，而正式發票與所有權狀則不然。所以我們都應該參與支付較重大的支出，它較能留下證據且通常較為持久。

開兩個共同帳戶。「這是妳們要做的第一件事。其中一個共同帳戶用來支付日常生活的支出，另一個共同帳戶則用來繳重大支出：車貸、房貸、管理費、稅金……這不僅在象徵意義上很重要，也能讓妳投入的金錢有跡可循。」愛洛伊絲．波蕾如此建議。為什麼要這樣做？「這樣對女性有好處，她們應該介入重大支出、證明她們有支付屬於她們的那一份。這樣的話，她們才能在財務與法律方面擁有她們的權利。」如果妳住在伴侶擁有的房子裡，而妳必須支付一部分的裝潢（或買家具的）費用的話，妳也應該**留下證據**。並不是因為我們錙銖必較、陰險狡詐，而是因為我們永遠無從預測未來會發生什麼事。「一般而言，情侶剛開始交往時，大家都很誠懇很守信用。問題是到了分手的時候，狀況就不一定是這樣了……屆時最好有些文件可以證明妳的信用。」

幫孩子存錢……但要把錢存在自己名下。「您可以幫孩子開戶，但不要投入您自己的錢，您可以把孩子生日或節慶收到的紅包存進孩子的戶頭。若您想存一些錢，幫孩子未來的教育或考駕照等等做準備，那就用您自己的名字開一個戶頭，把您的錢存進去，讓這些錢仍在您的掌握之中。」為什麼呢？「首先，這樣可以避免孩子把錢拿去買摩托車。更重要的是，如果在這期間您有緊急需求需要用錢（譬如分居的時候），您仍然可以自由動用這筆錢，而不需過問孩子的爸。」因為理論上，如果戶頭是用孩子的名字開的，那就需要父母雙方的同意才能動用裡面的錢。「雙方有衝突時，這是向對方施壓的常見手段。」

別再堅持隨時隨地「各付一半」。既然社會都沒讓父母雙方各分攤一半，既然媽媽們在經濟上受盡委屈，「各付一半」就一點都不平等。而且伴侶雙方的收入既然有高低之分，各付一半其實一點都不公平。在這情況下，依照雙方收入的比例來分攤支出不是比較公平嗎？「《民法》就是這樣說的：夫妻或同居伴侶，應依照雙方各自的經濟能力，來決定參與支出的比例。」愛洛伊絲．波蕾說。最理想的狀況是，在收入足夠的情況下，每個月為自己留一些錢，就算只有一點點也好。「這些錢可以用在自己身上，也可以未雨綢繆存起來。」

計算我們的育兒抉擇造成多少損失。「具體來說，如果您從全職調整為每週工作四天，那您就損失了百分之二十的薪水；如果調整為每週工作三天，損失就是百分之四十。把您損失薪水的未扣稅金額計算出來，再加上您因此損失的相關獎金與津貼等等。您一年損失多少金額、會持續多少年？當您每次為了孩子或家庭的福祉而做出抉擇時，您付出的代價是很沉重的，儘管它不是直接的。這樣想似乎很恐怖，媽媽們通常認為這些代價最後都會得到補償，她們的損失可以彌補，而且如果出了什麼問題，她們總能得到一筆金錢賠償。我認為這些都是幻想。」計算金額、量化統計，這樣經常能讓人意識到一些事——關於伴侶、關於自己。這樣尤其能讓人做出更加明智的抉擇。

告訴伴侶，上述損失的價值有多少。「若您不說，對方永遠不會知道。但這是很重要的事，必須告訴對方。」愛洛伊絲．波蕾堅持道。以此作為出發點，便能展開討論，試著重建雙方各自支出或存款之間的平衡。「比方說，您可以藉此告訴伴侶：『好，你要外派到瑞士洛桑工作兩年，我跟你一起去，但我要請育嬰假。這會讓我損失＊＊歐元，該如何補償？』」知道轉為兼職會損失多少金額之後，就會更懂得如何提前籌畫老年生活：譬如，在某些情況之下，選擇支付較多的預繳退休金（這會導致當下的薪水減少，但將來收到的退休金會比較高）。

試著將家務勞動納入計算差異的算式之中。因為如果雙親當中有一方把工作的時間拿去接小孩，就代表其收入因此減少……而其家庭則節省了托育或食堂的經費不用支付。這樣的話，該如何計算這名家長幫整個家庭省下的金錢、以及自己蒙受的損失？「日常實踐比較複雜，因為經常遇上流動資本方面的難題。但是若伴侶雙方的收入差異是因為上述原因而產生，那就應該考慮以存款來彌補（好讓犧牲收入的一方能夠多存一點錢）。此外，也可以選擇夫妻財產共有制（譬如，不要簽婚前契約）：婚姻存續期間，所有收入（除了贈與以及繼承）都是共有的。」

了解自己的伴侶屬於哪種財產制度。意思是，要知道自己和伴侶需遵循哪些規定，這因人而異，要看你們是婚姻關係（以及財產是否共有）、有簽民事伴侶協議的同居關係（以及該協議是哪一種協議），抑或沒有簽約的同居關係（因此沒有財產規定）。此外若是再婚，是否有較合宜的選項？「就本質而言，制度沒有好壞之分。只是有些制度比較符合某些人的需求，有些制度比較容易理解。」這並不簡單，因為我們不一定能讀完、記住、理解所有條文。結果呢？「有時候，您把錢存進您自己的戶頭，但是事實上這是你們夫妻共有的財產，只是您不知道。根據您依循的規章，您存進自己帳戶的私房錢，或是您自己買給自己的東西，不一定真的屬於您，反之亦然。」愛洛伊絲．波蕾提醒大家。

改變心態：讓我們更重視金錢吧！儘管那在我們眼中像是一塊黑暗大陸，我們不想涉足踏入險境……也沒有那個能力。「市調公司『意見之道』（OpinionWay）近日發表一份研究[233]，顯示年齡介於三十五歲至四十九歲的女性當中，只有百分之四十認為自己擁有相當的財務常識，而男性則是百分之五十五。這份研究也顯示，相對該年齡層，更年長以及更年輕的族群當中，這方面的男女差異是較小的，我稱之為『媽媽們的黑洞』。母職造成的損失之一，是我們會忘記自己，在經濟方面也是如此。查詢這方面的資訊，對媽媽們來說，並不是最重要的事，因為媽媽們有成千上萬的緊急事項要處理。但這樣是很危險的。」愛洛伊絲．波蕾說。

就算我們沒在久遠的高中青春歲月主修「經濟學」、就算我們不懂數據與曲線分析表格，我們還是可以參考一些用淺顯易懂的方式、從女性主義角度解說經濟學的電子報與Instagram頁面（詳細資料請參照〈實用資訊〉）。此外，還有一些機構提供免費的財務諮詢服務（譬如「預算諮詢處」〔Points conseil budget〕或試圖打擊負債現象的克羅伊斯〔Crésus〕組織）。「理解這些問題所需的時間沒有您以為的多，那真的不嚇人。這件事很重要，顧慮您自己的財務利益是很重要的事。」

因為母職這回事，是愛、是付出自我、是和全家人站在同一陣線……但同時它也和錢有關。講明這件事，不會讓我們因此變成壞媽媽——應該說，我們是未雨綢繆的媽媽。把錢的事端上檯面來討論是再合理不過的事，而且不是僅侷限於伴侶之間的事。因為我們應當謹記，儘管我們事先採取許多預防措施，但是媽媽們之所以承受這麼沉重的經濟不平等，並不是個人意願或抉擇的問題。很多狀況並不是我們能夠決定的。現今社會中，不同工作依舊男女有別，賺錢的人依舊最大，在這樣的社會，我們應當重新思考的，不只是家庭預算的分攤方式，還有經濟運作模式本身。

在公共政策中談錢

記者兼作家蒂蒂烏・勒寇克在她的Podcast「把錢還來」（Rends l'argent）中，詳細探討收入所得稅的問題。她指出：「為數不少的女性被敲詐了。」[234]為什麼？因為在法國，凡是已婚伴侶以及有簽民事伴侶契約的伴侶，都必須共同申報所得稅，而稅金則平分為兩份，一人一份。這就是所謂的**伴侶定率稅**。問題是，這套建立於一九四五年的制度是為了鼓勵男主外女主內而設立的，它會造成嚴重的不平等現象。首先是不同家庭之間的不平等，因為它會讓收入較高的伴侶（無論已婚或民事伴侶契約）收到退稅。此外，是伴侶內部的不平等，因為**它對收入較高的一方有利**……也就是說在多數情形下，對男人有利！具體來說，薪水較高的一方，其稅率會比單獨報稅的情況低（平均減少其邊際報稅收入的六點）；另一方則相反，其稅率比單獨報稅的情況高多了（平均增加其邊際報稅收入的十三點）[235]。

所以理論上，收入較少的一方現在可以選擇單獨報稅。「但這項選擇會使兩人的稅金增加，而且可能引起伴侶之間的爭執與交涉（失敗的注定是弱者？）。」法務人員莉絲・夏潭（Lise Chatain）在《世界報》一篇社論中這樣感嘆[236]。此外，這套系統的另一個大問題是**它會降低女性的工作意願**。「妻子外出工作賺得的收入，因為高稅率而大幅減少，而媽媽外出工作，需要付出托育機構或清潔人員的花費。」莉絲・夏潭解釋道[237]。她呼籲**全面取消伴侶共同報稅制度**。許多經濟學家（包括托馬斯・皮凱提

〔Thomas Piketty〕、卡蜜兒・隆黛〔Camille Landais〕與海倫・裴西葉）和她一樣，要求取消這套屬於上個世紀的制度（少數國家仍採取這套系統）。上次總統大選，它甚至成為討論議題。某些左派候選人承諾會取消它，其他候選人則持反對意見，譬如尋求連任的總統馬克宏就提議……將這套系統延伸至毫無伴侶契約的情侶身上。極度糟糕的主意！

而且，這類問題不只存在於報稅單上面。直到二〇二二年七月修法之前，成年身心障礙人士補助津貼（AAH, l'allocation aux adultes handicapés）也是如此。該津貼的目的是補助因為身心障礙而（完全或部分）無法工作的成年人士，但直到修法為止，該津貼都是取決於其伴侶的收入。換句話說，如果有伴而且伴侶有工作的話，成年身心障礙人士補助津貼就會減少，甚至全額取消。性別平等高級委員會近期再度呼籲，這套規定會「造成伴侶之間的經濟依賴」，對身心障礙女性尤其危險。家暴受害者當中，身心障礙女性大約占了百分之三十四[238]。因為如此，許多社運人士、組織與議員長年以來大聲疾呼，要求**取消成年身心障礙人士補助津貼的伴侶收入條件**。

反之，為了讓女性不再因為當媽而損失慘重，有些措施是我們樂見其成的。媽媽的貧窮並非命中注定，況且讓女性陷入經濟窘境的並非母職本身，而是我們這個社會的性別歧視（女性的職業不受重視），以及工作的運作模式（父母與孩子的需求都被忽略）。若想改變現狀，需要做的不僅只是對抗刻板印象（儘管這當然至關重要）。我們需要插手管錢，確切來說，錢應該花在哪裡？首先，花在托育機構上面！「建立更多托育管道，顯然是能使家庭與工作緊密連結的主要工具。它使家長能在職涯發展與家庭責任之間找到平衡。公共政策若能在其中挹注資源，將能幫助女性取得經濟獨立地位，並使家務分工更加平等。這是公家機關應該關注的議題，儘管二〇〇四年家庭稅貸制度上路之後，私人企業也大規模發展托育設施，整體狀況已大幅改善，但仍有不足。擴大托育機構、使其更加多元，仍是非常值得關注的議題。」雅莉安．蓓荷（Ariane Pailhé）這樣表示[239]，她是國家人口研究所（INED）的研究指導主任，正在撰寫她的經濟學博士論文。自二〇〇九年開始，社運團體「寶寶拒放置物間」（Pas de bébés à la consigne）的訴求便是如此：為高品質的托育機構爭取經費、讓所有家庭都有權托育。

除此之外，還有另一個不可或缺的工具可以幫助媽媽不要陷入經濟困境——**育嬰假**。然而不是所有育嬰假都有幫助，「我們都知道，育嬰假若等於或少於六個月的話，它對女性回歸職場就沒有負面影響。較長的育嬰假則不然，不過問題主要出在育嬰假的薪資補助上。在法國請育嬰假的父母，能領的錢非常少，於是男性與女性請育嬰假的比例差非常多。若不改善這一點，就無法改變兩性不平等，因為男性仍舊不可能請育嬰假。」雅莉安．蓓荷表示。

結論是？兩性平等並不只是原則問題——它同時也是錢的問題。錢是個大問題，據說國家沒有足夠的錢來改善育嬰假的薪資補助。二〇一九年，艾曼紐．馬克宏就對此表示反對，他說這「可能是爆炸性的鉅款」。然而並非所有經濟學家都同意他的說法，「一旦我們以整個體系的角度探討該問題，經費的藉口就站不住腳了。若要實踐較為進步的新權利，就必須放棄一些陳舊保守的舊權利。」海倫．裴西葉在她的著作《女性主義經濟學》（*L'Économie féministe*）[240]中這樣呼籲。而且她計算過，如果取消伴侶共同報稅的制度，政府徵得的稅金將會多出三十億至七十億歐元，「這筆資金用來支付短期育嬰假綽綽有餘。如此將可使育嬰假獲得合理補償，使雙親平均分攤，甚至能延伸至幼兒托育服務設施。」少一些共同報稅的壓迫、多一些兩性平等的政策——這才是媽媽們真正的需求！

4 孩子生病誰來顧？

有些來電幾乎不會是好兆頭：基本上，早上十一點當我正在公司開會時，卻看見手機來電顯示的是學校或幼兒園保母的電話，我就知道這一天（甚至是這個星期）會很難熬。我還可以把之後會發生的對話都先寫下來：「你有接到學校的電話嗎？我們得現在去把小孩接回家。」，「我知道，但我有個超級重要的約。」，「我也是。怎麼辦？」，「妳今天不能在家工作嗎？」，「等我一下，我問問我老闆（或我媽）（或不管哪個人，只要這個人可以幫我們解決問題），待會再打給你。」這就是眾人皆知的「兼顧」——像表演雜耍一樣，在家庭責任與工作義務之間倉皇來回，一刻都不能停下來，並試著不要在忙到一半時爆炸。沒必要詳加解釋，每個有工作的父母都知道這是怎麼回事。尤其是媽媽，因為實際上，**被要求兼顧兩者的仍舊是女性**。所謂的兼顧包括：把一切攬下來扛在肩上，調整自己的時間表、放棄自己的事業野心，好讓家庭的偶發事件有人處理。

「兼顧」，媽媽的課題

你們覺得這樣講太誇大嗎？相關數據不證自明：孩子尚年幼的媽媽當中，有百分之四十五為了家庭責任而改變她們的工作（新崗位、減少工時轉為兼職模式……），而父親當中只有百分之二十三做出調整（主要是改變工作時段）[241]。放學時間確實已從「媽媽接送時間」更名為「家長接送時間」（值得嘉許），但等在校門口的家長當中，百分之五十二至六十二仍是媽媽，只有百分之二十是爸爸[242]。有麻煩的話呢？「面對和孩子有關的突發狀況，女性永遠比男性積極處理。孩子生病時是女性缺勤照顧或去接孩子，儘管男性的工作一般而言比女性更有彈性，因為他們在職場通常位階較高，較能自行決定工作時段、即時做出調整。」學者雅莉安・蓓荷與安・索拉茲（Anne Solaz）在二〇一〇年一份報告中表示[243]。十年之後，上述情形依舊沒有改善。當孩子一個得腸胃炎另一個得耳炎的時候，是誰請假照顧病童？二〇一九年，十間大企業的三萬七千名員工被詢問這個問題，答案是：百分之五十九的狀況是媽媽（爸爸則占百分之二十五）[244]。此外孩子生病時，百分之六十四的狀況是由媽媽找人幫忙照顧（爸爸則占百分之七），就連放假期間，百分之六十二還是由媽媽處理（爸爸則占百分之六）[245]。

就連自雇者都無法解決這個問題。證據就是近十幾年興起的新詞「創業媽媽」。這個新詞的意思是女性為了顧全母職而自行創業，她們當中許多人在自家工作。媒體經常將之描述為兼顧家庭與職涯的「最佳選擇」[246]，這些「創業媽媽」如今占了女性創業者的百分之三十九……但是，男性可沒有這樣做。你們聽過「創業爸爸」嗎？沒有，因為自行創業的男性，就算他身為人父，他依舊只是……一個自行創業者。

媽媽有工作，就應該內疚？

左手工作，右手育兒：媽媽沒辦法將自己一分為二（雖然大家都喜歡歌頌她們身兼數職的天生神力），她們因此隨時隨地都在走鋼索，儘管沒人為她們鼓掌。「宣布懷孕時，我在公司得到的回應很正面。我的產假和育嬰假在職場上也都很順利。但是因為我必須提前下班去托嬰中心接小孩，事情變得有點複雜。主管告訴我，如果不是因為這個原因，我原本可以升遷。我覺得自己把一切都搞砸了，為兒子付出不夠多、為工作付出的也不夠多，這種感受讓我精疲力竭。我已忙得喘不過氣，卻還是必須不斷地向所有人道歉。」二十九歲的藝術指導茱麗葉這樣說。有工作的媽媽經常背負雙重罪名，在他人眼中如此，在她們自己看來亦是如此。

有罪，因為她們不是好媽媽。想當然，「這樣的兩難令我難受，是要全職工作來成就我的事業與職涯，還是轉為兼職、花更多時間在孩子身上，讓他們別這麼累？」三十四歲的學者露意絲尋思。「我的罪惡感很重，覺得自己花在孩子身上的時間不夠多（我先前週三、週六都必須工作）。」三十六歲的瑪西雍說。當她決定辭職時，親友都表示反對。當媽真是太棒了：不工作時有人怪妳，工作時也有人怪妳。我們不都讀過這樣的說法嗎？如果媽媽出去工作的話，她們的小孩會吃得比較差、比較少運動、課業落後、情緒管理有問題[247]……總之就是災難一場。

有工作的媽媽們不僅苦於無法符合理想母親的形象，她們也被認為是**不稱職的員工**。因為太常缺勤、因為無法出席下午六點半的會議、因為很少或從未出席夜間應酬。「我最後一個工作的老闆拿母職為理由責怪我好幾次。我的主管自己也是媽媽，卻怪我在家照顧感染病毒的孩子而沒來上班。她說我沒把工作擺第一，所以是不稱職的員工；她還說，我是個不稱職的媽媽，因為如果是她，她會處理得更好。」三十七歲的行銷宣傳專員莎拉說。二十六歲的教師夏洛特則敘述她的母職如何讓她深感內疚：「他們說我不應該在事業剛起步的時候、這麼年輕就生小孩。他們說產假並不正當，因為『懷孕不是病』，他們說媽媽本來就比爸爸更應該轉兼職，因為媽媽和孩子的關連更緊密（講這些話的人，都是我職場上的男性）。」當夏洛特終於因為過勞而病倒時，這些人很快就做出結論——「他們不承認我在職場面臨的苛刻處境，將一切都推到我剛生產這件事上面，把我過勞的原因全部歸咎於生育的辛苦。」高招！

被迫兼顧兩者的媽媽們，付出了高昂的代價——不只因為她們必須減少工時、轉為兼職。二〇一五年，有工作的媽媽當中百分之三十八無法晉升，她們當中每十個人就有六個因為家庭責任而放棄要求加薪。此外，她們當中有百分之十九曾經拒絕升遷——父親在這方面的比例則是百分之十二[248]。有工作的媽媽們害怕無法負荷（她們很理智），她們傾向犧牲自己已經所剩無幾的事業野心，甚至直接把她們的職涯抱負關進衣櫃裡。

權益捍衛大使（Défenseur des droits）指出，目前在法國，**女性表示自己面臨的職場歧視當中，懷孕與生育是第三高票**（前兩名是她們的性別與外貌）[249]。此外，女性就算沒有小孩也一樣慘遭歧視，只因為有子宮就被視為「高風險因子」（這是高官布莉姬・葛蕾西〔Brigitte Grésy〕的用詞）。「我們的調查結果證實，無論直接或間接，女性依舊因為懷孕或生育而在職場面臨高度的社會壓力。打從踏入職場開始，她們就因為身為女性、身為未來可能懷孕的媽媽而被歧視。而當她們真的懷孕之後，她們遭受的這些不平等因而更加鞏固、強化，直到她們的么子上小學（六歲）時方能緩和。」這份報告寫道。

克蕾蒙絲・帕儂（Clémence Pagnon）與伊詩瑪・拉素亞尼（Isma Lassouani）共同創立了「伊頌絲」（Issence）諮詢事務所，專門協助女性在事業與親職兩方面創造雙贏。她們關注的焦點是「第五孕期」，也就是產假結束之後、必須回歸職場的這段時期。二〇二一年，她們針對七百位母親展開調查[250]，發現其中有百分之二十八復工之後，未能取回她們原先的職位……不僅如此，其中只有百分之十九有被事先告知（真讓人欣慰！）。

是的，媽媽有在工作！

一般認為和其他員工相較之下，媽媽們比較沒時間、投入較少心力、較常缺勤……媽媽們之所以身陷困境，不只因為她們是最需要兼顧工作與家庭的人，也因為眾人認為她們一定會將孩子擺在工作前面。更確切地說，**人們認為她們就是應該將事業擺一邊**。不管這是不是她們的期望。自行創業並當選市府官員的瑪麗・內德勒克（Marie Nédellec）表示，她在孩子尚未誕生時就已經發現這一點，「成為人母之前，我從不認為女性主義與我有關。直到懷孕，我才注意到人們對我的批評與責難，他們對我採取不同態度，只因為我不願放棄我的事業野心，而他們認為那和母職是不相容的。人們最常責難我的一點是我一直工作到分娩的前一天。」她回憶道。嘉葉樂的情況又不一樣，她是公部門的契約雇員，她因為在兒子生重病時繼續工作而飽受苛責，「他住院將近一年，而我選擇繼續工作。人們認為我應該辭職，好好待在兒子身邊。但我們決定讓孩子的爸這樣做。我的女性友人們對我說出一些非常難聽的話，她們覺得我愛工作超過兒子。她們始終無法理解在那樣混亂的時期，我需要維持某些層面的正常生活。一年半的期間內，我在醫院與遠距工作之間輪番來回，終於熬過來了。我認為這是當媽以來，我做過最女性主義的抉擇。」

對許多人而言，拒絕犧牲事業的媽媽，或單純只是希望保有收入的媽媽，都有點太自私了。更糟的想法是認為這些媽媽損害了孩子的平衡發展，如果她們更常待在孩子身邊的話，孩子一定會成長得更好（我甚至聽過這種說法：如果媽媽忙於工作的話，孩子更容易遲緩）。但是在二〇〇〇年出版的《媽媽工作有罪嗎？》（*Les mères qui travaillent sont-elles coupables?*）[251]一書中，心理學家希維安妮・季昂皮諾（Sylviane Giampino）戳破這項成見：**身為職業婦女的媽媽們，她們的小孩並沒有比較不幸，也沒有發展得比較不好**。許多研究皆證實這一點，當中包括哈佛商學院在二〇一〇年代中葉展開的大規模調查，研究對象包括一萬八千一百五十二名男性與一萬三千三百二十六名女性[252]。

一般認為，媽媽應該為了育兒義務將工作擱一邊。所以當她們傾訴自己在日常生活中遭遇的困難時，她們經常得到的回應是「妳不能什麼都要」。意思是：既然是妳自己選擇繼續工作，現在妳就該自己想辦法解決問題！奇怪的是，男性就很少聽見別人告訴他們「你不能什麼都要」。因為爸爸繼續工作，這是社會常規，而媽媽繼續工作，這是現代主義導致的錯誤。舊時代男主外女主內的典範，實在是簡單多了。不過事實上，女性已經工作很久了，「女性並非最近才開始工作，這是有數據可以證明的事實。」專研女性工作的社會學家瑪嘉蕾．馬魯亞尼（Margaret Maruani）這樣表示[253]，她是研究組織「性別與就業市場」（Mage, Marché du travail et genre）的創辦人之一。上個世紀初、中世紀、遠古時期，女性都有在工作。在不同時代、不同領域，她們曾是農民、手工業者、工人、僕役。媽媽有工作並非現代的新鮮事，不同之處是如今她們多半有領薪水。問題真正的癥結在於她們被要求以和從前相同的方式工作，彷彿她們沒生過小孩一樣；她們也被要求像全職媽媽一樣照顧孩子，彷彿她們沒有工作一樣。

打破媽媽們的天花板

二〇一五年，瑪蓮．西亞琶（Marlène Schiappa）公開批判「媽媽們的天花板」（參考概念是「玻璃天花板」，阻礙某些族群升職的隱形阻礙），也就是箝制女性職涯的整套機制。當年的瑪蓮．西亞琶尚未就任國務祕書，她是「媽媽在工作」（Maman travaille）的創辦人兼會長，該組織十幾年來向政府與企業提倡許多措施，倡導改善家庭與工作之間的兩難。「媽媽們的天花板」概念因此廣為人知。二〇一六年，法國總工會（CGT）有個分會再度提出這個概念，藉此發起主題標籤運動「#媽的人生」（#VieDeMères），企圖將此議題搬上談判桌。這行動本身是創新之舉，「直至今日，該主題始終不是首要議題，連在工會內部亦是如此。因為其他議題被認為更加緊急，譬如薪資問題。而且長久以來，這都被視為女人們的問題。」學者雅莉安・蓓荷這樣表示[254]。但她亦指出，事情還是有好轉的跡象。「近幾年，有一些新措施與建議得以改善職場環境、增進兩性平權。新冠疫情爆發之後，遠距工作成為趨勢。這些新作法與建議對企業的實際影響，目前仍無法確切衡量，但它確實可以帶來改變。」她這樣相信。

於是，在職場環境改頭換面之前，職場媽媽們試著改變遊戲規則。當然並非所有媽媽都這樣做，不過既然如今，精神重擔已成為社會共同的問題，媽媽兼顧兩者的難題，相較於之前的世代已不再是禁忌。女性漸漸察覺，問題並非出在她們身上，並不是因為她們不懂得規畫時間、轉包工作，而是因為社會結構出了問題。媽媽們無法直接改變公家或私人企業的政策，只好採取團結策略，譬如**加入工會**。三十八歲的海關職員儂綺雅便是如此，她有四個孩子，由於她的工作時間不同於一般人，托育變得極為困難，她的女性主義意識與抗爭意識因而憤然覺醒：「我和工會並肩奮戰，爭取我的權益，以及孕婦和媽媽們的權益。我要求上司們給我們一個解釋；我試著讓年輕的同仁意識到問題所在；我呼籲孕婦也應該收到津貼，並爭取媽媽們在這個男性至上的職場環境，擁有在工作場合也能哺乳的權利。」

就算沒有加入工會，其他媽媽們也盡她們一己之力，**讓親權在職場成為普遍之事**。「當媽之後，我很在乎某些議題，希望可以立法保障（父母雙方的育嬰假平等；《勞動法》明文規定所有員工都能享有照顧病童假……）我不是活躍的運動分子，但我有參與連署。」大學祕書蔻荷莉這樣說。有兩個孩子的她，並未像許多母親一樣在找工作時掩飾育嬰假對職涯的影響，而是將她的育嬰假寫進履歷表，表示自己因此習得許多「軟技能」（人際與社交方面的技能）：「找到工作的那次面試，我談論自己在育嬰假習得的技能時，將之和我的專業經驗相提並論。」

至於行銷主管戴芬，則是努力**讓她的部門內部運作有所改善**。「我要求和我一起共事的同仁們，不再將會議安排在下午五點半之後。並非所有人都能輕易理解。而現在為了我的第二個孩子，我選擇轉為每週工作四天，我必須要求他們不能將會議排在星期三。這些要求並不容易落實，但大家都應該這樣做才對。」她嘆道。當然，職位較低的媽媽們更不容易採取此策略。為了無後顧之憂，也為了更有勝算，我們必須將武器拿穩：熟讀自己的工作合約、和其他有小孩的同事們團結起來爭取權益、選出代表發言人，甚至……組織工會。

此外，亦有媽媽決定**加入其所屬行業的女性互助組織**。這些組織能讓她們交換資訊、互相支援，並團結起來，探討包括母職在內的種種議題。「我參與的女性主義團體和我的行業有關。儘管如此，我們討論了許多身為人母的煩惱。尤其是身為女性主管的孕期困境。」曾經擔任「女性的企業歷程」（Trajectoires d'entreprise au féminin）會長的瑪麗．內德勒克這樣說。「友好、互助的企業內部組織。我經常在其中尋得我要的答案，獲得許多力量。」「姊妹」（Sista）、「女性法務人員協會」（Association des femmes juristes）、「俱會如她」（ClubCommeElle）、「女力」（Force Femmes）……不同行業的女性團體，如今已有相當數量，不過有一點較為可惜，就是這些團體通常僅限於社會位階較高的職業（工程師、高階主管、自行創業者）。此外，它們的運作方式不盡相同，有些只能由舊會員介紹新會員加入，有些則非常開放。儘管如此，這些團體至少都有一個功勞：在職場中增加女性（以及她們面對的困境）的能見度。

5 爸爸們，動起來！

孩子優先……還是工作優先？

有件事經常讓我感到困惑，談到工作與家庭如何平衡時，我們談的總是媽媽：她們在職場擁有什麼、缺少什麼、該做什麼、不該做什麼，才能讓她們兩者兼顧。我們很少往另一個方向思考：在爸爸的人生中，工作占了什麼位置？為什麼他們寧願選擇開會，而不願意去托嬰中心把生病的寶寶抱回家？為什麼他們幾乎全都把工作看得比家庭生活重要，即使眼睜睜看著孩子的媽精疲力竭？希維安妮・季昂皮諾對這個問題非常好奇，她是心理學家、精神分析師，亦是家庭與幼童高級委員會（HCFEA）的聯名主席，她在二〇一九年針對這個問題寫了一本書：《為何爸爸們工作過度？》（*Pourquoi les pères travaillent-ils trop?*）[255]。她告訴我，寫這本書是為了試圖釐清她認為「是個謎團」的這個主題。事實上，執業數十年以來，她察覺爸爸們的大幅改變：「三個世代以來，父親們經歷的演變是非常可觀的。他們在重要的基礎方面大有改進，尤其是他們和孩子之間的關係，無論是情感方面抑或日常生活方面。」[256]今日的父親們比從前更接近孩子、投入更多情感與時間，這是無可否認的事。「這條路他們已經走了一半，甚至更多。既然如此，為何他們無法下定決心，走完最後一哩路？」她這樣問道。肯定是因為他們的工作能帶來物質利益：收入、受人認可的地位，以及如希維安妮．季昂皮諾所言，他們能夠因此「遠離瑣碎無聊的日常家務」。寫作業寫到崩潰的孩子、等候小兒科醫師的冗長時光，如果不用管這些的話，真的滿不錯的。但是希維安妮．季昂皮諾認為，光是這些物質方面的好處，不足以解釋父親們為何逃避責任。況且她說，現在「多數男性並不是沙豬、大爺或懶惰鬼」。話雖如此，提到做家事或育兒，他們當中多數人仍舊支吾搪塞。他們寧願讓伴侶或孩子失望，相較之下，他們對老闆倒是有求必應。這和男性理想有關嗎？他們是否仍和父執輩一樣，認為工作才能彰顯男性雄風？希維安妮．季昂皮諾提出駁斥：「我不認為現在的年輕男性將工作或職位視為他們的陽剛指標。」

她認為父親們之所以繼續將工作擺第一，原因出在他們內心的障礙。無論他們有沒有意識到這一點，**投入工作能使他們和家庭生活的肉體層面保持距離**。「家庭空間對他們來說是女性化的，此外還要加上肉體層面。照顧孩子的時候，會耗費大量時間處理和口腔與排泄有關的活動，污漬、穢物、清潔與醫療行為……這類屬於家庭空間的肉體面向，既吸引男性，也讓他們焦慮。這正是他們的障礙。」她分析。

通常，**他們為自己製造的心理狀態是：他們是因為工作，所以才無法分攤育兒事務，這不是他們自己選的**。「我不能不赴約……」、「我真的該走了！」、「這份報告很急！」、「工地的人都在等我！」……眾所皆知，爸爸們的「我知道，但我沒有選擇」——而媽媽正好相反？這類「我沒得選」的態度是很方便的，爸爸們因此得以埋頭工作不用擔心被懷疑、被質問他們的立場與抉擇。爸爸們認為這是為了家人好，或者為了能在他們失去家庭的時候有所準備。因為希維安妮．季昂皮諾指出，**某些男性如此重視他們的工作是為了確保**：如果明天孩子的媽拋棄他們的話，他們才有錢支付贍養費，而且比較不會因為與孩子分離而傷心難過（至少他們這樣以為）。這樣的策略讓我們不禁擔心，在現實生活中它會不會變成一種自動實現的預言……。

不協調的伴侶

希維安妮．季昂皮諾認為，**父親傾向過度投入工作是一種精神官能症候群**：「我稱之為職業優先症候群，因為它是有害的。它會讓男性毫無用處地封閉自我，它和當代生活無法相容，它應該被克服。」另一個原因是職場環境已經大大改變，儘管五〇年代的男主外女主內觀念仍在某些人心中根深蒂固，男性早已不再是家中唯一的經濟支柱。他們不再需要（也沒有辦法）靠一己之力撐起整個家。況且職場比以前更艱困，勞動者也比從前更容易陷入貧困。「無論男女，每個人都可能隨時被開除。從前認真工作可以確保你不會丟掉工作，但現在不同了。」希維安妮．季昂皮諾這樣表示。

如此認真投入工作，不一定能得到實質回饋，反而會讓家庭與伴侶支付昂貴代價。現今，已婚伴侶的離婚率是百分之四十五，其中又有百分之五十四是由女方提出離婚要求。然而，「離婚訴訟中，四分之三是妻子要求離婚；她們對伴侶與家庭付出較多，因此要求較高，較容易對她們的丈夫或伴侶感到失望。」二〇一四年，家庭高等委員會這樣表示[257]。當然並非每一起離婚都是因為男方對家庭投入不足（或至少不是唯一原因）。但是希維安妮．季昂皮諾在她的諮商室觀察到的現象是，上述的工作問題是有小孩的伴侶爭執甚至分手的主因之一：「這是我寫這本書的理由。現在的男性與女性是不協調的。伴侶關係成為分歧點的悶燒鍋，引起許多個人關係方面的爭執。當壓力變得過度緊繃就會成為引爆點。」

這麼多伴侶為了家庭與工作之間的平衡發生爭執，有時甚至導致無法挽回的結果，是因為在職場中他們的親職角色是不受重視的。儘管他們絕望地試圖兼顧兩者，認為這兩者應當緊密結合（事實上，當然不可能）。另一個原因，是平權的想像與日常的現實差距太大。當眾多父親誠心表示他們希望能更投入家庭生活時，更顯示事實的確如此。他們當中許多人是真心期盼成家。「在伴侶之中，由男性率先提議生小孩的情形愈來愈多，這是前所未見的現象。對女性而言，這代表男方承諾會一起養育孩子。然而，第二個孩子誕生之後，兩性不平等的狀況開始加劇；生下第三個孩子之後，更是變本加厲。媽媽們因此深感失望，因為爸爸不在她們身邊。」希維安妮．季昂皮諾這樣表示。她將焦點放在爸爸們身上，並不是沒有原因的：「因為他們仍舊處在掌權者的位置，尤其在職場上。」因此，有辦法改變現狀的人是爸爸們。

父親們，革命吧

根據二〇一八年一項調查，**百分之四十六的男性、百分之四十四的父親表示自己是女性主義者**[258]。我在此姑且不提語義學方面的論戰（男人有權自稱女性主義者嗎？或者應該稱他們為盟友？支持女性主義的男性？），追根究柢，我並不在意標籤。反之，我感興趣的是這些男性如何實踐（或不實踐）他們的言說。那麼先生們，我想你們手上掌握一片疆土可以讓你們證明自己有多麼女性主義：這片疆土就是職場。這是你們唾手可及的革命，就只等你們行動了（而你們甚至不需豎起路障來對抗軍警！）。

想像一下：與其讓孩子的媽轉為每週工作三天的兼職型態來打點你們家裡，你們可以提議讓雙方都轉為每週工作四天；與其向她解釋為何今晚又是她必須去課後安親班接你們的女兒，你們可以提醒你們的老闆和同事，為何下午五點之後就不應該安排會議；與其要求你們的太太遠距工作，你們也可以請「照顧病童假」，並且鼓起勇氣告訴你們的老闆說，沒錯這很讓人傷腦筋，但是你們兒子的腸胃炎讓你們「沒有別的選擇」。或許你們開始這樣做之後，其他人看到也會跟著仿效，一定可以的，因為將近半數的父親宣稱自己是女性主義者（所以我們的夥伴可多呢！）。等到男性（目前男性仍是職場的主要決策者）著手改善工作環境的遊戲規則時……規則就會開始改變。等到那一天，先生們你們一定是最開心的。

因為你們會很驕傲自己出了一臂之力，讓社會更加平等。在這個理想的社會中，你們的女兒不會再因為身為年滿二十五歲的女性，而被某些工作拒於門外。這個社會不會要求她們一定必須當媽，必須把事業擺在一邊，然後陷入困境。在這個社會裡，我們的兒子也能陪伴他們的孩子成長，他們能夠享有名符其實的育嬰假、照顧病童假，甚至為了孩子縮減工時而無需忍受他人的異樣眼光、無需忍受老闆問他：「你太太在做什麼，她沒辦法照顧小孩嗎？」（現在的老闆還是會這樣問。）他們將能好好工作，但無需犧牲自己的生活。因為在育嬰假與接送小孩的背後、在兼顧職場與家庭的議題背後，這才是真正的核心：在我們的生命中，事業扮演何種角色。它需要我們花多少時間……它讓我們耗費多少時間。

男性和女性不同，他們不會因為有小孩而變窮。但是，父親和母親都一樣承受讓人喘不過氣的時間壓力。現在的家長當中，誰沒有這樣無止無休的壓力呢？一邊是社會（以及工作）要求我們「做更多更多、做更快更快」；另一邊是迫切需要我們全心投入的家庭生活。因為孩子的童年很短暫、很寶貴，因為童年關乎長遠的人格發展、學習、陪同關係。所以，停止這場騙局吧！長久以來，我們都被宣導法國生育率多麼重要、媽寶世界多麼甜美，等到孩子誕生之後，我們卻得若無其事繼續和從前一樣工作？小孩怎麼辦，我們要把寶寶鎖進寄物櫃嗎？太過分了吧！咦，這正是我們的社會願意給小孩子的位置。不只小孩，還有年長者、病患、身心障礙者、傷患、無法自立者、脆弱者……這樣說來，也就是我們當中的許多人。正如希維安妮·季昂皮諾所言，孩子是「使人更有人情味的減速裝置」。「或許我們可以汲取幼童散發的特質，藉此探索未來的可能性，尋求可以得利的改變。」她寫道。使母親得利，讓她們不再因為生育而付出慘重代價；使父親得利，讓他們不再需要放棄當爸爸的日常喜悅。讓所有受夠這場「更多再更多」的瘋狂競賽的人（沒錯，無論有沒有小孩）都能得利。

第5部

壞媽媽？

我搭著火車，車廂有四分之三的位子沒人坐。有人大聲嚷叫，讓埋頭讀書的我回過神來。離我幾排遠的地方，一名女子正在辱罵另一名帶著兩名幼童旅行的女子。這個媽媽膽大包天，她竟然敢占據一組無人的四人座，讓她擺明正在生病的孩子們躺著休息。坐在母子三人後面的這位女士無法忍受這種事，她堅持要求他們回到自己的位子坐好（她尤其希望他們離她愈遠愈好），並責罵這個媽媽不會帶小孩。她罵個不停，罵這個媽媽不應該讓生病的小孩上車，說她應該教導孩子乖乖坐好，還有如果不懂如何養小孩的話，就不要生。她一路罵到車長過來請她冷靜一點，而這個媽媽則崩潰了。當時我和男友還沒生小孩，但我們都想生，我們在車上面面相覷、詫異不已：這個媽媽看起來就很累，還獨自帶著兩個生病的小孩旅行，她竟遭受這樣的言語暴力！

幾個月後，我們又在火車上看見類似的場面。這次發飆的是一名男子，被罵的依舊是獨自帶著小孩搭車的媽媽。他大聲指責他們坐了他的位置，要他們盡速讓座。這個媽媽原本已經睡著了，她嚇了一跳，把小孩們叫醒並匆忙收拾他們的行李。但這位先生認為她動作太慢，他開始大聲怒罵，並要其他乘客評評理：「您喝醉了嗎？」、「您該不會有酒癮吧？」（我看不出關聯何在，但這位先生顯然很在意這件事）、「請您講清楚，他們真的是您的小孩吧？」……直到母子可憐兮兮離座，被羞辱的媽媽痛哭失聲。他就是想羞辱她——事實上，這位先生的座位在另一個車廂，他要這個媽媽起身，其實一點意義都沒有。除了一點：他享受了羞辱一名女性的樂趣，他當眾指責她是壞媽媽。

我還記得，當時我心想「我也會遇到這種事嗎？」那時我已大腹便便。在這兩趟火車旅行之間，我已深刻感受媽媽們遭受的是怎樣的待遇。一年後，當我的伴侶必須獨自帶著我們的寶寶去搭火車時，他遇到的情況截然不同。有過前兩次的經驗之後，他以為他也會面對類似的責難。結果完全相反，他說車上的乘客都對他很友善、很溫柔，甚至還提議幫他的忙。這一點都不讓人訝異。因為我們的社會就是習慣稱讚爸爸、苛責媽媽，雖然多數時候都是媽媽們負責照顧孩子。

日常生活、學校課業、看醫生……雖然「新爸爸們」如今已被讚揚五十年，但教育孩子的責任仍落在媽媽身上。她們仍舊被認為是「預設選項的家長」。既然是她們該負責，她們當然經常被指責。她們雖然被認為天生擁有母性直覺（而且還擁有育兒家務管理的碩士文憑），卻總被質疑「做太多」或「做得不夠」，所以她們的孩子深受其害。事已如此，我們竟然還訝異媽媽們總是充滿罪惡感？

這份罪惡感比從前更加強烈，因為如今當個「好家長」還不夠，妳必須是最好的家長。如果沒有給孩子最好的，我們就會毀了孩子的將來，所以我們四處尋找各種方法、策略、食譜，努力當個好媽媽。儘管那會成為源源不絕的壓力源；儘管我們可能因此忘記，對孩子們來說，最好的媽媽就是我們。在宛如海洋的種種強制規定與日常責任之中，我們每天努力盡力，因為愛、因為我們試著給孩子一個更公正的世界。僅只如此！

1 媽媽們不願再當「預設選項的家長」

去問媽媽！

這個狀況的開端，或許是在我休產假的時候，那時我開始尋找新生兒食品的相關資訊，還有清潔產品、不同品牌的背巾等等資訊。這個狀況愈演愈烈，或許是在我休育嬰假的時候，那時我著手查詢關於幼童睡眠、副食品、孩童發育階段的相關資料。直到現在，我仍然是那個會先去查詢各種資訊的人：疫苗何時該補打、長子身上奇怪的疹子是怎麼回事、么女該吃什麼。是我會記得訂購全班團體照、是我曉得學校園遊會的日期、是我記得圖書館的書哪天到期。你們已經猜到了，我就是那個「預設選項的家長」。二〇一四年，美國部落客M．布拉仲內德（M. Blazoned）寫了一篇饒富興味的文章來描述該現象[259]：「預設選項的家長，是您嗎？」她這樣問道，「如果您不確定的話，那答案就是『不』。相信我，如果是您的話，您一定知道。」

確實，不可能不知道。因為**預設選項的家長，就是需要問問題的時候，所有人都會下意識去詢問的那一位**。孩子突然現在馬上需要知道鹽味義大利麵的食譜、學校需要我們馬上去把孩子接回家、吉他老師想知道我們能不能破例延後上課時間。另一個家長呢？他不記得柔道課幾點下課（親愛的，每週都是同一時間下課）、他忘記醫生電話幾號、治療頭蝨的藥物劑量多少（親愛的，藥品說明書上面有寫）。在我們的社會中，誰總被當成預設選項的家長呢？當然是媽媽！所有人都直覺認為，**關於孩子的教育與安適，以及所有相關細節問題，就是應該去問媽媽**。她就是應該為了孩子挪出時間，她應該處理所有狀況，並且應該懂得如何處理。

四十一歲的檔案專員海倫回憶，當她的第一個孩子出世時，這份重責大任如何將她壓垮：「如果要比較的話，我覺得一切都由我一個人負責，極少輪到爸爸。反正他總是在上班！」三十一歲的新手媽媽寶琳也認為：「這情形真的令人難受，大家都認為妳應該知道關於孩子的所有事情，但沒人對爸爸有這樣的要求。」況且並非只有襁褓時期如此，這狀態會一直繼續下去：長子常常跌倒，應該擔心嗎？應該讓青少年接種人類乳突病毒疫苗嗎？應該幾歲接種？該去哪裡找心理醫師讓大女兒諮商？路口那間牙醫診所接受兒童看診嗎？「在日常生活中，問題永遠是『問媽媽』。永遠如此。」在網路上使用「卡慕洛之女」（La fille Kamoulox）之名的哈爾莫妮・胡安聶・德・卡涅克（Harmony Rouanet De Cagnac）對此感到憤慨不已[260]，即使孩子的爸在場，狀況也一樣。「女兒最近如何、有沒有送托育，這些實際層面的問題，大家都是問我，明明她父親做的也一樣多。」三十三歲的愛蜜莉這樣說。同樣有一個年幼女兒的賽西兒也為此惱火不已：「家族聚會時，不管爸爸說什麼，大家都把目光轉向媽媽。當我們的小可愛開始吃副食品時，她爸非常嚴格把關她對糖分的攝取量。但是，每當他在餐桌上拒絕親戚讓她嘗嘗鮮奶油棒果巧克力蛋糕時，對方總是轉頭看我，問我為什麼不願意讓小可愛嘗嘗鮮奶油棒果巧克力蛋糕……」但她是在醫師的診間發現事態有多誇張，「我們的小可愛第一次接種疫苗時，孩子的爸也來了，看診時他把握機會問了小兒科醫師一些問題。」那天，她的伴侶問醫生，該怎麼知道什麼時候要把尿布換成大一號的尺寸，「醫生回答他：『啊，這種事只有媽媽曉得！』我轉頭問醫生，為什麼我會知道這種事。醫生始終沒回答。」您瞧瞧！

重點是，媽媽並不是一生下來，腦子裡就鑲嵌著一本育兒大百科。真讓人難以置信，對吧？關於育兒，她們沒有比爸爸多出天生的基因，也沒有安裝什麼內部應用程式，她們不會比爸爸更曉得什麼情況該怎麼辦。她們唯一的選擇就是花時間查資料、找解決辦法、在現場處理日常瑣事。並非因為她們生來就是預設選項的家長，而是因為她們肩負教育孩子的重責大任，無論她們願不願意。

哈囉，教育的重責大任！

「中學開學，首度家長日：二十七名媽媽、六名爸爸。」二〇一八年秋季，瑪蓮・西亞琶在推特這樣表示。「家長與教師的班親會上，眾人傳遞一張出席表格，欄位一是父親，欄位二是母親。目前欄位二共有十四人；欄位一只有一人。」一名媽媽寫道。「班親會：九個媽媽、一個爸爸。」另一個媽媽表示。「十五名家長前來討論上學期的結業成果：十四名媽媽，一個爸爸。就是這樣……」一名教師這樣說。這並非只是個小細節，二〇一一年，一份研究深入探討中學生的父母在參與孩子課業生活方面的分工情形：「和教師聯絡的職責多半由媽媽負責：媽媽單獨出席的比例是百分之五十四・五；雙親一同出席的比例是百分之三十五．二；父親單獨出席的比例，則是百分之八．六。」[261]該數據由許多教師證實——母親似乎負責一切，她們尤其是緊急聯絡人（雖然她們在行政表格上，幾乎總是雙親那兩格當中的「欄位二」）。譬如最近一名媽媽在 Instagram 上敘述她女兒的校長很生她的氣，因為她沒接電話，她沒接電話不是因為不在乎，而是因為她在工作。「校長說我應該也填寫工作用的電話，讓學校在我工作時也能找到我，我問她有沒有打電話給我丈夫，她說沒有，因為她認為我丈夫在工作。」這位媽媽氣壞了。

媽媽們仍舊被視為學生的預設選項家長，她們也是**每天監督孩子寫作業的家長**，她們在這方面花費的時間是爸爸們的兩倍[262]。「針對幼童家庭的研究皆證明，父親與母親對日常教育投入的程度非常不同，無論質或量，皆是如此。」專研教育科學的學者潔內薇芙．貝爾荀尼耶–杜普伊（Geneviève Bergonnier-Dupuy）與希薇．艾斯帕貝斯–皮斯特（Sylvie Esparbès-Pistre）這樣表示[263]。二〇〇七年，她們發表一份研究，說明中學生與高中生的父親與母親如何以不同的方式監督他們的課業。好消息：研究結果顯示，爸爸和媽媽一樣很注重成績（尤其是男孩的成績）。但她們也指出，影響課業的關鍵時期，青少年和父親更容易起爭執。原因何在？因為「父親關注課業並頻繁發言的時機，是在孩子決定志向的時候；而母親則是每日、定期、長時間關注孩子的課業。」兩位學者這樣表示。所以父親負責重要時刻，母親負責無聊的日常。

醫療的重責大任，女性的責任

母親被指派的工作是監督作業、出席班親會，除此之外，她們還要負責孩子的健康。在預約法國各地醫師門診的網站「醫生自由約」（Doctolib）上，百分之八十一的青少年病患由成年女性幫忙預約；小兒科醫生的預約門診當中，則有百分之八十六由成年女性預約[264]。在「依療」（Qare）這個平臺上，則有百分之七十五的小兒科遠距諮商是由媽媽和醫生諮詢[265]。該平臺另一項相關研究則指出[266]，**百分之六十八的媽媽獨自一個人處理家中成員的小兒科相關事宜**。二〇一八年建立的推特帳號「小兒科精神重擔」（Charge Mentale Pédiatrie）便每天敘述該情形，這個帳號是由一名小兒科住院實習醫生創立的。這類例子多得宛如雪崩，幾乎每日都有，讓人看了就想笑（或想哭）。譬如這位媽媽的分享：「在小兒科醫生的候診室中，有個爸爸在我旁邊講電話：『喂？親愛的，我忘記帶孩子的健康手冊了。該打的疫苗他都有打嗎？他有沒有對抗生素過敏？』」或這位護士的推文：「我：『請您把孩子的衣服脫掉。』這位父親：『這我讓您來做，通常都是我太太在做這件事。』我：『他的喝奶量是多少？每天餵奶幾次？』這位父親：『我不知道。我打電話問我太太。』」還有這位精神運動能力復健師的推文：「病患是個小女孩，和爸爸一起來，他不知道自己女兒的主治醫師是誰、從何時開始看診……我繼續問診，他甚至不知道他的小孩有沒有去其他科目求診（譬如發音矯正科）。他還有膽告訴我，平常都是他太太帶小孩來看醫生，這事歸她管……（…）他女兒已經在這裡治療三年了。」

當然我們得再度澄清，並非所有父親都這麼差勁，他們也並非全都只是臨時代替媽媽的照顧者。有些爸爸全心投入孩子的日常生活，包括醫療瑣事。但是這方面也一樣，醫護人員尚未認清這一點。「看診的時候，就算爸爸在場，醫護人員對話的對象還是媽媽。」賽西兒說。有三個孩子的教師寶琳，則毫不掩飾她對某些醫護人員這類態度的反感：「他們會問『妳』下次要約什麼時候、問『妳』有沒有檢查那些或那些相關手續，他們從來不提爸爸。」

在所有人（或至少許多人）眼中，媽媽儼然就是孩子醫療檔案的專家兼負責人。

所以，接受「依療」調查的女性當中，半數表示她們每天為了管理醫療相關瑣事而緊張焦慮，這著實不讓人訝異（該數據比男性多出百分之二十）。她們負責管理整個家的健康，因此放棄自己的安適，百分之四十的女性說自己曾經為了照顧親友的健康而放棄自己的娛樂（男性在這方面的數據則是百分之二十八）；三分之一的女性更表示，她們曾為了他人而取消或延後她們自己的療程[267]。有兩個孩子的洛菈說，她受夠了必須獨自背負其中一個兒子的慢性病帶來的醫療責任：「如果我不管的話，就什麼都沒人做。就連準備他在學校要吃的特製餐點，都是我一直不斷想方設法，試著讓他不要在其他同學面前太過受挫。而對孩子的爸來說，只要把他餵飽就夠了。（…）我很憤怒，很生氣只有我一個人負責管理孩子的慢性病，不管發生什麼事都是我要處理。最後我過勞崩潰，因為我得獨自面對這一切，儘管我不是獨自一人。」因為當一個孩子苦於慢性病或身心障礙，站在第一線的都是媽媽。相關數據不證自明：**為了照顧身心障礙孩童或無自主能力成人而停止工作的母親，有百分之二十一，而父親只有……百分之一**[268]。

就更廣泛的角度來說，媽媽因為孩子身心障礙而影響事業的比例占百分之七十一，而父親只有百分之十四。而孩子身心障礙的後續發展，所有行政方面的（繁重）程序百分之九十都是由媽媽負責[269]。這還是她們並非單獨一人的狀況。領取身心障礙孩童教育補助津貼的家庭當中，有百分之三十是單親家庭，其中十個有九個是單親媽媽[270]。媽媽真偉大。但是可別以為因為她們每天如此辛勞，大家就會感謝她們。

媽媽好煩，爸爸很酷

平均而言，**媽媽花在孩子身上的時間，比爸爸多出兩倍**[271]。為了避免後排同學沒聽到，我再重複一次：多出兩倍！人們總是只注意到這個媽媽（又）忘記準時交表格給學校，或她還沒繳錢給發音矯正師——只因為這樣，人們大概就認定這個媽媽很失敗、漫不經心，或是根本打算放棄她的責任了。相反地，可別以為做牛做馬照顧家裡的媽媽會有人感激。家族相簿裡會有她嗎？不一定！二〇二二年冬季，有兩個小孩的圖書館員蘿拉・華勒（Laura Vallet）在推特上問了這個問題：「媽媽們，妳的家人會幫妳拍照嗎？」根據這則貼文的上百則回覆，似乎不太會。「我得苦苦糾纏我先生，他才願意幫我拍照，不然的話，我好像不存在於我自己的生命裡。」這是「好品味媽媽」（Maman BCBG）語帶嘲諷的回答。「如果光看照片的話，妳會以為是孩子的爸每天幫我女兒洗澡。」一個媽媽這樣說。「我提醒我的男人很多遍：我想要一些我和兒子的合照。是我把所有時間都拿來陪他。（…）遺憾的是，如果我想和兒子拍合照就只能自拍。」另一個媽媽嘆道。媽媽是孩子的主要照顧者，多數時間，也是她負責拍照、整理相片、保管家庭相簿[272]……而在這些相簿中，她經常不在畫面裡。就連在她們自己的相簿中，**媽媽的日常付出都是隱形的**。但還不僅如此……。

媽媽背負教養小孩的重責大任，所以她們經常陷入經濟困境（這我們已經談過了）。但除此之外，她們也因此失去社會價值。這是很矛盾的：人們希望媽媽為孩子付出一切，而當她們真的這樣做了之後，**她們卻被歸類為煩人的媽媽**。沒錯，她們人很好，但是，她們很討人厭、令人厭煩、無聊透頂、讓人難以忍受……這就是我們對母親的印象。「我覺得媽媽很煩，只會繞著她們的孩子打轉，她們為了孩子放棄人生……想當然耳，我不希望自己也變成這樣。」洛菈（苦）笑著說道。現在，她自己也成了那個需要管東管西的媽媽。三十二歲的特教專家莫嘉妮表示，生孩子之前，她也認為媽媽們「太嚴肅了，一點都不風趣，只會聊小孩的事，很討厭。」三十九歲的奧黛莉則認為媽媽們「很無聊」。好吧沒錯，媽媽們確實不有趣，只會聊小孩的醫生、作業，還有清潔掃除。她們把這些活兒攬下來做是她們自己的事，但她們聊起這些就很煩人了，因為某些人可不想聽她們滔滔不絕那些日常心機與小麻煩（多無聊啊……）。媽媽們的貼文也同樣煩人，誰想看她們曬嬰兒啊？幾年前，為了嘲笑媽媽們的生活有多沒意義，一個Tumblr甚至蒐集了社群網站上的媽媽貼文。他的帳號是「我想殺掉這些媽媽」的縮寫（MILK, Mother I'd Like to Kill）。

事情就是這樣，媽媽真的很討厭。因為她們講太多小孩的事，也因為她們喜歡找麻煩還洋洋得意。**既然是她們負責讓日常瑣事順利運作，她們經常必須扮黑臉**。是她們提醒孩子該吃飯了、該洗澡了、該睡覺了；是她們禁止孩子晚上八點吃糖果，大概因為她們知道是她們要負責收拾善後，無論是孩子情緒亢奮還是再刷一次牙；是她們堅持要孩子在吃晚餐前寫完作業、依照醫囑服藥——因為她們知道，如果不這樣的話，狀況會變得很麻煩。

幸好還有另一個家長可以扮白臉，據說，這自然是爸爸的角色。父親被認為應該負責娛樂消遣、一起度週末；他們陪孩子玩的時間，甚至比媽媽多一點[273]。這些爸爸剛下班回家就招呼孩子來玩捉迷藏、或喝杯餐前果汁。他們才不管媽媽待會要費盡力氣才能哄他們睡覺。心理學家希維安妮·季昂皮諾在她那本探討爸爸們的書中提到，這些男性喜歡扮演酷爸爸，甚至不惜惹火孩子的媽（她真的很煩）。這些「喜歡在晚間玩遊戲的好爸爸，媽媽不得不訓斥他們、要他們別在就寢時間讓孩子太亢奮」。這些爸爸「把自己當成一起違抗命令的大哥哥，和孩子成為共犯：『來，我們再讀一個故事，不要讓媽媽知道……』或『來，我們喝一杯，這是男人間的祕密，別告訴你媽媽。』他們會這樣辯駁：『我太太很煩人，她不懂，我因為不常見到孩子，所以我想和他們共度歡樂時光，我不想處處受限。』」希維安妮·季昂皮諾寫道[274]。她認為這樣的態度是一種無意識的競爭行為，競爭對手是他們的小孩——扮演大孩子，他們才能吸引女方的注意。「當她們因此表示不滿、憤怒、下命令，雖然這樣並不愉快，但至少很有效：她們把注意力聚焦在他們身上。」她分析道。就連父母雙方分手之後，這樣的角色分配似乎依舊持續上演。

二〇〇〇年代初，社會學家希薇·卡朵爾（Sylvie Cadolle）就近觀察再婚的家長當中，母親（與繼母）負責承擔的教育重擔。想當然耳，這項研究讓她接著探討父親（與繼父）在其中所占的位置，尤其當他們不是主要監護人的時候：「父親們即使如期行使探視權並支付贍養費，他們總是不管課業與作業，而將他們和孩子相處的時間，花在放鬆與娛樂上面。（⋯）一般而言，他們偏好在親子關係中獲得喜悅，而不願背負日常的**課業管教**——他們有時甚至沒意識到孩子需要管教。」[275]她在研究中引用一名媽媽的講法，關於已分居的孩子的爸：「強納森和他爸爸在一起時，完全無人管教。不用管時間幾點、不用寫任何作業、想吃什麼就吃什麼、想幾點睡就幾點睡。強納森從他爸爸那邊回來之後，總會變得很難帶。他會大鬧特鬧，尤其是星期天晚上作業完全沒寫的時候。」接下來，就是「討人厭的」媽媽要負責為「很酷的」爸爸的輕率舉止收拾善後。

備受讚揚的爸爸，飽受指責的媽媽

當然並非所有父親都像這樣，只會扮演大孩子。很多父親認真負起他們的親權責任，並全心投入孩子們的日常生活。就像絕大多數的媽媽們做的那樣。**不同的地方在於，人們看見爸爸這樣做會很訝異，並因此稱讚他。**「我分娩兩個孩子的時候，我的男人全程留在婦產科過夜。是他讓我們的寶寶們洗分娩後的第一場澡。他選擇請育嬰假。對我們而言，這些選擇都是自然而然，我們的行動都是出自內心的願望。但人們的反應卻是：『啊，你是瑞典人嗎，你請育嬰假！』（這是他老闆說的。）很多人稱讚他，並對我說：『您的丈夫太棒了！』」三十六歲的社會工作者洛薏絲這樣說。她很惱火，人們認為「這真是太了不起了」。三十九歲的芙蘿倫絲有一個孩子，她也有相同感受：「社會期望妳照顧小孩，百分之百由妳照顧，只有**妳**。爸爸不應該牽涉其中。當我分享孩子的爸換尿布的照片時，所有人都歌頌他，而我的孕期很痛苦，還因此住院兩次，甚至緊急剖腹，卻從來沒人稱讚我。」就連本名阿雷山德・馬瑟爾（Alexandre Marcel）的網紅作家「羽爸爸」（Papa Plume）都表示覺得驚奇，別人經常因為他是「會幫忙」的爸爸而大喊「你好棒」，總之，會做事的爸爸。「我每天都會收到這類的訊息。一些媽媽發現我的Instagram頁面，她們稱讚我知道怎麼幫兒子換尿布或幫他洗澡。彷彿這是什麼了不起的事。明明媽媽們每天都在默默地做這些事，無人聞問，自古以來便是如此。」他在二〇二一年初這樣寫道[276]。這套雙重標準叫做：備受讚揚的爸爸。意思是，**女性每天都在做卻無人在意的事，爸爸一旦做了，就會備受稱讚**。

最典型的例子，是歌手維揚內（Vianney）在二〇二一年春季的八卦雜誌《Gala》中備受奉承，因為他在忙著開演唱會的同時，「還會幫忙大提琴家凱瑟琳・羅貝爾（Catherine Robert）照顧他們的兒子」。真驚人！某些人甚至說他是「準備餵奶的專家」，許多媽媽因此回以極度嘲諷的主題標籤「＃我會幫忙孩子的爸」（#JaidePapa）。頒獎給幫忙餵奶換尿布的爸爸們，確實值得嘉獎，但是媽媽們的獎牌在哪裡？哪裡都找不到。最惱人的一點，不是人們在爸爸擔起他們的日常職責時稱讚他們，而是他們被讚美的原因是「幫忙」媽媽，即使只幫一下子。這樣的態度反應了我們這個社會對父親的認知：他們只是助理家長。如果我是這些父親，當別人因為我平常做這些事而稱讚我時，我想我會對這種古老言論感到火大。因為一個爸爸幫自己的孩子換尿布或洗澡，不好意思，這一點都不值得誇耀。「新爸爸們」已被讚許五十年，其實這應該已經是基本了吧？上述情形，其實清楚明白地彰顯一件事：**社會就是斷定父親沒有育兒能力**。

「父親缺乏育兒能力」是無稽之談，但大眾文化仍持續散布這樣的觀念。譬如Lactel的牛奶廣告：一名男性試著教他的寶寶念「爸爸」，最後孩子把餐盤砸在他臉上；譬如Mennen的刮鬍膏廣告：遲到的爸爸為了去學校接女兒放學，展開一場媲美詹姆士．龐德007的飛車追逐；譬如影集《有其父必有其女》（*Tel père, telle fille*）裡的文森．艾爾巴（Vincent Elbaz）必須管教一名青少年（管教得非常失敗），而他自己雖是成人，他的中二病卻始終沒結束；文森．艾爾巴（又是他）在電影《酷爸爸》（*Daddy Cool*）中試圖向孩子的媽證明他可以當個盡責的爸爸，卻在照顧孩子們的時候不斷闖禍（他還差點弄死其中一個！）；還有電影《媽媽十天不在家》（*Dix jours sans maman*）裡的法蘭克．杜博斯克（Franck Dubosc），他差點讓房子爆炸，而他置身的處境十分危險：他必須獨自照顧四個孩子，孩子的媽不在他身邊（因為她受夠了獨自處理這一切）。「酷爸爸」被排山倒海事件淹沒的情節，很有戲劇效果，也很讓人生氣。這些情節強化了人們對父親的刻板印象，強調父親不懂如何照顧小孩。既然如此，就只有兩條路可走：要嘛他們成功更換一片尿布——於是我們稱讚他們好棒棒；要嘛他們失敗了——於是我們饒過他們，反正他們就是不懂。無論哪種情況，都代表我們就是不能期待父親能做得和母親一樣。

因為把小孩照顧得很好的女性得不到任何稱讚，而她如果少做一件該做的事，可沒有人會原諒她。試著調換角色：如果有個媽媽在爸爸不在家時，沒辦法把小孩顧好，把小孩忘在學校、或讓小孩在動物園走丟，人們會怎麼講她？會把她罵得很慘，絕對沒人同情她。因為爸爸備受讚揚，從另一方面來說，是媽媽飽受指責，意思是，**當爸爸和媽媽做出同樣的行為時，爸爸會因此被讚美，媽媽會因此被批評**。譬如說？如果媽媽常把寶寶抱在懷裡，大家會說她占有慾太強，如果是爸爸常把寶寶抱在懷裡，大家則會稱讚他；如果爸爸因為沒準備晚餐所以讓小孩吃速食，大家會認為他是酷爸爸。如果是媽媽這樣做的話，大家會認為這個媽媽有問題；如果爸爸帶小孩去公園時一直忙著滑手機，大家會說他有在陪小孩，如果是媽媽的話，大家會認為她不盡責。因為社會對媽媽與對爸爸的要求程度不一樣。如果哪個女性不太符合「好家長」的標準，她不會因此成為「酷媽媽」；在我們的社會裡，她會直接被歸類為「壞媽媽」。

2 好媽媽真的存在嗎？

媽媽是注定有缺陷的專家

我想那個小兒科醫生應該沒有惡意。但是那一天聽他不斷問問題、碎念各種建議的時候，我感覺自己像個被責罵的壞學生。「不可以買調味優格，那裡面都是糖分。您得買原味優格，搭配自製果醬。」、「您會讓女兒活動筋骨、刺激她的發育嗎？有帶她去公園嗎？」（噢不，我把她擺在角落自生自滅！）、「您把她交給誰托育？您知道她在托嬰中心的活動量足夠嗎？」……在這個醫生面前，我糾結在兩種情緒之間，一方面想為自己辯解（「對，我的確偶爾會餵她調味優格，因為比較方便，但我跟您保證我有注意糖分！」），另一方面，我覺得自己是個失敗的媽媽。我好糟糕、好糟糕、好糟糕——走出小兒科診所時，我只有這個感覺。他說的話有部分我是同意的，但因為女兒已經是我的第二個小孩，而我認識另一個小兒科醫生（一個很棒的醫生，願他安息），所以我決定相信自己……改看別的小兒科醫生。那天我想到一個朋友，兩年期間，她看遍許多醫生想知道為什麼她兒子睡這麼少（所以她也睡很少）又這麼愛哭。她去找她的小兒科醫生。「寶寶這樣很正常。您擔心過度了。」醫生這樣說。事實上，她兒子患有嚴重的胃食道逆流症，她感覺得到有什麼地方不對勁，但沒人願意相信她，原因很簡單，因為他們只認為她是個「擔心過度的媽媽」。

這就是矛盾之處：**人們要求媽媽成為最懂孩子的專家，卻又不斷懷疑她們的判斷與行為。**如果她們認為孩子有問題或流露擔憂之情，人們往往不相信她們。二十九歲的卡蜜兒生了孩子之後，遭遇便是如此：「我女兒的胃食道逆流症很嚴重，出生剛滿兩週就看得出來。我是第一個發現有問題的人，寶寶會哭很正常，但不會哭成這樣。我真的能夠感受到孩子很痛苦，但孩子的爸不肯相信我（…）而醫生們充耳不聞。」她花了五個月的時間，諮詢了十來名醫護人士，當中包括六位小兒科醫生。她向每個諮詢對象解釋，她沒辦法把女兒放下來，女兒看來是因為疼痛而尖叫，總之顯然有問題。「他們只會告訴我（因為當時是疫情高峰，所以只能有一位家長陪小孩看診）：她會這樣是因為我棉被蓋太厚、因為我餵奶餵太多，總之，因為我很沒用。」她回憶道。直到她把小孩送去托嬰中心，那裡的保母也發現有問題，醫生們才終於聽進她說的話（因為有托嬰中心幫忙證明）。「那之後，我非常憤怒，因為我從一開始就是對的。但是因為我是她媽，所以沒人相信我。但是正因為我是她媽媽，所以他們才更應該相信我，或至少聽聽我怎麼講。」卡蜜兒說。

對媽媽表示懷疑的，不僅只有醫療機構。家人、朋友、鄰居、陌生人……關於孩子的教養問題，**每個人都認為自己有權評論、質疑、批評媽媽們的作法**。「所有人都對我們說，就用我們自己的方式養小孩，因為只有我們最了解孩子。（…）但他們卻又讓妳覺得妳根本不懂該怎麼做！他們說：『相信妳的直覺！』但總會有人告訴妳，妳這樣做很糟糕。」賽西兒這樣說。她覺得自己必須不斷「證明」她是個

「好媽媽」。寶寶哭的時候，妳置之不理？（小心，妳可能造成孩子的童年創傷）；寶寶哭的時候，妳立刻回應？（小心，妳會寵壞孩子）；妳每天固定時間讓孩子就寢？（妳也太嚴格了吧）；已經晚上十點，孩子還沒睡？（妳也太放縱孩子了吧）；妳強迫孩子一定要把飯吃完？（如果我是妳，我會害怕孩子因此出現進食障礙）；妳沒要求孩子把飯吃完？（如果我是妳，我會怕孩子以後用餐不規律）。「我沒有想到，人們會給我們這麼多壓力和批評，永無止盡。我們為孩子做出的所有抉擇，都會不斷被指指點點。」三十五歲、有兩個孩子的嘉葉樂這樣說。確實這是所有家長的處境，尤其是媽媽的處境，因為媽媽是預設選項的家長，因為她們花最多時間照顧孩子、因為孩子的教養是她們的責任……如果教壞了，也是她們的責任。

「管太多」或「管不夠多」：媽媽，永恆的罪人？

當媽，就是隨時暴露在砲火下、隨時遭受批評，而且妳的人生會出現一個新朋友，它是最不討喜的朋友，卻會陪妳最久，它就是……罪惡感！重回職場或不回職場，妳都會有罪惡感；遠離社會或保有社交生活，妳都會有罪惡感；懲罰孩子或不懲罰，妳都會有罪惡感。**媽媽永遠有罪惡感**，無論是因為覺得自己「做太多」，或「做不夠多」。「女性當媽真的很難受，我試著起身對抗，但我的孩子們經常占據優先地位，因為我希望他們快樂、希望他們過得比我的童年更快樂，我想給他們我當年沒有的一切：愛、陪伴、傾聽、自由發言、祥和的環境。這是沉重的責任。（…）罪惡感是難以背負的重擔，我始終做得不夠好。」四十二歲、有兩個孩子的愛麗絲說。三十一歲、有一個孩子的寶琳和她一樣，感受到「嚴重的罪惡感」：「我總覺得自己做得不夠、做得不好，覺得自己不夠格。」這樣想的人顯然不只她一個。用谷歌搜尋「媽媽的罪惡感」便會出現許多討論這個問題的網頁、文章、著作、討論串。如果搜尋「爸爸的罪惡感」的話……什麼都沒有，幾乎沒有。父親的罪惡感無人討論，而母親的罪惡感似乎是一種常態。

為何這麼多媽媽無時無刻不感到內疚？首先，**因為她們從一開始，就背負著懷孕與孕育胎兒的責任**。「懷孕的經驗，讓一個人類以其血肉之軀迎接另一個人類，並賦予生命。這樣的道德責任是很重大的。無論孕婦有無自覺，她們可以影響孩子的生死。如果她們懷孕時身旁沒有足夠的陪伴，如果育兒時她們也同樣孤單，那這令人暈頭轉向的重責大任，就會轉變為罪惡感。」心理學家希維安妮・季昂皮諾解釋道[277]。

不過媽媽們容易自責的原因，不只因為她們（當中多數人）的懷孕體驗。**主要原因還是因為眾人在她們身上加諸許多期待、以及嚴厲的規矩**。儘管她們每個人的處境、人生經歷、家庭結構、育兒經驗等等都大不相同，但她們全都受制於美國女性主義作家艾德麗安・里奇（Adrienne Rich）所提出的「母職機制」，也就是決定怎樣才是「好媽媽」的整套社會常規。「母職有許多面貌，但在我們的社會中，有一種主流並且已經制度化的言論，由歐美中產階級白人異性戀女性的經驗出發，並將之理想化。這套言論將女性與其母職規範化，指定女性負責保護孩子、照顧好孩子，並強迫她們遵守一整套規矩與常規，她們必須服從，才能被視為好媽媽。」社會學家西蒙・拉皮耶（Simon Lapierre）在一篇文章中，這樣解釋母職作為父權社會機制的問題[278]。然而這些要求不僅是媽媽們必須做到的常規，而且「非常高標準、經常脫離現實，有時甚至自相矛盾」。既然如此，我們又怎麼可能成功達成呢？

（永遠）是媽媽的錯

事實上，我們被母職機制困住了。機制的一側是完美母親的陰影：我們想要的形象、我們都想成為的、他人要求我們成為的完美的母親。您知道，她為了孩子犧牲自我、無時無刻不扮演母親角色；她繼續工作，但不過度工作；她懂得如何表現得溫柔而堅定，既不放縱孩子、又不過度嚴厲；維持親密，但又保持一定距離——她隨時獻出乳房，同時感到幸福。而在機制的另一側，是另一個同樣鮮明有力的形象：壞媽媽的形象。好吧，打個招呼吧！因為我們還沒找到成為完美母親的方法，但我們都已深諳自己身為母親的失敗。希維安妮・季昂皮諾表示：「在母職的法庭上，母親們早已被許多法官預審。圖書館有大量相關書籍，關於有毒的母親、占有慾太強的母親、控制慾太強的母親、遺棄孩子的母親、瘋狂的母親、營養不足的母親、虐待孩子的母親。」[279]

關於有毒的媽媽，我們被隱瞞了什麼？關於該領域，我們可以向精神分析說聲謝謝（或不）。精神分析誕生於十九世紀末，長期由男性建立相關理論（精神分析之父是佛洛依德，這麼說來它有父親，但沒有母親……），在他們的理論中，母親是最理想的罪魁禍首。這樣做的可不只精神分析，舉凡心理學著作或是媒體，形容母親失職或母親太過分的用語四處可見。二十世紀，眾人紛紛指責「鱷魚媽媽」：讓人窒息，而且有閹割情節；還有「冰箱媽媽」：既冷淡，又遙不可及；之後還有「直升機家長」（指的通常是媽媽）[280]，也就是過度保護孩子的家長；我們也經常聽到「失職媽媽」（她們做得不夠多）、「緊迫盯人的媽媽」（她們做得太多）、「恐龍家長」或「虎媽」（過度嚴格管教課業），更別忘了最傳統的「母雞媽媽」（可別和「母雞爸爸」搞混了，這個詞用來形容媽媽時，指的是媽媽過度保護孩子；用在爸爸身上時，意思是爸爸很疼孩子）。看來，媽媽注定對她的孩子有害。

此外若孩子脫離常軌、遇到什麼問題，或是身染某種疾患或障礙的話，**人們總懷疑是媽媽造成的**。根據不同時代，專家曾經表示母子關係障礙會導致同性戀、進食障礙、自閉症。一九八五年，美國心理學家寶拉·卡普蘭（Paula Caplan）深入研究這些錯誤觀念對母親們的控訴，她揭露這些以科學之名、行虛構之實的**「怪罪媽媽」**言論。編錄一百二十五篇刊登於著名精神醫師期刊的文章之後，她歸納出**七十二種被歸罪給母親的疾病**：遺尿、思覺失調症，以及「無法適應先天色盲」（！）。不只醫界傾向如此。孩童吃下遭到大腸桿菌感染的冷凍披薩而送醫治療之後，社群媒體怪罪的對象是誰？某些人說出自己曾是亂倫受害者，或曾被名人性侵時，大家責怪的又是誰？當大家發現某個男人很暴力、是沙豬，甚至是罪犯時，應該怪誰？當然是他們的媽媽。

儘管所有女性都無法置身事外，但是**不符合主流社會常規的母親們，更容易被懷疑是失敗的媽媽**：單親媽媽、有精神障礙的媽媽、居無定所的媽媽、有色人種、中下階層……「不屬於主流族群（歐美中產階級白人異性戀）的女性特別容易被視為壞媽媽。」社會學家西蒙·拉皮耶表示[281]。不少法國學者皆證實這一點，其中包括社會學家蔻琳·卡蒂（Coline Cardi），她表示「中下階層的母親，較其他母親更被視為潛在的壞媽媽，她們因此成為被監視、被近距離督導的對象」[282]。並非因為她們比別人更失敗，而是因為她們不符合「母職機制」的標準。無論她們做什麼或不做什麼，媽媽本來就是嫌疑犯。

3 友善？您是說友善嗎？

歡迎光臨超級親職時代

二〇一九年冬季，我因為工作而查閱了最新版的《親子關係調查報告》（*Baromètre de la relation parents-enfants*）[283]。總之就是一間知名巧克力甜點品牌委託進行的調查，主題是親子共度的時光。該報告的序言寫道：「對絕大多數（百分之九十二）的法國家長而言，人生最重大的成功，無庸置疑就是當一個好爸爸、好媽媽。」請注意它的用語，不是「幸福」，而是「成功」；不是當爸爸媽媽，而是當個「好爸爸、好媽媽」。這既不令人訝異，也沒有什麼稀奇，但這段話非常完美地勾勒出我們身上背負的壓力。因為**現在妳不能只是一個「已經夠好了」的家長**，也就是一個深愛孩子的平凡家長，這是英國小兒科醫師暨精神分析師唐納德．威尼科特（Donald Winnicott）提出的用語[284]。現在**妳必須是一個（非常好的）好家長**。

此外，我們從未像現在一樣，接收到這麼多關於教養問題的資訊。小兒精神科醫師的報告、科學家研究孩童大腦或發育的最新發現、社群網站與育兒專家的高談闊論，我們吸收了大量資訊（有時相互矛盾），關於養小孩最好的方法。飲食、睡眠、螢幕、成績、情緒管理、和權威者的關係、家庭關係……

每週都有新文章、新著作、新的Instagram貼文告訴我們，怎樣才是育兒成功的關鍵。這些資訊（偶爾）提倡重拾以前的習慣，也（經常）拿出最新的科學研究作為佐證，無論如何重點都一樣：孩子的將來，掌握在我們手中。這些資訊讓家長壓力更大……而我們的壓力已經夠大了。

幾年前，我訪問了社會學家克勞德．馬當（Claude Martin）。他是專研社會政治學與家庭的學者，幾十年來致力分析現代社會對於好家長的強制要求。當我問他對目前如此大量關於教養的建議有何看法時，他提及家長的焦慮：「這些提議已經超載，要求也同樣氾濫，」他說[285]，「父母非常擔憂，並深信他們做得永遠不夠好。他們不知道明天世界會是什麼樣子，他們很清楚下一代面臨的風險屬於不同性質，他們不知該如何帶著孩子面對不確定的未來。」我們這些家長既擔心孩子的將來，也知道我們面臨巨大挑戰，只能貪婪地搜尋各種方法，努力成為最好的家長。

正向教養是新的強迫規定嗎？

在上述情境之下，誕生了所謂的正向教養或友善教養。這些用語的定義略有不同，但基本概念大致相同：這樣的教養方式尊重孩子的需求、不對孩子使用任何暴力、鼓勵孩子主動、和孩子合作、用對話方式溝通、不強迫孩子。正向教養和所有教育方式一樣遭受不少詆毀（反正父母永遠做不對），但近十五年來，它成為一股熱潮。這十年，**正向教養成為標準的育兒要求**，尤其是在中產與富裕階級。我們就直說吧，它是新的教條。

必須說，它的理論很吸引人。讓孩子在喜悅與自信中成長，讓他們充分發揮潛能與個人特色，並維持家庭生活和諧——說實話，誰不希望如此呢？正向教養和長久以來根深蒂固的父母威權背道而馳，現在，它提議**將我們帶往家庭民主的康莊大道**，它會幫助我們建立一套新關係，讓孩子的需求和權益都能被認可、被尊重。經過幾世紀又幾世紀（再加上好幾個世紀）的父權式教育之後，我們終於脫離父親的威權，正向教養太棒了！而且，這套教養方式吸引這麼多關注，不只因為它倡導關於尊重與平權的倫理價值、不只因為它宣稱能夠幫助孩子發展最完善的自我，也因為正向教養**是有科學根據的**。無懈可擊！

於是，正向教養用強而有力的神經科學證據告訴我們：如果放著孩子哭泣、把孩子關起來，或是讓孩子感受強烈的挫折感，將會導致孩子的皮質醇（一種壓力賀爾蒙）直線上升，可能會對孩子的大腦有毀滅性的負面影響。反之，如果在孩子大鬧時，用一個擁抱回應的話，就會讓孩子分泌催產素（傳說中的「愛的賀爾蒙」），因此能使孩子變得感性、充滿同理心。若讓孩子看螢幕，會引發補償效應導致依賴；關掉螢幕，才能使孩子大腦的痛苦中心不再麻痺。這類理論使得正向教養看來不再只是眾多教育方式的一種——**它似乎能讓我們保護孩子（的大腦）免於被毒害**。它不再只是關於教養的選項之一。為了孩子好，它變成了必要。

父母不是對孩子有害的人

問題的癥結是，**這些說法不像表面那樣證據確鑿**。浮濫的推論、動物實驗、誇大不實的以偏概全……關於某些以正向教養為名、四處流傳的信條，已有數份研究指出其中存在諸多爭議。部落客暨科學博士生瑪莉．榭特利（Marie Chetrit）在她破解正面教養相關迷思的著作中[286]，重新檢視隔離法（time out）的例子，也就是讓孩子獨自在某個地方待一小段時間。根據某些正面教養倡導者的說法，這樣會引發巨大的焦慮，進而讓孩子大腦的痛苦中心開始運轉。有點嚇人吧？而且據說這是經由研究證實的！事實上，這項研究的受試者並非孩童，而是領鐘點費的學生，這些學生以為他們正在玩虛擬球賽，他們以為同隊的夥伴是其他受試者（事實上只有電腦），而當這些學生發現沒人傳球給他們時，便覺得自己被排擠了。「但是……需要管教的小孩和被欺騙的學生，兩者有何關聯？前者是一個小孩，就算做錯事他也知道父母愛他；後者是成年人，認為自己被一個社會團體排擠了；這兩者如何能夠相提並論？」瑪莉．榭特利這樣質問[287]。這項研究指出，**我們不會因為對孩子大吼或讓孩子大哭五分鐘，就害孩子腦袋燒壞**。

我們可以以同樣方式，檢視哪些行為屬於日常教養暴力。它的定義乍看之下是很明確的：教養暴力，就是所有號稱「為了孩子好」，但是實際上卻屬於身體或精神暴力的、年代久遠的管教方式。我和很多家長一樣，試著釐清這類行為有哪些，好讓自己不要犯這樣的錯。我和許多家長一樣，找到好些教養暴力的詳細清單，都是取自某些網站、在社群網路大肆流傳的清單。當中有一些明顯屬於暴力（甚至就是虐待）的行為：毆打、痛斥、羞辱、無視……。但是其中也經常出現一些……屬性不大相同的行為。

譬如說？幫小孩取綽號、強制小孩用餐時間不能離開餐桌、使用圍柵、催促孩子、強制戒尿布、把孩子暫時關起來、獎勵孩子、沒收玩具、用第三人稱稱呼自己……這些行為，**全都和虐待行為混為一談，不分輕重**。這份清單使我們深信不管我們怎麼做，都可能會傷害孩子。只要看看正向教養的討論群組就知道了，眾多父母紛紛貼文詢問自己的行為算不算是教養暴力，譬如使用栓劑、使用有護欄的獨立嬰兒床、讓孩子在祖父母家過夜、強迫孩子擤鼻涕……「如果是擁有相當自信、堅定不移的家長，就不會被這些案例蠱惑，」有四個小孩的瑪莉．榭特利說[288]，「但如果是一個不知所措的母親在網路或社群媒體上看見這類清單，那她可能會非常懷疑自己的教養能力。」

友善，不該對媽媽例外

記者碧翠絲．卡梅荷（Béatrice Kammerer）的專長是教育學，她針對該主題寫了一本很有建設性的書[289]。她也指出這些專斷言論的缺陷何在、會對父母造成怎樣的影響，更確切地說，對母親的影響。因為是她們一肩擔起正向教養的重責大任。根據碧翠絲．卡梅荷調查到的數據，正向教養倡導者伊莎貝爾．費麗歐札（Isabelle Filliozat）或凱瑟琳．杜蒙戴－克蕾梅（Catherine Dumonteil-Kremer）舉辦的訓練課程或研討會，超過百分之九十的參與者都是媽媽。閱讀相關書籍、查詢相關資訊、教導伴侶一起學習正向教養的人，幾乎都是媽媽。由於她們是最常照顧孩子的人，所以率先開始實行這項友善教養的家長也是她們。碧翠絲．卡梅荷指出，建構這套教養方式的基礎是「一整套實踐方式，暗示母親必須背負相較於父親更加沉重的責任。」[290]一方面是因為它代表高標準的情緒管理，傳統來說這是女性的事。另一方面，因為它經常伴隨著「近距離母子關係」一同出現。一名理想的友善教養母親（至少，我們在Instagram上面看到的那些），除了友善教養之外，還會一直親餵直到孩子「自然」斷奶、會使用床邊嬰兒床以及布製尿布、只煮有機食品、讓孩子自己決定副食品、非暴力溝通、嬰兒手語、在家自學而非傳統就學管道。說真的有何不可。問題是像這樣（對多數人而言都遙不可及）的榜樣，需要媽媽百分百的付出。

所以和正面教養有關的帳號或群組，百分之九十九．九九都是女性發言，這一點都不讓人訝異。這些媽媽精疲力竭，她們許多人四處尋求支援、尋找方法……卻因此覺得自己很沒用。因為就實際經驗來說，**正面教養經常讓我們更加深信自己毫無育兒能力**，而且一旦經常聽見這類言論，最後我們便會真的相信：如果我們做得「不好」、如果我們不按照教誨使用「正確」的方式教小孩、如果我們處罰小孩或大吼大叫，那我們可能會「毀了」我們的孩子（咦，怎麼有種似曾相識的感覺？）。「我兒子八個月大，我是家庭主婦，我幾乎整天都抱著他，因為他需要大量的親密接觸。有時我會受不了他的需求，我會因此崩潰。（…）我總是擔心我在傷害他。」一名母親在某個反對教養暴力的臉書群組這樣貼文。「我會讀伊莎貝爾．費麗歐札的書，一讀再讀……今晚，我覺得很孤單、覺得我好像錯過了什麼。（…）我該怎麼檢討自己？」幾天後，另一名母親這樣問。還有這名瀕臨崩潰邊緣的母親，她害怕孩子因為她而心理創傷：「今天晚上我覺得我很糟糕、我是個壞媽媽。我辦不到。家裡亂七八糟，我再也受不了跟在每個人後面收拾，我尖叫、抱怨、氣喘吁吁，我對三歲的大女兒大吼。（⋯⋯）我這樣讓她很難過。我用水潑她的臉，光是想到我這樣做我就想死。」

在疲憊不堪、慌亂苦惱的這些媽媽們面前，各種回覆如雪片飛來：有些建議她們去讀某些書、有些提議她們延長使用床邊嬰兒床的時間、有些說她們可以採取更正面的溝通方式、有些建議她們對孩子的情緒再多一些理解與陪伴……譬如，有個瀕臨崩潰的媽媽在臉書群組發言，說她已一年沒有睡上一整夜、說她的男人什麼都不做、說她再也受不了孩子不斷要求她的關注。「妳可以試試背袋式背巾，這樣妳可以在照顧寶寶的同時打點家裡。」某個用戶這樣說。「妳應該去上正面教養親子課程，那對我有很大幫助！」另一個用戶回道。反之，沒有半個人質疑她的伴侶怎麼不做事、沒人建議她把孩子送去托育幾小時。沒有。所有人給她的建議一如往常，就是建議她**做更多、再更多；做更好、再更好——這裡講的不是職場，而是新一代的友善教養。**

那麼媽媽呢？難道她們不需要稍微一點點的友善對待嗎？能讓我們欣然扮演父母角色的，或許不是我們已經上過很多次的親子教育課程。無論選擇何種教養方式，我們需要的是有另外一個成人能夠接手；我們需要的是滿足基本生理需求，這樣才有能力回應孩子的需求；我們最迫切需要的是跳脫非黑即白的二分法。正面教養有它的好處，但是它不能造就奇蹟，也不是唯一的教養方式；質疑自己的教養方式，這樣很好，但是並非只因為我們大吼、發怒、或無法每次都心平氣和面對孩子過激的情緒，就代表我們是失敗的父母或虐待孩子。我們經常在Instagram上看見容光煥發、總是保持正面的父母，但事實與此相反，**人就是沒辦法分分秒秒都保持微笑、心平氣和、維持高度的犧牲奉獻精神**。發怒很正常。需要好好照顧自己，這樣很正常。如果妳受不了孩子、受不了被強迫友善，甚至偶爾受不了母職……這都很正常。

4 我們的孩子不需要完美母親

從媽媽的矛盾到媽媽的後悔

我承認我很喜歡當媽……但有時，我真的受不了孩子。「我受夠了，讓我逃離這一切吧！」有時，當我在同一個夜裡第五次從床上爬起來、當宛如隧道一樣漫長的「洗澡澡、吃飯飯、睡覺覺」變得亂七八糟一團亂、當我在擠滿人的火車中照料兩個興奮過度的小鬼頭並試著保持冷靜的時候，我會這樣想。這種時刻，我腦中只有一件事——逃得遠遠的，很遠很遠，逃到一個沒有小孩（尤其沒有我的小孩）的地方。媽媽這樣想不太好，我同意。因為在我們的印象當中，好媽媽心中只有愛、喜悅、無比的耐心。當我首度感覺自己受夠了的時候，心中因此充滿罪惡感。我這樣正常嗎？會這樣想的媽媽是不是很恐怖？我會不會造成孩子的創傷？接下來我便停止自責了，因為我了解到一件事：很多媽媽都有類似經驗，**這樣的矛盾心情，是媽媽處境的一部分**。

儘管程度不一，許多母親（以及父親）都曾對自己的孩子有過這類矛盾情感，雖然心中滿溢著無盡的愛意，但同時也暴跳如雷。晚上回家時，恨不得趕快見到孩子，但於此同時，也巴不得他們趕快上床睡覺。夢想著能夠靜一靜喘口氣，但當孩子不在家的時候，又覺得他們不在家裡很無聊。「近幾十年來，已有許多學者、作者、以及不同學派的治療師，認為無害的兩難矛盾情感是母職經驗的一部分。這些矛盾，是母親們面對孩子與母職的眾多複合情感的一部分。」以色列社會學家奧爾娜・多娜絲（Orna Donath）寫道[291]。對母職懷抱著矛盾情感，這是很普遍的事，這並不代表妳是壞媽媽——恰好相反，因為我們仍繼續照顧孩子，就算因此付出代價。這現象只提醒我們，**在媽媽的身分背後，是一個女人**，一個人類（沒錯），擁有自己的需求與渴望。我們對孩子的期望不正是這樣嗎？希望他們日後成為獨立自主的大人，勇於表達自己的感受、並自由自在地實現願望？儘管如此，雖然這是正常而普遍的現象，但是「媽媽的矛盾情感依然遭受異樣眼光，因為它違背了一般支配情感的常規」。奧爾娜・多娜絲這樣表示。

比媽媽的矛盾情感更禁忌的主題，是媽媽的後悔。打破沉默的人，正是奧爾娜・多娜絲，她在二〇一五年出版《後悔當媽媽》（*Le Regret d'être mère*），中文譯本於二〇一六年問世。這份社會學調查報告的主題，至今仍是難言之事，甚至可說是驚世駭俗：某些女性後悔成為媽媽。這**和媽媽的矛盾情感是不同的**。因為媽媽儘管對母職抱持矛盾心情，但不一定會後悔。反之亦然，後悔成為母親的女性，也不一定對此感覺矛盾。不過，她們會長期感覺自己做錯了，因為她們被困在一個不適合她們的角色當中、因為她們後悔失去從前的生活（或她們原本想要達成的生活），她們覺得自己被騙了、成為母職的囚犯。

這樣的感受，雅絲特麗德（Astrid）很清楚。二〇二一年九月，她出了一本書探討該主題[292]。尚未出書時，她於二〇二〇年建立 Instagram 帳號「母親的後悔」（Le regret maternel），藉以分享她的經驗。

「我第一次聽說母親的後悔是二〇一九年。我心裡很有共鳴，但我不太清楚原因。一切都很艱難，我無時無刻不感到憤怒……一開始，我把一切歸咎於我的產後憂鬱症。然後奧爾娜·多娜絲的書出版了，再來疫情封城，我的狀況雪上加霜。我是在這個時候將『後悔』這個詞套進我的感受。」她這樣說明[293]。她和丈夫與四歲兒子住在魁北克。她建立這個Instagram帳號（追蹤者超過一萬六千人）是為了「戳破」人們對反悔母親的偏見：「人們常說，會後悔的媽媽都有她們自己的問題，她們的產後憂鬱症沒治好……追根究柢，她們才是問題。但是相關的影響因素有很多：我們的童年、雙親、社會、父權……人們不該繼續認為如果媽媽後悔的話，是這個媽媽有問題。事情比這複雜多了。」

後悔不是矛盾、不是憂鬱，也不是所謂的缺乏母愛。「有時人們無法理解問題不在我兒子身上。我對兒子的愛是沒有止盡的，我可以毫不猶豫為了他而死。讓我後悔的不是我的小孩，而是我扮演的母親角色、是母職在我們這個社會所代表的一切：妳應該做出的犧牲、永遠不能休息、無止無休的緊張與責任、置身於性別的刻板角色之中（男主外、女主內）。我後悔的是上述種種沉重的壓力——有時，這壓力甚至是我們自己給的。」雅絲特麗德這樣說。當媽之後，她開始挺身對抗這一切。

儘管媽媽的後悔依舊被視為禁忌，雅絲特麗德邀請所有深受其擾的女性**不要單獨面對這感受**：「她們必須知道她們並不孤單、她們可以談這件事，這是很重要的。若她們覺得她們的伴侶會無法理解或怕被親友批評的話，向外人傾吐也是很好的選擇。譬如向專業的醫界人士求助，儘管我知道這並不簡單，因為不是每個人都有諮詢心理醫生的經費。此外還有『憂鬱媽媽』（Maman Blues）這個組織可以提供相關資源。如果唯一可行的選擇是上Instagram來向我傾訴，那也是踏出第一步了。能將感受訴諸言語是很重要的，允許自己去感受真正的感受是很重要的。因為『後悔』不是我們自己選的。」雅絲特麗德接受諮商已經三年。

媽媽們甚少允許自己談論後悔，當然是因為她們害怕（她們的恐懼很合理）遭受社會譴責、蒙受恥辱。另一個原因是她們因此**對孩子抱持非常深重的罪惡感**。「我經常收到這樣的訊息。很多媽媽心想：『我會後悔，一定是因為我是壞媽媽。』但我得再強調一次：媽媽的後悔和有毒的母性，兩者之間有很大差異。我經常回覆她們說：她們既然會花時間寫訊息給我、會思考這些問題，就代表她們很重視自己的孩子。否則她們根本不會試圖尋求解決之道。」雅絲特麗德表示。雅絲特麗德的回覆可以用來回應所有媽媽，無論她們是否後悔。媽媽們總不斷思考育兒問題、試著做到最好，卻常常感覺自己只是贗品媽媽。

不完美的媽媽……又怎樣？

我們總是懷疑自己，原因很多：不斷拿自己與完美的育兒理想比較、日日遭受苛責、自己給自己壓力、我們自己的沉重家族史……。我們總有上千個自我鞭笞的理由：因為我們不是自己想像中的媽媽、因為我們的日常生活一點都不像我們嚮往的和諧與友善教養、因為我們想要做得更多、更好，或是換個方式……在這些永不止息的自我質疑背後，經常隱藏著一股深層的恐懼，恐懼自己是個壞家長，會對孩子造成無法挽回的損傷。不過，因為總是想做得更好，我們經常忘記一件重要的事：**會自我質疑的家長，就已經是好家長了**。換句話說，當我們自問：「我是個好媽媽嗎？」的時候，答案……已經顯現在問題中了。

有時我們會傾向忘記這件事，但**衝突也是親子關係的一部分，衝突也是正向的**。「近年人們日益相信，如果家長學會用正向方式溝通，如果父母使用正確的技巧、正確的用詞、正確的語調，那麼孩子的舉止也一定會向父母看齊，」心理學家暨精神分析師希維安妮・季昂皮諾表示：「但這個觀念會使人忘記：所有情感關係都一定會發生衝突，家人尤其如此，原因是無意識重擔（又稱主觀因素或暗含因素）。教養不是非黑即白、非好即壞。正向心理學提供的技巧與方法，對某些人來說相當實用或好玩，但它的風險是會鼓吹一種育兒態度的常規，讓人們誤以為養小孩時，可以藉此迴避衝突或爭執。」

我們必須提防所有宣稱「最理想」的教養方法——無論是哪種方法。因為關於教養，沒有方法是完美的，仙丹妙藥並不存在。某套模式在某個家庭行得通，不代表另一個家庭也是如此；某種方法對家裡的老大有用，不代表老二也會乖乖聽話。而且誰都無法保證，今天行得通的方式，到了明天還有沒有效（不然就太簡單了！）。換句話說，如果某套教養模式沒有達到預期效果，或許原因不是我們沒做對，或因為我們真的太蠢，而是因為它不符合我們的需求，僅只如此。因為我們並不住在那個名為「理論」的美好國度；因為實際上，每個家庭都有各自的運作模式與家庭史；因為每個孩子的需求各有不同；因為育兒並非只有唯一一則祕訣——育兒是長期關係，有高低起伏，有時需要調整，有時成功、有時失敗。

所以，**讓我們別怕著手「拼湊教養模式」**，這是碧翠絲・卡梅荷提出的建議：「我非常鼓勵大家動手實驗，首先因為我覺得這是對父母至關重要的技能。原因是，一旦我們開始緊張兮兮告訴自己『我要採用這個規則，它非得有效不可』，通常事情就行不通了。而當我們只是嘗試並允許自己犯錯時，我們會告訴自己『哎唷，來試試這一招吧！』、『它會有什麼效果？』，在這種情況下，我們的頭腦才會處於最機智的狀態，使我們更有能力適應新事物，觀察何者可行、何者不可行，觀察它所引發或未能引發的效應，而我們在這方面會變得更有創造力。」她在Podcast「衝擊的後設」（Méta de choc）中這樣說道[294]。與其試圖遵守教條，讓我們允許自己四處蒐集一些好主意，親自實驗、創造，允許自己重新來過或換條路走……好讓我們找到真正適合我們、適合孩子的方法。

讓我們學會原諒自己的錯誤（或那些其實只有我們認為是錯誤的錯誤）。因為無可避免地，我們一定會犯錯。瑪莉・樹特利提醒我們：「為人父母，要給自己和孩子一樣多的善意、給自己犯錯的權利，犯錯不須大驚小怪。不然的話，我們該怎麼教導孩子學會接受失敗、原諒自己呢？」[295]透過犯錯，我們將能教導孩子學會道歉、彌補錯誤、認錯、改進。我們會讓孩子看見我們並不完美，這對孩子只有好處……否則，就讓完美的父母害他們飽嘗壓力吧！

而且，還用說嗎？**我們不是機器人**，而是情感豐富的人類。所以我們沒辦法深思熟慮說出口的每句話、沒辦法分分秒秒確切衡量所有舉止與行為。幸虧如此。「臨場反應是人類關係最重要的關鍵之一。偶爾犯錯是有必要的。如果一切都依照劇本演出，這樣的親子關係是怎麼回事？這會是個怎樣的世界，我們全都成為舉止得宜的機器人，至少在專家眼中如此？」社會學家克勞德・馬當這樣詰問[296]。

我們也可以用同樣的方式，思考我們看待憤怒的方式。不是孩子的憤怒，而是我們自己的。女性的憤怒，特別容易遭受撻伐（這女人「歇斯底里」，她是個「瘋女人」）。從我們還年幼的時候開始，社會就要求我們乖乖冷靜。如今我們身為母親，更應該（繼續）不計代價壓抑怒火，就為了所謂的友善教養？當然，我絲毫沒有打算煽動媽媽們引爆怒火。但是當我們真的很生氣時，發飆不一定是壞事。我們的孩子會因此曉得女性並非只是溫柔、冷靜、充滿犧牲奉獻精神……女性也有發怒的權利。

少操煩一點吧！

生第一胎時，我和很多媽媽一樣，開始勤讀教養書籍，並加入一些臉書上的育兒群組（多數是正向教養），在社群媒體瀏覽了幾百甚至幾千則貼文，試圖藉此學習怎樣對這個寶寶是最好的。但是很快我就感覺到，搜尋愈多……我就愈覺得自己沒有能力育兒，所以我停止不斷搜尋更多、更多、更多的資訊與建議。然後奇蹟發生了，我的自信迅速上升。並非因為我從此對教養問題不感興趣（恰好相反），而是因為我決定相信自己的感受，更重要的是，我運用了我的批判精神。因為這些教養建議，無論出自專家之口，抑或來自社群媒體，都不是神諭。

檢視我們的資訊來源，做個大掃除。「育兒指南的存在，只是為了讓您的親子生活有更多靈感，那並非聖經。這本書合您的意？很好。這本書您不同意，或是您因為讀它而充滿罪惡感？那就把它丟了。

作者並不知道您過的是怎樣的生活、您力量何在、有什麼弱點。作者更不會代替您去養您的小孩。」碧翠絲．卡梅荷說得很有道理[297]。所有關於育兒的說法，無論形式，皆是如此。某個Instagram頁面讓您讀完之後感到挫敗嗎？某個Podcast讓您覺得自己為孩子做得不夠好嗎？每次當您聽完某個專家的節目，或是每當您瀏覽某個臉書群組時，您都感覺憂鬱、內疚、非常失敗——總之，覺得自己很爛嗎？現在您知道該怎麼做了：取消訂閱、退出群組。

停止媽媽間的競爭吧！這場競賽逼我們不斷和其他媽媽比較（無論我們是喜歡她們還是討厭她們），它讓那些分享育兒經驗的場所成為名符其實的戰場：贊成或反對讓寶寶自己選擇副食品（或薯泥果泥蔬菜泥）；贊成或反對床邊嬰兒床（或有護欄的獨立嬰兒床）；贊成或反對讓孩子自主入睡、禁螢幕、在家自學、處罰小孩、加工食品……費歐娜．施密特在其探討母職重擔的著作中，精準地描述這類在育兒相關社群網路大肆猖獗的社交暴力。這些人眼中只有非黑即白的論斷，而媽媽們似乎是砲火攻擊的最佳目標。「我認為，女性因為對自己的育兒選擇過度缺乏安全感，因為永遠做得不夠好——所以她們捍衛自己的方式之一，就是抓狂。」她在出書時這樣告訴我[298]。但是某個媽媽的作法和我們不同，那並不代表她錯了，也不代表她這樣做就顯得我們是錯的。所以讓我們停止相互比較、彼此評判、互相批鬥。因為世上有多少不同的父母，就有多少（不）完美的母親。我們能夠確定的是，在這場慘烈的競賽中，誰都無法成為贏家。

讓我們學會接受他人幫忙，就算這個人的想法或作法和我們不盡相同。如果把完美教養當成目標的話，我們便經常累壞自己，有時甚至讓自己孤立無援，因為我們寧願放棄讓可以幫忙的人來幫忙，也不想冒險將孩子交給其他不如我們專業或友善的人來照顧。女性主義母親黛博拉（Deborah）在她的Instagram頁面「但是媽媽為什麼」（Maman mais pourquoi）指出這項悖論，目前許多談論親職的言論都反應了這個現象：一方面，我們堅稱養小孩需要一個村莊來支援；另一方面，我們卻拒絕所有不請自來的提議：「所以我們要的是一個不發表意見的村莊嗎？我們希望其他家長、阿公阿嬤、兄弟姊妹都來幫我們養小孩，但是不能對小孩的教養有意見？（…）村莊不正是一個充滿意見的地方嗎？就算是不請自來的意見？」[229]這是個好問題。因為在社群媒體上，大家口中的村莊更像是美好的幻想，而且那個村莊看起來真的很遙遠！在某個充滿異國風情的遠方，人們或許能夠集結眾人之力一起養小孩，並尊重自然與古老傳統。好吧，那我們呢？我們的村莊在哪？

說穿了，或許是我們沒看到近在眼前的村莊……有時，甚至是我們關上了它的大門。因為我們知道，孩子的阿公會讓孩子看兩小時電視，而阿公不認為這有什麼問題；因為我們不希望孩子在鄰居家裡大啖榛果巧克力醬一整個下午；因為蜜雪琳阿姨的老派育兒建議會讓我們抓狂。沒錯，他們的作法不一定符合我們的教養原則，但是我們苦苦尋覓的村莊，往往就是以這些親友為起點。這個村莊儘管（和我們一樣）不完美，但我們的孩子能在其中認識不同的觀點、面對不同的環境，總之，體驗社會生活。

別把所有意見都當成對我們的攻擊，即使是不請自來的意見。一如我們對村莊的追尋，我們當中有許多媽媽哀嘆，母職缺乏女性之間的經驗傳承。然而，當我們身邊的女性提出她們的意見時，我們往往將之詮釋為批判或對我們育兒能力的質疑。「或許妳應該這樣做」、「我呢，我是這樣做的」之類的句子確實讓人火大，這些意見或許太沒禮貌、太令人尷尬，或是搞不清楚狀況（而且有時真的很像批評），但這或許也是向我們伸出援手的一種方式。儘管遠非完美，但這樣的援手有時能讓我們喘口氣、教導我們無須對某些事情過度反應、並提醒我們並非孤單一人。她們也提醒我們，無論從前抑或今日，養小孩都是一項重大的挑戰。

5 用教育改變世界

成為女性主義者是為了孩子

您或許已經看過這個畫面：一名孕婦的肚子上寫著「正在載入中」。我認為它貼切描述了成為人母的經驗。因為除了正在逐漸成形的寶寶之外，媽媽也是逐漸成形的，她的新身分也「正在載入中」。此外還有連帶的各種重擔，一一加諸於她們身上。首先便是本章討論的教養責任，依舊由女性一肩扛起。但我認為，雖然我們一向以為教養責任是女性的屈從（服從孩子、伴侶或父權體制）——但這可能是錯誤的觀念。因為我們當中儘管有許多人高呼性別分工的不平等，但還是有很多人從中得利。擔任領銜主演的角色、感覺自己不可或缺，這當中確實有可以讓人感到志得意滿的地方。社會經常無視女性、只讓女性扮演配角，於是獨自擔當育兒責任，彷彿是某種小小的報復：至少在養小孩這方面，是由女性負責掌權！況且無論我們是全心擁抱這份教育重擔，抑或試圖驅趕它，我們的所作所為都不是被動的。恰好相反，**我們手中掌握的是轉變社會的契機**。詞語的字義本身就已提醒我們：重擔（la charge），並非只有負擔。詞典《拉魯斯》（*Larousse*）告訴我們，這個詞也可以指「部隊的進攻方式」，一種戰鬥策略。如今，媽媽們的女性主義戰場正是教育。

對很多媽媽來說，生育是一種**轉捩點**，讓她們（更加）投身女性主義，母職給了她們力量、怒火與渴求，讓她們挺身奮戰，期望**為了孩子，建造一個更公平的世界**。「女兒的誕生使我比從前更加支持女性主義。事實上，我有一種本能上的恐懼，怕女兒未來遭遇不幸。」三十三歲的演員愛蔓紐這樣說。「當媽使我成為女性主義者，這是很明顯的事。促使我改變的關鍵，只是因為我發現肚子裡懷的是女兒。我原本希望是男孩，因為這樣的話，我認為他的人生會順遂許多。他需要特別去爭取的權益比較少，他的恐懼也會比較少；他在社會上有一席之地。但我懷的是女兒，我為她感到驚恐。我也很驚慌，我該怎麼做，才能給她武器、讓她變強？於是一切就這樣展開了。」三十六歲的建築師蓓內蒂特傾訴道。母職點燃了她的女性主義火苗，女性主義也燃起了她的母性之火。「為了我女兒、為了用我期望的方式教育她，所以我開始思索、開始學習。而我『學到的』女性主義信念，如今引導我養小孩、教育我女兒。這是一種良性循環，由她開始，為了她而結束！」她說。

由於媽媽們仍被視為預設選項的家長，教育責任多半由她們背負（而且眾人不斷提醒她們，孩子的將來掌握在她們手裡），**媽媽們置身於傳承價值觀的第一線**。她們心知肚明：藉由教育未來的成年人，她們握有改變社會心態的權力。「我發現一些原本不是女性主義者的朋友，在當媽之後變成女性主義者，因為她們意識到，是她們必須（將這些價值觀）傳承給孩子。」嘉葉樂說道。她的女性主義信念來自她自己的母親，而自從她開始養育兩個兒子之後，信念又增強了。「我希望他們儘早知道什麼是知情同意原則、什麼是尊重女性。我不希望他們拿自己是男孩當藉口，就不去做某些事。」夏蓮是三個孩子的繼母，後來她自己也生了一個兒子，她認為**教育是抗爭的方式之一，它是一場長期的戰役，對抗暴力與性別不平等**：「知道我懷的是兒子之後，我就知道我會用平等的方式教養他。（…）我告訴自己身為母親，我有幸能夠參與一個孩子思維系統的建構過程，而他將在幾年後長大成人。我的任務是宣揚一種絲毫不厭女的思維模式。」二十六歲的教師夏洛特也同樣透過教育來實踐她的女性主義理想，她的母職原本代表束縛與不平等，但如今成為行動的關鍵：「育兒對我而言，彷彿多了一個可以挺身抗爭的場所，到最後，我女兒的教育也是一種抗爭。試著讓她在女性主義圈內成長、讓她成為無懼父權壓迫的成人，這是我能力所及之處能夠造就的改變，也是一種很棒的方式。」

這場戰鬥，媽媽們每天都**藉由她們的教育選擇與實踐來進行**。「採取盡量完全相同的方式來教育我兩個性別不同的孩子，對我而言是攸關信譽之事。他們的玩具純粹只為了遊戲用途而選擇；家事平均分擔；對於外表或成績的讚美都是均等的。」有兩個孩子的瑪西雍態度明確。「我教育孩子的方式，在許多方面都很女性主義，無論是對孩子說話的方式（職業名稱陰性化）、價值觀的灌輸（尊重知情同意原則）、為孩子們準備的玩具（無論男生女生都有汽車、娃娃、家家酒玩具）、讀給孩子聽的故事（書中呈現引人入勝、性格豐富的女性角色）、孩子父親和我給孩子的身教（平分家務與育兒勞動）。」有兩個小孩的教師賈絲汀這樣說。她表示自己「從來未曾這麼女性主義」。「挑戰真的很大，」她說，「埋頭換尿布的同時，還得實踐女性主義！」

不可或缺之事……成為強迫眾人之事？

讓挑戰更加艱難的是，**在異性戀伴侶中，像這樣的女性主義教育方式，通常是由母親主導**。儘管孩子的爸抱持相同信念，並同樣渴望從沒有性別歧視的角度教育孩子，但多數情況，卻仍舊是媽媽負責閱讀、搜尋資料、尋找教育方法。「我的伴侶百分百支持我。但總是我花時間去挑選（我們或孩子要讀的）書籍、深入了解各種課題、思索我們的作法是否得宜。」三十六歲的蘿拉說。「關於育兒，我會讀書、在社群媒體上和別人討論。很明顯地，這都是為了我女兒，為了給她最符合女性主義、最清楚明白的教育。我也想讓我丈夫睜開眼睛，讓他看看在我們現在這個社會當女人是怎麼回事，讓他知道如果我們不改變現況的話，就是他女兒長大後要受苦。總之，我一次要教育三個人……這不就是精神重擔嗎，又來了！」蓓內蒂特說。正中紅心！

事實上，這和環保議題一樣，原則上，我們許多人都希望能終結目前的消費習慣，過另一種對環境較為無害的生活。但是在真實生活中，是誰要把手攪進污油裡？是誰要洗環保爸爸的碗盤？通常是媽媽。相較於男性，女性更有環保意識[300]，也做更多家務，因此往往是她們負責擔保家中的環保事務，無論是烹煮當地當季食材、自製清潔用品，或是去買二手衣。同樣地，多數時刻，拒絕性別歧視的教育實踐，也是落在媽媽們的肩上。在父權社會中，企圖培養出擁護女性主義的孩子，媽媽們因此必須承擔**更多的道德與心理重擔**。「我認為，身為女性主義母親，會在身為父母的壓力上再加一層壓力。我們必須注意其他家長不會去思考的某些問題。」三十五歲的愛蜜莉說。她並不掩飾自己因為「每天都必須和性別刻板印象搏鬥」而疲倦不堪。

確實，難處在於我們必須每天對抗某些人的性別歧視言論或偏見……而且，於此同時，我們日益感受自己面對的彷彿是**一種新的強制規則：我們必須把女孩和男孩都栽培成女性主義者**（而且注重環保）（而且友善）。顯然，這並非易事。況且，由於這樣的雄心壯志主要由母親肩擔，它容易成為另一種壓力源，使母親背負更多罪惡感。「我必須有能力對抗社會、維持我的伴侶關係平等、學會裝修等粗活給兒子當榜樣、懂得放手、挪出時間給自己、保持自由儘管一切一切都不允許我自由……我們已經被迫當個完美的母親，現在會不會被迫當個完美的女性主義母親？」三十一歲的瑪琳自問。「我的罪惡感很重，沒錯。」有四個小孩的雅莉艾諾說。她提到女性主義遊行隊伍經常張貼的標語：「教好您的兒子！」「又來了，又是我們要做全部的事。總是如此。一切都是我們要負責。事情怎麼發生、為何發生，這些都是我們要負責。人們責怪的永遠是我們。」她怒道，「所以的確，試著用女性主義的方式教育孩子，是一件壓力很大的事。那得耗費很多時間、很多精力，而且結果常是失敗的。社會影響強過一切；假期期間妳花費心力教孩子尊重別人、控制情緒、分辨刻板印象，教出來的成果，孩子在學校待一天就沒了。」所以，我們可以盡我們的全力（我們已經這樣做了不是嗎？）用女性主義的方式去教育孩子。但是光憑我們的力量，並不足以終結性別刻板印象、與整個社會的權力宰制結構（就像我們無法憑一己之力拯救北極熊）。就算我們的女兒只喜歡芭比、兒子超愛打群架，那並不代表我們給孩子的女性主義教育出了什麼錯。

未來的世界並非只屬於母親

儘管我們的女性主義信念是珍貴的指南針，但它不該成為道德負擔或強制責任。專研性別問題的社會心理學教授帕絲卡·莫妮里葉就提醒我們：「女性主義是很嚴肅的事，它是為了對抗暴力而存在。但它也是為了讓我們更快樂、更幸福、更解放。」儘管充滿政治訴求，但**女性主義同時也是讓我們掙脫束縛的原動力**，在個人層面亦是如此。換句話說，我們的信念和投入，應能給我們力量，而不是壓垮我們（我們的重擔已經夠多了！）。

我們當然想改變社會、我們當然可以就我們能力所及的範圍，帶著孩子一起抗爭，對抗這讓人窒息的性別歧視體制。但是，就算我們投入所有精力與能量，那仍是一場非常、非常漫長的戰役，我們不一定會有收穫——至少，不是立刻就會有。聽起來很掃興……而且讓人失望。**儘管我們想實踐自己的平權原則，我們依舊困在極度不平等的體制之中**，難以脫身。記者暨作者法比葉妮·拉庫德便以犀利的口吻指出：「女性主義是一種社會策略，而不是生活模式。」、「身為女性主義者，我們會以為自己必須將所有教誨全都落實在日常生活當中。但是，當妳身為父權社會中一名有伴侶的異性戀女性，妳很難在家中實踐妳心中描繪的社會理想。這樣的衝突可能導致嚴重的挫折感、罪惡感、疲憊感。（……）對媽媽而言，這是實實在在的壓力。況且，如今妳還必須養出女性主義的小孩們。」[301]所以，別因為我們的生活

（或孩子的舉止）和我們的理想差距甚遠，就鞭笞自己，因為那只是理想。

而且別忘了，**媽媽不是唯一負責教小孩的人！**就算人們常說一切都是我們要負責，而我們最後也真的這樣相信了，但是實情當然不是如此，還有另一名家長（以及重組家庭的家長）、大家族的成員、教師、帶活動的大哥哥大姊姊、孩子的朋友們……再加上媒體、大眾文化、玩具製造商的行銷策略。總之，整個社會與文化環境。

而我們的孩子們，也都擁有各自的性格與脾氣，我們的女兒與兒子選擇什麼道路、或將來會選擇什麼道路，並非（只）由我們決定。所以，人們應該停止反覆灌輸母親：世界的未來，完全由她們負責，如果她們不希望世界繼續存在厭女、兩性不平等、暴力、種族歧視、環境污染、消費主義，那她們只要（再多加把勁）教育孩子不就得了。教育年輕世代，確實能改變許多事情，但教育不是唯一的關鍵。責任是集體的，而且……是政治性的！

第6部

媽媽們（在公開場合）蓄勢待發？

所有準父母都會思考的問題，我們當然也思考了：寶寶要叫什麼名字？我們和很多準父母一樣，花了很多時間討論名字，念起來的感覺、我們的偏好。不過，有件事我不打算讓步，幸好我們很快就講好了——我希望寶寶除了使用爸爸的姓氏之外，也同時使用我的姓氏。從二〇〇五年開始，法律允許父母選擇他們希望使用的新生兒姓氏（使用父母其中一方的姓氏，抑或並列父母雙方的姓氏），二〇一三年起，若雙方意見不同，按照法律規定，便必須使用父母雙方的姓氏，並按照字母決定先後順序。但在現實生活中又是另一回事，二〇一九年出生的新生兒中，百分之十一．七使用父母雙方的姓氏；使用母親姓氏的，只有百分之六．六；使用父親姓氏的，則占百分之八十一．四[302]。這通常是父母的共同選擇（因為已經結婚了、因為這樣比較正常、比較簡單、因為不能違反悠久的傳統），但是有時是因為父親強迫如此。直至今日，就行政手續來說，一個家庭的組成與呈現仍是以父之名。

這項常規不但象徵意義濃厚，也犧牲了媽媽在父權社會中的地位。她們的姓氏變得不可見，這同時也反映了她們被抹消的社會地位。冠夫姓的傳統，對許多女性造成非常實際的困擾：離婚婦女必須取得前夫的書面同意，才能繼續使用和孩子相同的姓氏；因為家暴而逃離的妻子，或從未認識父親的孩子，仍得繼續在所有文件上填寫暴力丈夫或缺席父親的姓氏；離婚又再婚的女性，兩段婚姻生下的孩子姓氏完全不相同……以及眾多姓氏和孩子不同的媽媽，她們必須在各式各樣的場合證明自己確實是孩子的媽。如果她們忘記把家庭手冊帶在身上的話，帶孩子搭飛機或去急診室看孩子都會遇到麻煩。

基於上述原因，二〇二〇年，市政諮詢委員瑪琳．嘉提諾－杜普蕾（Marine Gatineau-Dupré）創建了「取我之名」（Porte mon nom）這個組織。她自己也是深受其擾的媽媽之一。兩年期間，她呼籲修法，許多媽媽加入她的組織，並獲得議員支持。她要求媽媽的姓氏能和孩子並列；以及，成年人能夠透過較為簡易的行政程序更改姓氏或加上另一位雙親的姓氏。結果她們大獲成功！二〇二二年冬季，通過了一條新法：從此以後，沒讓孩子使用其姓氏的家長，事後無須對方許可，仍可將自己的姓氏掛上孩子的姓氏作為「後用姓」（Nom d'usage）（若孩子年齡超過十三歲，則需要孩子的同意）。媽媽們被強制抹除姓氏的時代，結束了！

「這條法律使母親不再不可見。」「取我之名」成員歡欣說道。她們的勝利意義深遠，不只是改姓這麼簡單而已。以母親之名奮戰的「取我之名」不僅讓法國身分制度的過時規則走入歷史，也在抗爭過程中，讓世人看見媽媽們如何被抹消不見。不只姓氏方面，還有社會層面。因為當媽之後，這些女性就從公共場所消失了（雖然公共場所本來就不是屬於女性的），人們希望她們乖乖待在「親子友善區」。親職變成她們唯一的身分，婦運圈也將她們流放到邊緣地帶，政壇的媽媽們更是信譽掃地……母親一下子被當成麻煩的討厭鬼，一下子又被當成無害的黃臉婆，儘管她們明明擁有群起造反的公民行動能力（「取我之名」證明了這一點），儘管明明媽媽們若團結一致，將能成為爭取社會正義與平權政策的強力武器。

1 公開排擠媽媽們，夠了！

媽媽和小孩都滾出去

當我第一次單獨推著嬰兒車去搭大眾運輸工具時，我兒子三週大。巴黎十四條地鐵當中，只有一條有無障礙設施；公車站則只有百分之三可供輪椅通行[303]。這樣講，您應該就猜到會是什麼狀況了吧？我有不祥的預感，所以選擇搭公車。車上擠滿人，我花了好多力氣，終於將嬰兒車成功擺入指定的區域，那裡已經有另外兩臺嬰兒車了。致命的滔天大錯！公車司機開始播放事先預錄的錄音訊息，不是一次兩次，而是循環播放：「公車只能容納兩臺未摺疊的嬰兒車！」、「公車只能容納兩臺未摺疊的嬰兒車！」……為了確保我們有接收到訊息，巴黎大眾運輸公司（RATP）早在幾年前推出一支非常「好心」的廣告：「雖然我們喜歡寶寶，但是，嬰兒推車不能硬推。」媽媽們，妳們看吧！妳們怎麼會想帶著小孩出門啊！我搭上的那臺公車遲遲不肯開車——就因為我。「您得把嬰兒車摺疊起來！不然您就下車！」有個乘客開始失去耐心。問題是我的嬰兒車無法摺疊（而且無論如何，我真的不是濕婆神，沒辦法同時把新生兒、推車和我們的雜物全都抱在身上），而且我剛才已經讓另一班公車從我面前開走了，這場鬧劇很可能會持續整個下午。幸好一名女子過來幫我忙，公車終於開了（並載著我那臺沒摺疊的嬰兒車），所有人都順利抵達目的地。這趟旅程澆了我一身冷水。但是，讓我更加心灰意冷的是一個朋友（她明明就是女性主義者）聽我說完這段遭遇之後，她竟然火上加油，這樣回我：「說真的，有些媽媽明明正在休產假，卻選在尖峰時段出門，真詭異。」我聞言一笑……應該說，苦笑。

真正的問題，不是媽媽們膽敢就這樣帶著小孩出門，甚至大白天搭大眾運輸工具找大家麻煩。問題在於，**有小孩之後，許多公共場所變得寸步難行**。有些地方是因為沒辦法使用嬰兒車（例如大眾運輸工具），有些地方則是因為完全沒有適合媽媽帶嬰兒散步的設施（蔭涼處、尿布更換檯、椅子）。現在有些場所直接禁止孩童進入，譬如某些旅館、餐廳或露營地。為人父母者，出入公共場所一點都不簡單！

正因如此，出現了一些「親子友善空間」，我們的孩子在那裡是受歡迎的（謝天謝地）。但這樣的趨勢並不像表面看來這麼正面。可以帶著孩子上餐館、渡假村或遊戲區，可以在那裡悠哉餵奶，並安心讓寶寶的哥哥姊姊在旁邊玩耍而不用擔心被路人罵或擔心孩子被車撞，這樣的確是很棒沒錯，問題是這類場所仍舊不多。還有，這些地方對孩子來講很棒，但大人不一定這樣覺得。最重要的一點是，這些地方都是密閉空間，和其他空間區隔開來，孩子們被要求待在裡面，不要出來打擾大眾。追根究柢，這類設施的用途就是把小孩（以及小孩身邊的大人）逐出公共空間。社會學家克雷蒙・里維埃（Clément Rivière）針對西方國家的城市調查其中的孩童地位，指出自從一九六〇年代之後，小孩在公共場所出現的機率大幅下降。他們原本無所不在，但因為各式各樣的原因，他們漸漸在城市風景中消失了。里維埃表示，近幾十年來，「從前主要在公共空間度過的童年時光，它的背景變成如今我們熟知的、諸如學校或遊戲區的安全空間或密閉房間。」[304]親子友善空間的興起正符合上述趨勢。小孩在公共空間引發的敵意因此不言自明：**我們之所以需要一些標示為「親子友善空間」的場所是因為社會並不友善。**

一旦踏出家門一步，就會馬上察覺這件事：**小孩很擾人**——所以媽媽也很擾人，因為媽媽是小孩的主要照顧者，而且大家對媽媽不像對爸爸那樣寬容（您還記得「備受稱讚的爸爸」吧？）。哪個家長不曾遭受異樣眼光、聽見鄰座嘆氣、被惱火的陌生人指責，只因為自己帶著小孩去搭火車、上餐廳或逛街？哪個媽媽不曾覺得自己被批判或感受到沉重的壓力，只因為她推著嬰兒車或帶著小孩出現在公共場所？「搭乘大眾運輸工具、採買的時候，我很快就察覺我屬於『媽媽那一掛』。我可以感受人們的目光——我還沒生小孩之前，也會把同樣的目光投射在其他媽媽身上，譬如搭長程客機的時候。於是在這類情況之下，我會對小孩比較兇，但因為如此，小孩也會變得比較難溝通。」瑟麗詩說道。

公共場所不歡迎小孩，他們太吵、太好動，只要他們稍微動一下耳朵就一定是「沒家教」，而且**人們總不吝表達他們的想法**。我還記得，有天我帶兒子去參加一場野餐會，我是現場唯一的媽媽。那天很熱，有一個受邀者本來想去游泳，但她改變了主意：「泳池一定擠滿媽媽和小孩，讓人無法忍受！」剛當媽的我聽這句話，真是自在！而且在那之前不久，我遇見一個很久沒見的舊友，她很好鬥，沒有小孩。我告訴她自己當媽之後，還不到三分鐘，她就開始謾罵，罵了很久，她說我們西方世界的小孩「讓人無法忍受」（又來了），整天只會「大吵大鬧、在店裡崩潰大哭」，而父母只會縱容他們，不像她在貧窮國家看到的小孩就不是這樣。意思是，在我們這兒，我們不懂如何養小孩，把小孩寵上天了。我不知道是不是「所有」非西方國家的小孩，都真的在公共場合乖得像靜照一樣，我只知道，沒那麼富裕的國家的小孩，不像我們的小孩要面對這麼多鼓勵消費的誘惑（如果沒有超市的話，就很少有小孩在店裡崩潰大哭了吧？）。不過，在很多地區（不一定是離我們很遙遠的地區），小孩是社會生活的一部分、是社會不可缺少的一分子，他們會出現在餐廳、咖啡館、街上……沒人會認為這樣有問題。而在法國，只要小孩一出現，就會構成問題。

社群媒體的用戶經常指責這些死小孩愛講話、亂動、大哭或大叫，而他們的家長「不會管」。在推特上面，這儼然變成一種全民運動，「候診室有個媽媽不會管她的小孩，我要動手了。」這邊這樣寫；「公車裡這些不會管小孩的媽媽，我真想全部揍一拳。」那邊則這樣寫；「公車裡這些家長應該學會管小孩，不然就該讓小孩戴上狗嘴套。」有個用戶這樣建議；「我受夠了@法國國鐵：我在火車裡和哭泣的小孩們共度了兩小時又十五分鐘。難道不能在火車上設置一節專用車廂，讓所有父母和他們的小鬼頭**全部**集合在同一個地方，別去煩其他旅客？」另一個用戶這樣要求。這些人顯然都知道該怎麼好好「管」小孩——爸媽則不然，無論怎麼管，都管不動。「所以妳的小孩在火車裡大吼大哭、大吵大鬧，而妳唯一能做的事是拿出一套益智遊戲？笑死我了。」某個推特用戶這樣嘲諷；「早上七點的高鐵，很多爸媽讓幼童看智慧型手機。我旁邊的小女孩頂多一歲。我真想尖叫。」另一個用戶這樣指責。唉唷，這些爸媽真是太無能了！

更糟的是，不是只有在密閉空間，父母的壓力才會這麼大。就連在戶外，我們的小孩似乎都很擾人。二〇二〇年夏天，一名年輕的婦運人士就在社群平臺Threads發表一則貼文，痛斥小孩製造噪音……地點是海邊。「再過五天就要#開學，海邊還是有一大堆小孩，有大有小，每個都扯開嗓門大嚷。（…）#壞爸媽#噪音」。她很火大，幾週前，她的夢想是「去一些禁止小孩進入的渡假勝地」。「我們沒有義務隨時隨地忍受別人的小孩。」她這樣辯解。而且一如往例，父母再度被教導如何養小孩：「教育您的孩子（不然就不要生，如果您不知道怎麼管的話），八歲到十六歲的小孩不應該一直這樣大叫。」這記直拳引起相當惱怒的回應（真不知道是為什麼呢！），於是她列舉這些吵鬧孩童的年紀來為自己辯護（如果年紀還小的話就算了，不然絕對不行）。她拿來當盾牌的例子，是因為疾病或神經系統障礙而無法忍受噪音的那些人士。無法辯駁了吧？問題奇怪的是，引起注意的永遠是孩子們的噪音（很少人提到公路的喧囂，或大聲講電話的成年人），用來訴求將孩子們驅逐出去。這些人忘了，小孩也是人類（所以沒辦法轉成靜音模式，或是關進櫃子裡），他們也有權現身於公共空間……有時，他們本身可能也患有某種身心障礙。沒錯！但是顯然當患病的人是個孩子，儘管小孩是極為脆弱而且任憑大人擺布的族群，他們受到的歧視與壓力卻更加嚴重。

既然被認定不受公共場所歡迎，小孩（與父母）便被要求待在家裡。有色人種或中下階層出身者，更是如此。於是穆斯林女性一旦包頭巾，許多公共場所就不歡迎她們，而她們當中也包括母親。小孩如果不是白人，一旦出門，也會遭受懷疑眼光。哲學家諾耶蜜．伊珊（Noémie Issan）最近敘述她在法國帶著孩子搭公車，卻成為種族歧視的受害者。有個乘客想找阿拉伯人麻煩，所以她凶狠地盯著伊珊的孩子們，孩子們安安靜靜看著風景，然後她對另一個彷彿心照不宣的婦人說：「我們永遠沒辦法給他們再教育！」這名婦女脫口而出的歧視言語，很不幸地非常普遍，它解釋了非白人的孩子們在公共場合如何被看待——用一種很糟糕的方式。而且如果這些孩子出身中下階層或住在治安不佳的地區，往往只能被迫待在家裡。「貧困地區的孩子，總是人數太多、太常待在外面、太吵。這些孩子沒人要。」政治學家暨婦運人士法蒂瑪·瓦薩克（Fatima Ouassak）在她那本震撼人心的《母親們的力量》（*La puissance des mères*）書中這樣表示。

除了原本就存在的難題之外，再加上上述**針對孩子的敵意，使得母親因此退出公共空間**，因為她們仍是小孩的主要照顧者；因為她們通常被視為「壞教育」的罪魁禍首。「必須在公共場合安撫我哭泣的女兒，並承受他人的異樣眼光或批評我不會當媽媽的聲音，這真的讓我很緊張，我因此會在產假或育嬰假期間放棄出門。」記者克蕾蒙絲·波耶（Clémence Boyer）在《小姊》（*Madmoizelle*）雜誌這樣表示[305]。公共場所原本長久以來就是由男性規畫、為了男性而存在的場域[306]，女性在此本來就已處於弱勢地位，如今她們成為母親就完全被排除在外了。

聚會無媽媽

事實上，母親們不是只有在公共場所才會覺得自己不受歡迎。對許多媽媽而言，**伴隨母職經驗而來的，是社交孤立感**。被問到當媽的經驗時，許多女性都會說，成為母親之後，她們覺得自己被原先擁有的社交生活排除在外，尤其是和朋友變得疏離。「從我懷孕的時候開始，大多數朋友不再邀我去喝一杯或參加聚會。我猜他們認為我可能不想出門，或我可能覺得格格不入……或是我可能會很煩人，我不知道！我的社交活動變得很少。現在我有兩個小孩，看到朋友的機會又更少了。我已經習慣了，但還是滿難過的。」三十八歲的法菈說道。無論我們是事先猜到、逆來順受或突然驚覺，事實就是**親職會嚴重干擾您和朋友的友誼**。幾年前，英國社會學家安妮・克羅南（Anne Cronin）著手調查生育對女性與友人關係的影響，她的研究結果正顯示了這一點。「所有受調者都表示，她們有小孩或是朋友生了小孩的事實，都對她們的友誼造成重大衝擊。」她在研究報告中寫道[307]。這不只是細節問題，根據該調查，孩子的誕生是「改變她們交友模式與方式的最重要因素」。這樣的改變有時是好事，有時則不然。

為人父母之後，我們看待事物的優先順序有所不同，限制也變多了。我們有空的時間變少、預算變得緊縮、不一定能托育所以必須配合孩子調整作息，我們有時會覺得**和原本是密友的朋友們產生許多差異**，尤其當朋友沒有小孩的時候。愛蜜莉有一個兩歲的女兒，她說自己剛當媽時，感覺「很幻滅」：「大家都知道生小孩之後生活節奏會改變，但我想我們並不知道程度有多嚴重。改變的還有我們和朋友的關係，有些變好，其他則是變壞。」三十二歲的安娜依絲覺得她在當媽之後「被排擠了」：「我感覺自己漸漸被孤立，」她說，「有些朋友有小孩，有些朋友沒生小孩，但所有人都認為（只是認為而已）我們再也沒有時間、沒空出門社交了。我們漸漸隱形消失，被視為育兒與教養的代名詞。我們彷彿在這個世上變得沒有價值，卻被宛如中小企業一樣繁忙的家務重擔壓得疲憊不堪。」當孩子患病或有身心障礙時、當父母陷入經濟困境時、當妳身為單親媽媽時，這樣的孤立感又更深了。成立「單親媽媽協會」的莎拉・樂貝莉甚至稱之為**「脫離社會」**。「女兒出生之後的三年期間，我非常孤獨，但我原本是很愛社交、朋友很多、熱心投身社運的人。但無論妳是怎樣的人，一旦開始獨自一人養小孩，就脫離了原本所屬的社交團體與朋友圈。」

確實，父母比較沒機會和朋友碰面、享受嗜好、出門玩樂、參加社運。媽媽們尤其如此，她們的自由時間比爸爸少[308]，而且通常必須負責打點家裡所有大小事。但不僅如此，媽媽們遠離社交生活，並不只是因為太忙。電話變得很少響起、從前會收到的邀約現在都沒了……成為人母之後，她們經常**覺得自己被親友圈排擠了**。因為我們的親友家裡不一定有合宜的設施可以接待幼兒和父母。他們也不一定有意願。而且他們很快就會認為父母們，尤其是媽媽們，如今再也沒有時間見朋友、聚一聚，派對晚宴就更不用說了。某方面來說確實如此，但並非全然如此。結果有時我們明明可以參與，對方卻不讓我們參與，真讓人難受。「不再受邀之後，我們覺得被歧視了。彷彿小孩會讓我們被困在家裡，但完全不是這樣。」二十八歲的佐伊嘆道。四十一歲的海倫也提到「歧視」，她感覺自己被「沒有小孩的人」排擠了，譬如一群閨蜜一同共度週末，卻沒人邀她，後來朋友對她說：「我們沒邀妳是因為有小孩的話，安排行程會比較複雜。而我們又是在最後一刻決定的……」這種事太常發生了！

有小孩之後，**媽媽們唯一的身分，只剩下母親這個角色**。大家都忘了從前那個愛玩、懂生活、滿腹壯志又風趣的超級密友——在他人眼裡，母親就只是一個母親。意思是：有點無趣的女人，滿嘴只有孩子的事，既破壞氣氛，又愛碎碎唸。「妳會覺得別人看妳的方式不一樣了，妳彷彿在某些人眼裡消失了……」三十八歲的莎拉這樣認為。「我很受不了去餐廳吃飯或家庭聚會時，大家讓我和其他媽媽坐在一起，因為『妳們有共同話題』。但我不想一直聊小孩的事，我這個人的身分認同，不是只有媽媽這個角色。但常常就是這樣。我就只是『媽媽』。」有四個小孩的雅莉艾諾對此非常惱怒。三十七歲的愛蜜莉則敘述她置身於一群「無子族」當中時，被貼上「媽媽」標籤的經驗：「我去參加一個聚會，多數人我都不認識。大家開始閒聊、喝酒，氣氛很不錯。那是個很棒的聚會。某一刻，我和兩個人聊天，他們開始聊起他們一個剛生小孩的女性友人，批評她只想著她的寶寶、再也沒空出門玩樂。所以我告訴他們，有小孩之後，生活的確會改變。我說我自己也有兩個年幼的小孩，他們嚇了一大跳，還說什麼『是喔？看不出來……』然後他們就開溜了！我很火大。妳就直接被歸類為『母親』，無趣之人。我超生氣的！」這些人似乎認為，生小孩的同時，我們的個性、社交魅力、愛玩的性情就全都消失了。二十九歲的茱麗葉則表示，她很害怕被套上黃臉婆媽媽的刻板印象從此無法脫身：「和朋友相較，我很年輕就當媽了。我因此感受到一股壓力，逼我不能變得『很煩』，不能只講寶寶的事，要繼續和大家喝一杯……」她說，「我逼自己不能因為當媽而變得討人厭，所以我繼續邀朋友去吃飯、上餐館。但身為唯一的媽媽，和一群完全不知道這背後要注意多少事情的朋友一起，這重擔太沉重了！妳總覺得自己在妨礙大家，妳的寶寶哭得太大聲，晚餐時間約在晚上九點而妳假裝一切都好，事實上，妳腦子裡正在計算寶寶今晚能睡幾小時。」

把女性主義媽媽擺進置物間

在婦運圈裡廝混，並不能讓我們免除刻板印象，也無法預防我們當媽之後不會遭到孤立，儘管大家可能會把事情想得很樂觀。我們可能以為，媽媽們在婦運圈理所當然可以找到支援、有人傾聽、可以找到一席之地。實際上，她們面對的卻是和其他場合相同的既定成見與排擠機制。當然總有例外（幸虧如此！）。「女性主義友人們算是半支持我。我們是這個團體中最早生小孩的人，所以這完全不是眾人關心的主題。儘管他們理解我們也願意傾聽，但他們還是聽不太懂……不過，整體而言，他們總會用溫暖的話語鼓勵我，或至少他們會誠心誠意地聽我傾訴。」二十六歲的莎拉這樣說。其他人就沒這麼幸運了，她們被潑了一身冷水。「幾個曾經和我很熟的女性主義朋友讓我相當失望，她們其實不太支持我，所以她們其實不太女性主義。她們會說出類似『是妳想要小孩，現在妳有小孩啦！』之類的話。」有一個小孩的單身媽媽伊麗莎白說道。

不僅朋友圈如此，**女性主義者的集會場合也一樣，不一定會對媽媽表示支持**。「說實話，我覺得我們有點礙事。我在網路上關注的女性主義者幾乎都是『自由無子族』，而且『不喜歡小孩』，有些關於小孩以及父母育兒方式的貼文，讓人不太愉快。」雅莉艾諾說。三十六歲的安娜塔西亞則指出，能使母職與女性主義融洽共處的場所，少之又少：「我認為婦運圈很少就整體層面來談論母職，頂多只會建立我稱為『閨房討論區』的空間，讓媽媽和想當媽的人集中在那裡討論。我認為這樣很可惜。至於社群媒體上可以同時討論母職與女性主義的空間……譬如那些錄很多相關Podcast的團體，我有時覺得她們像被趕出教室一樣孤零零。」追蹤一些結合女性主義與母職議題的帳號一段時間之後，她決定取消訂閱，儘管這樣做的痛苦大於快樂。「她們大半是住在城市裡的特權階級（我從前也認為自己屬於這個階級，那時我還沒生下兩個導致我們變窮的孩子）。她們代表的生活方式、她們推廣的產品與方法，對我而言往往遙不可及，而我認為她們並沒有意識到這一點。我知道她們不是故意的，我也知道她們做的事很棒很重要，但事實就是如此。」另外，她「絕對不會去煩」她的女性主義（無子）朋友，不會和她們聊母職。

媽媽真的很煩，她們的托育困擾、精神重擔、枝微末節的家務生活，還有總是纏在她們腳邊的小鬼頭。我們必須指出：**婦運組織不太重視媽媽們的困境**。在推特使用暱稱「奇聞」的法比安妮告訴我，幾年前，當她在一個瑞士婦運組織積極爭取訴求時，覺得自己很「脫節」。那時她的孩子還小，她被家務重擔壓垮了：「我的訴求沒人聽得懂，但那明明一點難度都沒有，簡單說起來就是：『我在家裡的遭遇，慘斃了。』其他人有些比我年輕（她們沒有小孩），有些比我年長（她們的小孩已經大了），她們對我的訴求無動於衷。我不怪她們，但我覺得沒人懂我。」「單親媽媽協會」的會長莎拉・樂貝莉已在婦運圈積極活躍超過十五年，她也有相同感觸：「媽媽們，尤其是單親媽媽們的主張，經常被婦運圈無視。由於『女性不只是母親』這套論述（這也是我們的主張），所以所有和母親相關的議題都被掃到一邊，無論社會層面或政治層面皆是如此，而我們置身於一個父權社會。」

而且，孩子年紀還小的媽媽們較難出席會議或上街遊行。因為背負家庭責任的她們找不到可以托育的機構，或該機構的開放時間不符需求。「如果看到女性主義講座的時間是晚上七點，我會怒吼！有一次我受邀演講，主題是精神重擔，時間是下午六點半，對方提議幫我請保母照顧兒子，費用由他們出。我拒絕了，因為還有很多女性和我一樣，必須在那個時段照顧小孩。把探討家務勞動的講座排在下午六點半，實在是太荒唐了！」建立《妳沒忘記吧……？》頁面的婦運人士寇琳・霞本提耶這樣說。若要將母親逐出社運空間，這倒是個好辦法！

媽媽們被視為最不重要的一環，**她們在社運圈中仍然是備受指責的媽媽**。就連那些號稱包容、左派、反體制、致力謀求多元社會的社運人士也一樣。為許多族群爭取權益，卻對媽媽們不太友善。「身為有兩個小孩的年輕媽媽（編按：她二十歲生子），我和許多女性一樣，經常因為母職而遭受指責。如果說這些話的人不屬於我的世界，我就不太在意。但兩年前在一個婦運團體內，有個夥伴指責我是壞媽媽，我很震驚。我於是理解，關於親職的社會箝制其實無所不在，就連秉持左派信念的人也是如此，就連想要推翻體制的人也是如此。」婦運人士露・米露荷（Lou Millour）於二〇二〇年春季這樣表示[309]。這根最後的稻草，或應該說是火花，使她興起籌辦「超壞媽媽音樂節」（le festival Very Bad Mother）的念頭，這場音樂節於二〇二一年夏季在菲尼斯泰爾省的孔卡諾（Concarneau）舉辦。說真的，面對社會放逐媽媽、鞭笞媽媽的態度，還有比這更好的回答嗎？

媽媽們的報復

沒錯，我們是母親；沒錯，我們和孩子一起生活，但是，這不能代表我們的一切，我們也無須為此道歉。我們是媽媽，媽媽該做的事我們都會做，但我們也是人，會希望擁有社交生活、出門玩樂、聚會、參與社運。所以，如果有人對小孩（以及小孩的父母）過敏，我對此感到抱歉，但我們不打算再被無視……也不打算只待在親子友善區。

讓我們創造、籌畫、支持所有對母親友善的節慶活動與社運場所。近幾年，出現不少歡迎闔家蒞臨的多元活動。譬如**超壞媽媽音樂節**，這場「龐克女性主義」露天節慶為期一個週末，透過重量級的座談、自主營運的托育場所、演唱會、啤酒，來「重新創造親職的各種不同面貌」。好消息是，這場音樂節將於二〇二三年再度舉辦，這次集中火力探討社會對年長者的歧視。令人期待！此外還有「**WeToo 藝術節**」（le festivel WeToo），自二〇二〇年起於巴黎舉辦，這是「一場充滿節慶氛圍與政治意識的闔家體驗，透過抱持社運訴求的跨領域藝術家作品與表演、以及強而有力的思索討論，共度一場女性主義革命」。WeToo 藝術節邀我們重新思考當前的異性戀父權常規，對性別刻板偏見、性事與性別關係提出質疑，除了針對大人準備的活動內容，亦有為了小朋友與青少年設計的活動。馬賽則有「**潑婦藝術節**」（le festival Garces），誕生於二〇二〇年的女性主義節慶，結合不同領域的創作，將一整天的時間都留給小鬼頭。至於那些想要出門參加抗議活動的家長們，您可以諮詢雷恩以及大巴黎地區的「**泡泡**」（La

Bulle）組織，這兒提供「舉辦酷兒／女性主義／反種族歧視／反資本主義相關遊行、集會或政治活動時」的附設托育服務，自主營運。「泡泡」的目標很明確：免費托育，讓媽媽與家長們能夠參與社運。真希望這樣的好主意能開枝散葉（而且，不只侷限於婦運圈內）！

讓我們發展女性主義母親的活動空間，譬如愛麗絲．勒瓊德（Alice Legendre）主辦的「母親寫作坊」，寫作母職相關主題。還有愛莉亞（Elia，又稱寇蒂迪安妮〔Cotidiane〕）於二〇二一年開始主持的「母親讀書會」。巴黎的女性主義親權協會則會舉辦演講、經驗分享團體（主題是產後期或家務重擔）、女性主義讀書會。該組織也創建了「家長亭」（Pavillon des parents），專為新手爸媽和寶寶們規畫的分享時光，每週舉辦。「我們希望能提供這樣的社交場所給孤單的媽媽們，孤寂令人難以忍受，而這樣的場所著實太少。」協會成員瑪莉－娜汀．普拉杰表示。

讓我們衝撞社運空間放逐母親的（壞）習慣。「我們會參加晚上九點半的視訊會議，有時直接把小孩抱在懷裡。這是重新規畫社運生活的方式之一。我們必須重新思考婦運；讓『小孩區』在婦運活動中變得普遍；讓媽媽們參與或旁聽一些消耗精力或兒童不宜的會議時，有地方可以托育小孩。」莎拉．樂貝莉這樣堅持。目前這類設施仍然太少，莎拉．樂貝莉和單親媽媽協會的其他成員只能一直把小孩帶在身邊。「多數時候，我們開會時都會把小孩帶去，無論對象是合作單位還是議員，有一次甚至是市政諮詢委員。」

讓我們在公共場所支持其他媽媽，大家一起並肩作戰。就像卡麗（Kalie）在推特表示：「身為女性主義者，要證明女性情誼，最讚的方法有時只是在火車中幫助一名被刁難的媽媽，而不是滔滔不絕談論女性主義。」或是當其他人告訴這個媽媽她不受歡迎時，出面支援她。「現在，我變得很常出面幫助陷入困境的媽媽。記得有一次搭公車時，我看見一個媽媽帶著她的四歲女兒，女兒正在鬧脾氣、哭哭啼啼。有個乘客被惹火了，她開始學那個小女孩大聲哭哭啼啼。我能感覺這個媽媽很慌亂，於是我轉頭對那名女士說：『沒錯，哭聲很煩人，但人生就是這樣，她只是個孩子。如果您無法忍受的話，請自行開車。』我碰巧和那個媽媽在同一站下車，她向我道謝。我相信這就是我們該做的：讓人們知道小孩有權出現在這些地方，就算他們會吵。」瑟麗詩說。

沒錯，**讓人們知道，媽媽出現在公共場所是正常的**。所有媽媽都一樣！無論是包頭巾或染藍頭髮；無論是麗克風還是早餐麥片廣告風格的完美家庭；無論有沒有把小孩帶出來，我們都有權出現在公共場所。而當人們論斷我們做得「太多」或「不夠」，我們都無須為自己辯護，也不需要躲回家裡。所以，讓我們挺身協助我們當中最受鞭笞的族群對抗歧視，讓我們高聲拒絕社會的放逐。無論有無小孩，公共空間與集體行動都有我們一份！

2 媽媽不再默不吭聲

不斷在媒體上曝光的媽媽們

好啦，說實話，我們並非如此隱形。有個地方，媽媽經常現身——媒體。因為媒體很愛媽媽，愛到啟人疑竇，如果您想知道我的意見的話，因為媒體這個領域，儘管幾十年來已有無數報告、措施，以及很好聽的承諾，媒體呈現的女性比例依舊非常低。舉影視業為例，二〇二一年，數位影視傳播管理局（Arcom，該單位取代了之前的影視高級委員會）指出[310]，電視與廣播電臺呈現的女性（記者、專家、名人、各式各樣的受訪者……）只占百分之四十三。和往昔相較之下，這數據已經不差了。但是她們雖然上了節目，說的話仍比男性少很多；男性講話的時間，占了百分之六十四的發言時間。而她們說了什麼呢？數位影視傳播管理局的報告並未說明。太可惜了——當時擔任婦運團體「占據頭版吧」（Prenons la Une）會長的記者蕾雅・勒杰妮（Léa Lejeune）於二〇二〇年指出，當女性在媒體上發言時，通常都是與「藝文、社會、或她們的母親角色」相關的主題[311]。法國電視二臺（France 2）在主顯節當天的新聞節目就是一例，報導中唯一受訪的女性是……幾位媽媽，被記者詢問關於主顯節美食國王派的問題。

當然，我毫不反對母親們在媒體現身，也毫不反對國王派（雖然這類杏仁奶油餅賣得有點太貴，不過那不是重點）。問題在於，**媒體將女性侷限在她們的母親角色裡**。媒體處理新冠疫情新聞與首度封城相關報導的方式，清楚顯現這一點。出現在媒體上的專家絕大多數都是男性，受訪的各機關高層更是少有女性，但是「現場報導」當中，卻出現壓倒性多數的女性受訪者[312]，幾乎都是護士……和媽媽。新冠疫情期間接受媒體採訪的父母當中，百分之七十九是媽媽，主要談論遠距教學與精神重擔。換句話說，媒體賦予女性話語權時，並不是為了聽她們的專業意見、分析、政治訴求，而是為了讓她們談談日常生活、孩子、家務負擔。就連主題和家事無關時也一樣。

女性無論做過哪些事、想法如何、擁有哪些成就，**只要身為女人，就永遠會被詢問關於生育的問題**，不管她們有沒有小孩。二〇二二年春季，演員卡米爾・科坦（Camille Cottin）就表示，每次她為了電影出席宣傳活動時，媒體總不斷問她孩子的事，這讓她很不舒服：「妳很難逃離關於母職的問題……我不是很喜歡聊這些，因為這是我的隱私。」[313]二〇一九年，則是美國歌手泰勒絲（Taylor Swift）被詢問無數次關於生育計畫的問題後，這樣回敬某個記者：「我不認為年近三十的男性會被問這種問題，所以我不打算回答。」[314]演員綺拉・奈特莉（Keira Knightley）則是這樣反擊一名問她如何兼顧拍片與家庭生活的記者：「為什麼不去問男人這個問題？為什麼這類討論總和男人無關？為什麼人們覺得父親就不會因為沒花夠多時間陪孩子而良心不安？」[315]對啊，為什麼？

男性接受媒體採訪時，根本沒人在乎他想不想生小孩，也沒人想知道他如何兼顧職場與家庭生活。我印象深刻的一篇採訪，是二〇二一年夏天，《社會》（*Society*）雜誌於電影《亞瑟王傳奇》

（*Kaamelott*）上映時，採訪本片導演暨主演演員亞歷山大．阿斯蒂爾（Alexandre Astier）。這篇報導篇幅很長，亞歷山大．阿斯蒂爾暢談自己身兼製片、編劇、演員、諧星的忙碌生活。他是七個孩子的爸，但在這篇訪談中，記者連一次都沒問他如何兼顧這麼多工作與這麼多小孩（我大概猜得到。算了）。儘管如此，我認為這是個值得探討的問題。我們可以肯定，他絕對是將這些事交給某個女性去做。同樣地，我們可以找到幾十篇夏洛特．甘斯柏（Charlotte Gainsbourg）的訪談，記者請她談論她的小孩、親子關係、她如何教養孩子……但是，從來沒有記者詢問伊萬．阿達勒（Yvan Attal）這類問題，他也是演員，是夏洛特．甘斯柏的伴侶，噢對，他也是夏洛特．甘斯柏這些孩子的父親。

時至今日，**親職這個主題，在媒體上仍舊是娘兒們的事**。近幾年，的確也有一些零星的嘗試，試圖讓這個主題跳脫性別框架。譬如「父職」（Paternel）這個「新世代父親們的數位媒體」；還有《爹兒們》（*Darons*）雜誌（已停刊），供父親閱讀的女性主義雜誌，風格輕鬆鮮明，企圖在親子雜誌中開闢一條新路；以及雨後春筍般的網紅爸爸，諸如「爸權爸爸」（Papatriarcat）、「羽爸爸」、「爸爸秀秀」（Papa Chouch）、「女兒們的父親」（Father of daughters）等等，他們在網路上分享自己的家庭生活，其中一些還會在爸媽星球的育兒天地中，注射幾劑女性主義營養針。但是，傳統媒體依舊不是如此，一般報章雜誌（據說讀者是男性）中，會出現「親子」專欄嗎？想都別想！至於親子雜誌的讀者，幾乎都是母親。二〇一三年，「媒體批判行動組織」（Acrimed）深入分析最具權威的親子雜誌之一：《家廷》（*Famili*）雜誌，結論是？「《家廷》僅討論異性戀伴侶與其小孩，而且完全是一本女性雜誌，『為了女人』、『為了媽媽』而出版。某方面來說，意思即是家庭主要由母親與小孩構成，父親只在（逼不得已的）特殊狀況下，暫時取代母親。因此，《家廷》是一本為了媽媽而存在的雜誌，這些媽媽的主要職務就是媽媽，家務都歸她們管。」[316]

除此之外，也不能提及太多關於母職其實沒那麼美好的真相。在親子雜誌中，談論母職必須非、常、正、面。記者法比葉妮・拉庫德試圖提議一些關於媽媽困境的主題時，就深刻體驗到這一點：「傳統的親子雜誌拒絕了我好幾遍，理由是『這會讓人不開心。像這樣的主題，我們頂多每年做個一兩次。必須讓媽媽想讀，而不是讓她們讀了會難過。』這些編輯認為，如果談論媽媽們的困境，會導致女性對母職心生反感。」[317]近期，有些媽媽鼓起勇氣公開談論生育的黑暗面，並非所有人都贊同她們的舉動。「怎麼會出現這麼多書籍、文章、證言在講說當媽很後悔、懷孕很難熬、分娩很痛苦、產後很憂鬱？」二〇二二年三月，一位名喚克洛伊・O.-G.（Chloé O.-G.）的女士在《赫芬頓郵報》（*Huffington Post*）一篇社論中表示憤慨[318]。別擔心，根據這位心理治療師的見解，言論解禁是好事，但是，可不能解禁太多。「這類主題不應成為媒體焦點，更不應該讓人以為少數人的遭遇是普遍現象。」她寫道。她認為自己「很幸運，我成為母親的時候，還沒吹起這股失敗媽媽悲慘育兒的潮流」。潮流嗎？意思是，如果妳沒在四十歲那年（最好是秋冬季的新裝發表時期）因為育兒過勞而崩潰，那妳的人生就搞砸了！

母職的媒體革命

克洛伊・O.-G.所謂的「潮流」，我認為是一場正在醞釀的革命。因為媽媽們不再噤聲不語。近幾年，**媽媽們成功讓媒體關注關於母職的嶄新言說**。而且，不一定僅限異性戀媽媽或幸福的媽媽、不一定與女性主義背道而馳。這場言論解放（或是聽眾的解放？）當然歸功於第四波女性主義，自從#MeToo運動於二〇一〇年代初開始沸沸騰騰之後，媒體與傳統出版業不得不談論這些主題。除此之外，社群媒體也是一大功臣。雖然社群媒體確實出現許多展示幸福甜蜜親子時光的夢幻畫面（修圖修很大），但於此同時，育兒的現實處境、媽媽們的憤怒心聲，也在社群媒體上引起巨大迴響，譬如帳號「媽的一團亂」、「少給建議了」、「我討厭懷孕」、「超棒媽媽」（The Very Good Mother）、「媽媽的後悔」（Le regret maternel）……。和從前不同的地方，並非如克洛伊・O.-G.所言，媽媽們的苦悶並非「潮流」。不同以往之處，其實很簡單，就是女性如今開始發言、開始交換意見。

她們不僅開始討論，並**建立了以新觀點探討母職的媒體**。譬如克蕾蒙汀・嘉萊（Clémentine Galey）於二〇一八年建立的「極樂故事集」（Bliss Stories），這是第一個「百無禁忌」談論懷孕與分娩的Poscast頻道，由於大獲成功，她於二〇二二年開始巡迴法國，在各地舉辦主題之夜，探討母職如何成為培力的泉源，場場爆滿。這還只是冰山一角。短短數年之間，出現許多以母職為主題的Poscast頻道：克蕾蒙汀・薩赫拉（Clémentine Sarlat）的「母職青春期」（Matrescence）、講述「非典型母職歷程」的

「月之頻道」（Luna Podcast）、試圖讓人更加理解生育真相的「我的產後期」、以及齊博菈・席笛蓓（Tsippora Sidibé）的「只要我仍是黑人」（Tant que je serai noire），思索黑人女性對生育的（不）渴望。網站「小姊」於二〇二一年新增「為母」頁面，探討社會對母親的壓迫、研究女性主義教育，亦反映了時代風氣。不過，最能代表這場正在發展的進步（革命）的媒體，或許還是法比葉妮・拉庫德於二〇二〇年創立的「女性主義自由母職資訊」，結合母職與女性主義，提供一個「得以思索並群起反抗」的空間，將母職帶入女性主義的分析範疇。這確實是首創之舉。

參與媒體的媽媽們，如今不只揭露母職隱藏的黑暗面，亦致力**改變「好媽媽」的刻板印象，抨擊它的霸權主義**。屬於中產或富裕階級的好手好腳白人異性戀女性形象[319]——沒錯，我本人很符合這形象。為了扭轉這無所不在的刻板形象，Instagram帳號「拉拉母職」（Matergouinité）於二〇二一年成立，讓女同志與酷兒媽媽們有更多能見度。「我總是不知道該拿『媽媽』這個身分怎麼辦，我原本從未想像自己會當媽。孩子誕生之後，我希望認真思索這件事，因此遇見許多像我一樣的媽媽，身為拉子、參與社運、從不除毛的媽媽……」該帳號的兩名創辦人之一，麗莎（Lisa），在《珍妳雜誌》（*Jeanne Magazine*）一篇訪談這樣表示[320]。另一個帳號「去問你的媽媽們」（Demande à tes mères）則敘述兩位女同志母親的日常生活；「索拉的小窩」（Le Bocal de Solal）則是一個酷兒家庭的日常生活；「酷兒神經家長」（Neuroqueer Parent）則是一名患有神經病變的非二元性別者的育兒日常；「黑人媽媽們」（Mamans Noires）則提供遭受種族歧視的媽媽們發聲管道。藝術家莎拉・塔爾碧（Sarah Talbi）則在她的 Instagram

帳號上，和七萬名粉絲分享自己身為天生身障的媽媽的日常。儘管仍屬少數，但這些影像與人生故事至關重要。因為我們急需跳脫特權階級好手好腳白人異性戀媽媽形象[321]。除此之外，將焦點轉移至更易被忽視、更為邊緣的媽媽們身上，關注遭受種族歧視的媽媽、女同志媽媽、跨性別媽媽、貧困的媽媽、單身媽媽、患有神經病變或身心障礙的媽媽，我們才終於能夠擴展母職的範疇。

3 戰鬥吧！媽媽們

參政的媽媽有誰要？

某天早上，我心不在焉聽著廣播，卻突然血壓飆高。議員選舉的選戰正熱，法國廣播電臺綜合頻道（France Inter）邀法蘭索瓦．白胡（François Bayrou）上節目[322]，讓他高談闊論政治階級。他認為如今普羅百姓已聽不懂政治人物說的話：「大多數法國人，至少是為數眾多的人，甚至不懂我們在講什麼，這是肯定的。我永遠忘不了，每一次，有時是女人，常常是女人、媽媽，她們會說『我聽不懂掌政的人在講什麼。』」嗯哼，法蘭索瓦，政治對我們來講真的太複雜了，反正女人本來就什麼都不懂，媽媽們嘛……就更不用說了！因為我們這些媽媽都傻呼呼，我們只懂得閒聊一些瑣事，對吧！而且，聽這位政壇老將把母親們當成無腦大眾的代表，我們還真的差點忘記，媽媽們參與政治已經很多年了。

我們怎麼可能忘記呢？投身政壇的母親，很少不引起注意。首先是那些站在最前線的女性，她們和男性同僚相反，而是像老百姓一樣，**她們總會不斷被質疑有沒有能力兼顧家庭生活與政治生涯**。別忘了，塞格琳．賀雅爾（Ségolène Royal）宣布她有意參選二〇〇七年的總統大選時，洛朗．法比尤斯（Laurent Fabius）的反應是：「但是，小孩誰來顧？」他以為這是個好問題（或許問問孩子的爸？），無論如何，這是女性難以倖免的問題。二〇一四年，納塔莉・柯希亞斯柯－莫里塞（Nathalie Kosciusko-Morizet）競選市長時，便必須向《Gala》雜誌詳細稟報她的時間表：「我幾乎每天早上都會送孩子去學校，晚上我會想辦法在七點半到八點半這段時間待在家裡，好幫孩子們洗澡。」幾個月後，則是剛就任教育部長的納賈特・瓦洛－貝勒卡西姆（Najat Vallaud-Belkacem）在《Elle》雜誌的專欄為自己辯護：「我很羞愧，但我必須承認，目前我還沒找到機會送孩子去學校。（…）目前是孩子的爸負責監督寫作業。」天大的醜聞！簡直可以登上八卦雜誌封面，標題如下：「壞媽媽？納賈特・瓦洛－貝勒卡西姆不送小孩去學校！」但榮登桂冠寶座的應該是拉希妲・達狄（Rachida Dati），二〇〇九年，她在分娩五天之後，就重拾司法部長的工作崗位。「她野心太大」、「她眼裡只有事業」……許多人指責她的決定「很可恥」，批評者包括婦運團體，認為她踐踏女性權益。

從政的母親，彷彿是在兩個世界之間走鋼索。若她們試圖證明自己全心投入公僕職責，她們就會被歸類為壞媽媽。而她們若多留一點時間給家人，**她們的政治生涯就可能失去信譽**。瓦萊麗・佩克雷斯（Valérie Pécresse）回憶道，一九九七年，當她考慮嘗試總統府諮詢委員一職時，多明尼克・德維勒班（Dominique de Villepin）有何反應：「他告訴我：『您知道政壇沒有正常的女性嗎？從政的都是精神官能症患者或單身媽媽。您呢，您有丈夫、有兩個小孩，您是一名正常的女性，您不適合搞政治。』」她在二〇二二年播放的一部紀錄片中這樣敘述[323]。在同一段訪談中，她說她因此隱瞞自己身為母親的事實，以免被當成局外人。「我稍微保護了自己，」她說，「我不會讓人知道，下午三點我離開辦公室是因為我女兒生病，我必須去托嬰中心接她。我隱瞞事實，以免它變成別人拿來攻擊我的弱點。」

我們能夠想像一名女性政治家（或男性政治家，這樣更瘋）高聲宣揚自己從政同時還有小孩要養嗎？在法國，這有點難以想像。但在其他國家，**確實有女性政治家高聲拒絕對她們的母親身分保持緘默**。例如澳洲綠黨參議員拉瑞薩・沃特斯（Larissa Waters）：二〇一七年，她一面在國會開會一面哺乳，並未離開座位——她這行動非常有力，因為十五年前，另一位這樣做的參議員因此被趕出國會；二〇一六年，則是冰島議員烏努・布菈・孔拉德斯多提（Unnur Bra Konradsdottir），她在國會發言的同時哺乳；二〇一八年，紐西蘭總理傑辛達・阿德恩（Jacinda Ardern）抱著她的寶寶出席聯合國會議（輪到她發言時，她把寶寶暫時交給孩子的爸）。但是英國議員斯特拉・克雷西（Stella Creasy）遇到的反應就沒這麼正面了，二〇二一年，她抱著寶寶去了幾次國會之後，被要求另外找個托育管道。「看來，媽媽們不能在議會會場被看見、被聽見……」她在推特上沉痛表示。

然而，試圖收買選民信任的時候，媽媽們又會被推到最前線。**在政治角力當中，母親身分也是一張王牌**：為人母者能夠信賴、沉著穩重，她們一定腳踏實地、懂得負責。於是，瓦萊麗・佩克雷斯的母親身分曾經是絆腳石，後來卻成為她的賣點。「就政治層面來說，她尚未被明確定位。但她有潛能，她是個有故事的人。她能呼應法國人心中的堅忍母親形象，懂得鞭策、但又能保持溫柔。」她的團隊成員在她預備參選二〇二二年總統大選時這樣表示[324]。總統大選第一輪結束後，晉級第二輪的瑪琳・勒朋（Marine Le Pen）承諾她會「以母親身分領導國家，兼具情理與協調，不過分、不極端」。

進步派的政黨，偶爾也會彰顯母親的形象（美國的希拉蕊·柯林頓〔Hillary Clinton〕與蜜雪兒·歐巴馬〔Michelle Obama〕都用過這一招），但很明顯地，**保守派的運動特別常運用母親的形象**。譬如七〇年代初，美國憲法即將通過「平等權利修正案」（Equal Rights Amendment）時，菲莉絲·施拉夫利（Phyllis Schlafly）動員大批家庭主婦來阻撓法案通過。譬如共和黨的莎拉·裴琳（Sarah Palin）帶領的保守派運動「茶黨」（Tea Party）集結許多「灰熊媽媽」，張牙舞爪捍衛她們的傳統思維；還有二〇一三年蜂擁上街反對同志婚姻的「守夜的媽媽們」。捍衛既定秩序與傳統價值的堡壘，還有誰比母親更適合擔當？她們是保守派運動的寵兒，因此，「參與政治的媽媽們」的主要形象就是保守的反動派，仇視進步派的抗爭訴求。她們在新聞中的形象也是如此。於是，婦運人士也這樣看待她們——猜疑、不信任。

問題是，只注意那些為保守派而戰的媽媽時，我們會忘記還有其他人。為了社會正義而奮戰的媽媽們。擁護女性主義、環保議題或反種族歧視的激進派、和黃衫軍並肩奮戰的媽媽們、擁護修法使所有女性皆能享有人工生殖的媽媽們。她們毫不放棄，她們為了孩子、社區、同僚而戰，她們在陰影處默默奮戰，或是在示威遊行中高喊訴求，她們當中有些人在奮戰過程中失去一切，有些人已經沒有什麼可以失去的了。她們就是日常生活中的護理人員政治家英格麗·勒瓦瑟（Ingrid Levavasseur）、第一位當選議員的清潔人員拉謝爾·克克（Rachel Kéké）、由失業媽媽變身環保鬥士的艾琳·布羅克維齊（Erin Brockovich）。**是的，母親們會參與政治，而且不只茶黨那幫人！**

戰鬥的媽媽們

母親們的戰鬥，難道都被遺忘了嗎？她們的抗戰（與勝利）難道不值得記錄在我們的女性文化遺產中嗎？因為歷史上，確實存在由母親們發起的抗爭，為了捍衛她們自己或孩子的權益。譬如阿根廷的**五月廣場母親**（Mères de la place de Mai），領導人是赫柏·德·博納維尼（Hebe de Bonafini）。一九七〇年代末，許多媽媽挺身對抗獨裁政權，要求政府公開她們那些「失蹤」的兒子的真相。成千上萬的年輕人被政府擄走或殺害，他們的母親當中，許多是家庭主婦。儘管承受諸多壓迫、儘管遭遇許多羞辱——軍隊稱她們為「五月廣場的瘋女人」，她們還是撐下來了，並且在四十年後的今日，繼續為了真相奮戰。

另外，還有一九八九年由瓦倫蒂娜·梅爾尼科娃（Valentina Melnikova）發起的**「俄羅斯士兵母親委員會聯盟」**（Union des comités de mères de soldats de Russie）。蘇聯入侵阿富汗戰爭接近尾聲時，在這個充滿言論審查、政府極度殘暴的國家，她們集結起來，同樣為了找到關於「失蹤」士兵的真相。她們支援逃兵、提供資訊給士兵家屬或即將上戰場者的家人、上法庭、保護受虐士兵……她們當中，甚至有些人親自前往戰場尋找兒子。這些母親不僅在軍隊內部伸張人權，更成功讓兵役相關法規有所改善。

在我們這兒，則有**「芳登廣場的母親們」**（Mères de la place Vendôme），她們於一九八四年集結起來，控訴警方的種族歧視暴力導致她們的兒子成為犧牲者。她們在司法部長的窗前示威，要求公布真相、還她們一個公道。哈齊齊太太、梅里昂太太、圭米亞太太、奧柏格太太（Mmes Hachichi, Melyon,

Guemiah ou Aubourg）……這是其中幾名成員的名字。兩年期間，她們持續抗爭，抗議種族歧視犯罪不受懲罰、呼籲媽媽們團結起來對抗警察暴力。三十年後，**「母親陣線」**（Front de mères）的訴求如出一轍。該組織的創建者包括政治學家暨婦運人士法蒂瑪・瓦薩克，自二〇一六年起，針對底層街區的孩子們承受的司法不公與歧視挺身抗議。二〇一八年十二月發生於芒特拉若利（Mantes-la-Jolie）的警察暴力，亦引發相同的反對聲浪。在一場高中生遊行示威活動同時，一百五十名青少年被武裝警察強迫跪地幾個小時，雙手高舉或銬上手銬。這次也是母親們挺身而出，籌畫了**「芒特拉若利母親們的遊行」**（Marche des mères de Mantes-la-Jolie）。

幾百公里外的布列塔尼，媽媽們在一九八〇年代初的**「普洛戈夫抗戰」**（lutte de Plogoff）中，戰勝了政府。當時，高層計畫在菲尼斯泰爾省的普洛戈夫村興建核電廠，導致該村居民群起抗議。男人們出海捕魚期間，女人們繼續戰鬥六週，對抗從外地過來支援的武裝憲警（由於示威群眾投擲石塊攻擊，當地警方不得不請求更善戰的隊伍支援）。此後，許多抗爭者以媽媽的身分奮戰，捍衛她們的環境或孩子的環境。譬如阿根廷的**「伊圖薩因戈的母親們」**（les mères d'Ituzaingo），二〇〇〇年代初，她們是最早發現豆田噴灑農藥與當地飆升的罹癌率、畸胎與流產率有關連的人之一；還有義大利東南部的**「拒絕跨亞得里亞海管道的媽媽們」**（les Mamme No TAP），幾年來努力阻止跨洲天然氣輸氣管的興建工程；同樣在義大利的**「拒絕含氟表面活性劑的母親們」**（les mères contre les PFAS），則是打從二〇一八年起，呼籲政府明文禁止含氟表面活性劑這類在許多國家已經遭禁的、會造成嚴重污染的化學物質。

另外，還有**向戀童癖犯罪行為宣戰的母親們**。法國每年有十六萬名未成年者遭受性暴力[325]，犯人多數是親友或家族成員。根據二〇二〇年一起調查[326]，每十個法國人當中，就有一人表示自己曾是亂倫受害者。幾年前，法國高等健康署便已提出警告，指出這樁「被掩蔽的禍患」：許多亂倫案件未被揭發。沒被發現、無人報案的性暴力，許多案件都被警方或司法單位否認或質疑[327]。在法國，直到卡蜜兒・庫什內（Camille Kouchner）的著作《大家庭》（*La Familia grande*）於二〇二一年出版，才終於打破沉默法則。#MeToo運動爆發兩年後，凡妮莎・斯普林莫拉（Vanessa Springora）出版《同意》（*Le Consentement*），敘述她的繼父反覆對她的兄弟亂倫——一年後，這本書成為引爆點。

幾天之內，湧現了幾千則貼文，主題標籤皆標註「#我也是亂倫受害者」（#MeTooInceste），法國總統隨即宣告成立「亂倫及針對兒童性暴力獨立調查委員會」（Ciivise）。二〇二一年秋季，媽媽們寫了一封公開信給這個委員會[328]，陳述舉發父親亂倫罪行的媽媽們遭遇的苦難，她們被控訴說謊、被操控、甚至被提告；孩子們的證詞總是被質疑、案件沒有下文、調查馬虎了事；受害兒童繼續住在施暴者家中，有時甚至是強制安置……這一切，媽媽們已經忍了好多年。這一切，長年以來，**「媽媽們的國際抗爭聯盟」**、**「拋棄家庭零容忍！」**、**「驢皮之靈」**（Peau d’âme）、**「保護孩子」**（Protéger l’enfant）或**「被威脅的純真」**（Innocence en danger）等組織早已疾呼許久。「亂倫及針對兒童性暴力獨立調查委員會於二〇二一年三月正式成立，同年九月收集證詞，期間收到的投訴幾乎全部來自母親，被控訴的施暴者則大半是孩子的父親。這些母親經常被懷疑、被控訴她們操控孩子，通常這時父母正在談分手。」該委員會在報告中這樣表示[329]，並選擇以「母親們的抗戰」作為它第一份意見書的主題[331]，這份報告書提出好幾項重大主張，好讓這些媽媽們的孩子終於能受到保護。

於此同時，媽媽們的奮戰仍繼續著。「母親陣線」的創建人之一，政治學家法蒂瑪·瓦薩克認為，戀童癖犯罪行為的抗爭領域，正是我們今日應當團結的場所。建立共同陣線，不分階級、不分族裔，聯手改變體制，讓逍遙法外的罪犯們受到懲罰。「無論我們是底層的媽媽或高社經地位者、白人或有色人種，我們的孩子都同樣有被性侵的風險。身為女性主義母親，我們有好幾場硬仗要打。其中最優先的，是對抗孩子們大量承受的性侵案件。」她在二〇二〇年出版的《母親們的力量》中寫道[331]。本書不僅是一記重擊，更是實實在在的政治宣言，讚頌母親們的顛覆力量。

為母親們的政治陣線奮鬥

法蒂瑪·瓦薩克深諳媽媽們的這股政治能量。直到目前為止，這些母親都無法以母親身分參與婦運，否則便是「只能參與特殊議題。無法成為主要的政治力量與策略提供者，無法化為擺脫權力結構的能量」，她在一篇激勵人心的文章中寫道[331]。因為在婦運圈，我們被認為應該以女性的身分奮戰，而不是以母親的身分；因為母職被認定是奴役、屈從、禁錮、箝制；因為這些婦權運動不知如何與母親們的奮戰接壤，或是不願接壤。難道因為這些媽媽大半是工人階級、移民或移民後裔？母親們依舊被排除在婦運外圍，儘管她們在對抗制度與社會暴力的抗爭中扮演重要角色。

「媽媽們如今是底層街區的主要政治能量，並且備受尊敬。她們投身所有抗爭，對抗學校體制的不平等、對抗不同街區之間的暴力；她們盡全力掌握互助網絡、團結組織，同心協力在底層街區投入政治生活。」法蒂瑪．瓦薩克表示[333]。正因為她們是母親、正因為她們是為了孩子奮戰，所以她們起身迎戰既定的體制。法蒂瑪．瓦薩克表示，現在正是時候，我們不只應該重建母親們的戰場，亦應重建母職（或更廣泛的親職）的沙場，將之化作政治行動的重要關鍵。這並非將女性侷限於她們的母親角色（絕非如此！），而是賦予她們的戰鬥一種價值，「奪取母親們未曾擁有的政治權力。」

事實上，法蒂瑪．瓦薩克認為，我們應當將母親們視為**足以引發革命的政治主題**，也就是完整的政治角色，能夠建構集體策略、提出同時兼顧女性主義、環保、反種族歧視的新政策：「為了讓母親們不再是婦運的窮親戚，我們必須切割，並培養自己的階級意識。我們需要一個媽媽工會。」[334]以母親的身分建立陣線，對抗性別歧視與性暴力、種族歧視的暴力，要求真正的公共政策、真正的環保政策、真正的社會正義？或許一切能就此改觀！

但是，為了達到這一切，我們首先必須能夠建立這道屬於媽媽們的共同陣線。要建立陣線，首先必須懂得經營組織、組成聯盟……為此，我們必須正視身為母親持續面對的階級權力關係、性別不平等與種族歧視。「為了實踐這項政治理念，我們必須思索幾個可能會讓人生氣的問題，」法蒂瑪．瓦薩克提出的問題是：「女性主義者們，身為中產或富裕階級、身為白人，妳們打算把孩子養成怎樣的人？妳們會避開某些學區嗎？妳們會去找一些活動或課程，來讓妳們的孩子知道自己不屬於工人階級有色人種嗎？

更根本的問題是，妳們真的會為了新體制奮戰嗎，明知妳們的孩子在新體制中不會是特權階級？」她已經說過了，這些主題會讓人生氣。

「這些問題客觀地顯示，建造一道貨真價實、人數踴躍並且成功的母親聯合陣線有多困難，」法蒂瑪·瓦薩克也承認這一點，「但我仍有信心。」我們當中和她一樣保有信心的人，日益增加。我們的夢想是母親之間真正的政治性團結，我們將會一同奮戰，為了我們的權益，也為了孩子與其他人的權益。我們的母職經驗各有不同，而我們會將之轉化為女性主義的策略、政治行動的關鍵。

結論

那天早上，在婦產科，電話中的保母問我是不是「A的媽媽」時，我還遠遠無法想像這個詞彙背後代表了什麼。沒錯，愛和溫柔。但除此之外的其他一切，我當時並不知曉，我當時還不曉得，我會如此憤怒，那股在所有母親心中熊熊燃燒的怒火，這把私密的火焰，是因為我們身體承受的暴力、因為我們在社會上被孤立而點燃，並在家務與精神重擔的壓迫下，延燒成為燎原大火。當我們為了孩子而挺身奮戰時、因為孩子所承受或明日可能承受的不公不義起身抗爭的時候，我們心中都燃著同樣的火焰。這把火，給了我們挑戰整個體制的勇氣。

我當時還不曉得那股力量，我們在生產時、哺乳時、努力撐住不倒下時，在自己身上發現的那股令人難以置信的力量，它使我們能夠抵擋精疲力竭、日常困境，以及許多媽媽必須面對的貧窮與孤立無援。每當我們聽見、看見其他媽媽打破長久以來的沉默法則去談論母職困境時，我們都從中又多汲取一些力量。

我當時還不曉得我們會被剝奪得這麼嚴重，被剝奪身體、時間、身分，甚至收入。人們不斷告訴我們，母職是自我實現，人們已經警告我們，母職是奴役。如今，我們可以這樣回答：母職，是這兩者之間的矛盾。母職是一條充滿強迫規定與不平等的道路，但也可以是一條邁向解放的道路。

我當時還不曉得我會如此喜悅。在忙碌不堪的日常生活中，孩子用可愛的幻想、童言童語、閃耀的璀璨、還有愛，帶給我們的喜悅；看見其他母親的見證，因而大笑、思索或拋下重擔的喜悅；所有女性主義母親團結並進、取得勝利時的喜悅。

我當時還不曉得會有這麼多事被無視，我們背負的家務勞動與教育重擔；母親們的經歷、言說、與奮戰都被無視。在公共場所造成困擾的母親們、破壞宴會氣氛的母親們、被社運團體拒於門外的母親們，她們的存在都被無視。這些拒絕不公不義家務重擔的母親們，如今將她們的課題轉化為公共議題。

最重要的是，我當時還不曉得我們將會團結一致。幾年之間，這股集體能量，將母職原本無人言說、無人思考的黑暗面公諸於世。無子族與母親們、親餵派與瓶餵派、異性戀與女同志，這些媽媽都團結起來，挺身爭取母親們（以及不是母親們）的權益。由於這份團結，我們有愈來愈多人站出來對抗暴力，無論是大是小、無論受害者屬於哪個族群。如今，我們應將這份團結化為政治能量，讓所有母親的奮戰都能為人所知。

如今，我們已然知曉，母職不全然是女性的至福，也不只是奴役女性。那並不完全是玫瑰人生，也並非只有黑暗。母職亦是戰鬥、自我證明、培力的場域；母職是獨一無二的體驗，也是集體的抗戰。而且，當媽絕對不代表我們是不合格的女性主義者；身為女性主義者，也絕對不代表我們是壞媽媽。所以，讓我們繼續戳破這些宛如神話的假象吧！完美母親的假象，以及完美女性主義者的假象。讓我們驕傲地說：是的，我們是母親。我們是女性主義母親！

致謝

感謝所有與我分享母職經歷的女性們，感謝她們付出的時間與信任。

感謝所有致力於打破母職迷思、兩性不平等、給我們許多能量的女性，無論她們的奮鬥是在公領域或私領域。

感謝奧莉維亞（Olivia）的信任與建議。

感謝我的雙親，除了他們無懈可擊的支援之外，也感謝他們經常幫忙這些無法「兼顧」職場與家庭的失敗傢伙。

感謝我的孩子們，他們照亮我的人生，並且每天都使我更長大一點。

最後，當然要感謝馬夏爾（Martial）。感謝他陪伴我、支持我、忍受我，無論是在我的人生規畫方面、或是在寫作這場冒險上面。

實用資訊

第二部

延伸閱讀

- ***Enceinte tout est possible*** 本書針對種種懷孕禁忌提出質疑，並釐清許多迷思與成見。

>*Enceinte tout est possible*, Renée Greusard, Éd. J.-C. Lattès, 2016.

- ***Accouche!*** 本書以圖文並茂的方式，不帶偏見地呈現十幾名產婦截然不同的真實分娩經驗。

>*Accouche!*, Justine Saint-Lô et Fleur Godart, Éd. Marabulles, 2020.

- ***Ceci est notre post-partum*** 不容錯過的隨筆評論集，闡明新手媽媽在產後期承受的種種強迫規定與常規。

>*Ceci est notre post-partum. Défaire les mythes et les tabous pour s'émanciper*, Illana Weizman, Éd. Marabout, 2021.

- ***Post-partum*** 關於產後期，本書整理了十名媽媽的親身經驗，以及能夠幫助我們度過這段特殊時期的種種工具。

>*Post-partum. Paroles de mères : pour en finir avec les tabous*, Réjane Éreau, Éd. Leduc, 2021.

- ***Mamas*** 以幽默方式探討所謂母性本能的漫畫。

>*Mamas. Petit précis de déconstruction de l'instinct maternel*, Lili Sohn, Éd. Casterman, 2019.

- ***La Remplaçante*** 描述一名新手媽媽覺得自己缺乏育兒能力的漫畫，對於產後期造成的創傷極有療癒效果。

>*La Remplaçante*, Sophie Adriansen, Mathou, Éd. First, 2021.

- ***Une fausse couche comme les autres*** 以一次流產為主題的漫畫。

>*Une fausse couche comme les autres*, Sandra Lorenzo et Mathilde Lemiesle, Éd. First, 2022.

- ***Mes seins, mon choix!*** 闡明哺乳相關之女性主義論戰的隨筆評論集。

>*Mes seins, mon choix! Pourquoi l'allaitement divise les féministes ?*, Anne-Florence Salvetti-Lionne, Éd. Eyrolles, 2022.

- ***Nouvelle mère*** 一名女性深入探討母職的光明面與黑暗面之私人剖析。

>*Nouvelle mère. Un témoignage libérateur et féministe sur la maternité*, Cécile Doherty-Bigara, Éd. Leduc, 2020.

- ***Choisir d'être mère*** 本書以幽默的口吻，指出那些當媽之前沒人告訴我們，但我們還真希望自己當時就能知道的事！

>*Choisir d'être mère*, Renée Greusard, Éd. J.-C. Lattès, 2022.

- ***Daronne et féministe*** 實用性的隨筆評論集，闡明許多關於母職、懷孕與精神重擔的女性主義議題。

>*Daronne et féministe*, Fabienne Lacoude, Éd. Solar, 2022.

- ***Le Quatrième Trimestre*** 以產後期作為唯一主題的獨立刊物。

>Lequatriemetrimestre.com

延伸聆聽

- «**Bliss Stories**»「百無禁忌暢談母職」的Podcast，分享許多女性的孕期與生產經驗。由Clémentine Galey主持。

>Bliss-stories.fr

- «**La Matrescence**» 透過訪談社運人士與專家，探討現今父母（以及準父母）相關議題的Podcast。由Clémentine Sarlat主持。
- «**Sage-Meuf**» 關於生小孩導致的私密身心震撼，共八集Podcast，由Anna Roy主持。
- «**Tant que je serai noire**» 探討黑人女性想生小孩或不想生小孩的Podcast，由Tsippora Sidibé主持。
- «**Mon post-partum**» 解構母職相關陳規、闡述許多媽媽的不同經驗之Podcast，由Sarah Demir主持。
- «**Luna Podcast**» 本Podcast分享許多關於生育的「非主流歷程」（新生兒死亡、引產、不孕……），探討相關禁忌與個人重建等。由Anna、Fanny、Amicie與Valérie主持。

>Lunapodcast.com

- «**Orèma**» 由多元文化觀點透討母職的Podcast，讓不同族群的女性現身說法。由Loriane Thomas主持。

>Orema.fr

- «**De l'ombre à la lumière (DOAL)**» 一名母親的真情告白，她在這Podcast中分享自己身為子宮內膜異位症患者，迥異於一般美好孕程刻板印象的親身經歷。由Anaïs x GIGI主持。
- «**Le Tourbillon**» 關於「母職的真實面」，諸如剖腹產、不想生小孩、身心障礙家長、生育對職涯的影響等等，都是本Podcast探討的主題。由Shane Love主持。

>Le-tourbillon.com

- «**Au revoir podcast**» 談論新生兒死亡的Podcast，包括親身經驗分享與專家訪談。由Sophie de Chivré主持。
- ***Enceint*** 廣播節目«Les Pieds sur terre»的其中一集，來賓是一名跨性別父親。

>France Culture, *Les Pieds sur terre*, épisode du mercredi 3 février 2021.

相關IG帳號

- **Mes presques riens** 關於流產、身體、生育。
>@mespresquesriens
- **Maman césarisée** 由各種不同觀點討論剖腹產。
>@maman.cesarisee
- **Le syndrome méditerranéen** 揭發醫療體系的種族歧視。
>@syndrome.mediterraneen
- **La doula queer** 酷兒陪產員，提供所有非典型家庭關於求子、懷孕、產後期、墮胎的相關資訊與社運行動。
>@ladoulaqueer
- **Charline Sage-femme** 以詼諧口吻談論懷孕與婦科相關話題的助產師帳號，讓人不再懷抱罪惡感。
>@charline.sagefemme
- **Wiccandoula** 一名陪產員的帳號，從實際經驗出發，談論女性主義、母職與全民醫療權。
>@wiccandoula
- **Le post partum** 一名護士的帳號，分享她身為母親的日常生活，為媽媽們提供一個支援空間。
>@lepostpartum
- **Post Partum Ta Mère** 給所有有生產經驗的女性，無論該經驗是昨天、一個月前或十年前。
>@postpartum_tamere
- **Mon Post Partum** 同名Podcast頻道的IG帳號，從私人與政治角度討論生育（除此之外還有別的角度嗎？）。
>@monpostpartum
- **Mal de mères** 一名走出產後憂鬱症的媽媽的帳號，解構關於產後的種種禁忌。
>@mal_de_meres
- **Corpus Maternité** 針對母職相關書籍撰寫書評的帳號。
>@corpusmaternite

延伸片單

- ***Mères*** 關於七位年紀介於二十八歲與三十五歲之間的媽媽之系列報導。
>*Mères*, de Josépha Raphard, 2020. Disponible sur YouTube.
- ***À la vie*** 這部紀錄片帶我們跟隨積極參與婦運的助產師Chantal Birman，見證她的工作點滴，以及她與同事之間的交流。
>*À la vie*, d’Aude Pépin, 78’, 2019.

- ***Post-partum*** 第一部完全聚焦於產後主題的法國紀錄片，集結媽媽們的親身經歷與專家訪談，帶我們深入各個家庭的日常生活。

> *Post-Partum*, d'Ève Simonet, 4x35', 2022.

- ***Tu enfanteras dans la douleur*** 震撼人心的調查報導，由女性主義導演Ovidie執導，她在片中呈現產科的殘暴行徑，以及分娩過程的工業化。

> *Tu enfanteras dans la douleur*, d'Ovidie, 59', 2019.

讀書會與寫作工作坊

- **Mother book club** 由Élia（又名Cotidiane）建立的媽媽讀書會，Élia是一名母親、作家、女性主義者，她不只籌辦寫作工作坊，也發起每月舉辦的視訊讀書會，主題當然是母職與女性主義！需繳交會費。

> cotidiane.com

- **L'atelier des mères** 二〇二一年由Alice Legendre發起的寫作工作坊，以視訊方式進行，主題不一。在充滿姊妹情誼的氣氛中，參與者能夠討論女性主義相關書籍，自由發揮她們的創造力，抒發情緒。需事先報名，請見IG帳號：

> @alicepostpartum

交流討論園地

- **Césarine** 提供關於剖腹產的相關資訊與支援，形式包括線上（它的論壇是一座寶庫）、經驗分享討論團體或專人諮商。

> Cesarine.org

- **Stop VOG** 向曾經遭受婦產科殘暴對待的人士提供相關資訊、聆聽與支援。

> Stop-vog.fr

- **SuperMamans France** 提供新手媽媽各種支援。該協會的志工可以到妳家裡陪妳聊聊天、送一份自製餐點給妳、接手育兒事務讓妳休息一下，或是陪妳去公園散散步。

> supermamanfrance.fr

- **Maman Blues** 提供許多交流管道，無論是線上形式（論壇）或是實體形式（在法國各地舉辦的經驗分享討論團體）。該協會的專人對母職相關難題有切身體驗，她們亦能提供一對一的聆聽。

> Mamanblues.fr

- **Parents & Féministes** 定期在巴黎與雷恩舉辦經驗分享討論團體（免費報名，歡迎孩童一同參加），主題主要是產後期，但並不侷限於此。亦有不定期的線上討論會。

> Parentsetfeministes.com 或IG帳號@parents_et_feministes，或臉書Parents & Féministes。

- **Le collectif pour une PArentalité Féministe (le PA.F)** 定期舉辦座談與討論（巴黎的實體會議，抑或IG直播），此外還有讓新手父母在和樂融融的氣氛中彼此交流的「家長亭」（免費報名，歡迎孩童一同參加）。

>Lepaf.fr或IG帳號@le_collectif_paf，或臉書Le PA.F。

- **Loma Club** 由Josépha Raphard創建的會員制經驗分享討論團體，形式為線上，討論與母職相關的各種主題（產後期、性生活、社交生活、職涯……）。需繳交報名費（一期費用為二十三歐元）。

>Lomaclub.eu

- **Protection maternelle et infantile (PMI)** 全法國超過五千個服務點的婦幼保護服務站，其中有一些會舉辦家長或媽媽的交流討論時間，或經驗分享討論團體。
- **Lieux d'accueil enfants-parents (LAEP)** 提供遊戲區與交流討論場所的親子空間，歡迎六歲以下孩童與家長，全法國超過一千五百個服務點。免費。

>上網查詢離家最近的服務點：Monenfant.fr

- **Allô Parents Bébé** 免費的匿名專線，提供瀕臨崩潰的家長一個傾訴的管道，讓父母們能夠諮詢專業人士而不用擔心被批評。服務時間：週一至週五（早上十點至下午一點；下午五點至晚上九點）。

>0 800 00 34 56

第三部

延伸閱讀

- ***Libérées*** 女性主義作家Titiou Lecoq探討家務勞動的隨筆評論（既大膽又放肆），非讀不可。

>*Libérées! Le combat féministe se gagne devant le panier de linge sale*, Titiou Lecoq, Éd. Fayard, 2017.

- ***T'as pensé à... ?*** 面對精神重擔的自我保護指南，作者Coline Charpentier也建立了與本書同名的IG帳號。本書非常實用，能讓妳知道該如何回應那些始終不懂問題何在的人們。

>*T'as pensé à... ? Guide d'autodéfense sur la charge mentale*, Coline Charpentier, Éd. Le Livre de poche, 2020.

- ***Homme sweet homme*** 非常幽默的漫畫，傳授種種讓家務分工更平等的祕訣，並能讓我們笑看這一切。

>*Homme sweet homme. Trucs et astuces pour plus de parité dans l'espace domestique*, Tiffany Cooper, Éd. Eyrolles, 2021.

- ***Ça se met où ?*** 插畫家Emma的最新漫畫，主題是傳說中的「放手」，以及某些人為了逃避做家事而發展出來的種種策略。

>*Ça se met où ?*, Emma, 2022. 可於IG頁面閱覽：@emma_clit

- ***La Fatigue émotionnelle et physique des mères*** 心理學博士Violaine Guéritault探討媽媽們身心俱疲的著作，她是最早開始在法國談論媽媽過勞的學者之一。本書至今依舊實用，能使人更加理解該現象，認識它、對抗它。

>*La Fatigue émotionnelle et physique des mères. Le burn-out maternel*, Violaine Guéritault, Éd. Odile Jacob, 2004.

延伸片單

- ***L'Histoire oubliée des femmes au foyer*** 描述家庭主婦生活並不那麼美好的紀錄片，由Trente Glorieuses執導，片中夾雜家庭影片與私人日記的段落，極富教育意義，同時又令人動容。

>*L'Histoire oubliée des femmes au foye*r, de Michèle Dominici, 52', 2021.

- ***Nous, les domestiques modernes*** 自傳形式的紀錄片，敘述幾位在比利時當保母或幫傭的非法移民女性之生活條件與種種抗爭。

>*Nous, les domestiques modernes*, de Flor, Nicole, Delia, Liz et Elizabeth, militantes de la Ligue des travailleuses domestiques, 38', 2018.

- ***Debout les femmes!*** 兩名國會議員François Ruffin與Bruno Bonnell的「議會公路電影」，他們上路出發，去探訪那些從事照護工作、家庭幫傭、特教學生輔導員……的女性們，為她們發聲，為這些職業爭取認同。

>*Debout les femmes!*, de Gilles Perret et François Ruffin, 85', 2021.

延伸聆聽

- **«Un podcast à soi»** 不容錯過的Podcast，由Charlotte Bienaimé主持，其中數集探討家務與照顧勞動。
- **«Prendre soin, penser en féministes le monde d'après»** 第二十六集的主題是照顧、照護、女性與社會階級。
- **«Qui gardera les enfants ?»** 第五集的主題是保母、幫傭，照顧勞動的外包。
- **«Papa où t'es ?»** 第四集的主題是育兒、家務工作，以及媽媽們的憤怒。
- ***Femmes au foyer, histoire d'un travail invisible***，亦即*La Série documentaire*節目的第四之四集，內容是家務工作的歷史。可於France Culture收聽。

著手行動

- **Valorisez votre temps** 由Citéco (Cité de l'économie et de la monnaie)推出的線上應用程式，能將我們的家務勞動換算成等值的金額數字。
- **Maydée** 能夠統計家務勞動並估算時間的應用程式。
- **OurHome** 以遊戲獎賞的方式，讓家庭成員彼此共用購物清單、分擔家務的應用程式。
- **My Familiz** 幫助家長簡化家務分擔、並讓孩子一起做家事的應用程式。
- **Burnoutparental.com** 由學者Isabelle Roskam與Moïra Mikolajczak建立的網站，提供關於育兒過勞的資源（相關資訊、自我檢測等等），並提供專人服務（付費）。最重要的是，該網站提供一份曾經接受育兒過勞相關培訓的醫護人員名單。
- **Les technicien·ne·s de l'Intervention sociale et familiale (TISF)** 能在某些特殊

情況（高危險妊娠、生產、慢性病⋯⋯）之下提供到府服務（清掃、煮食、課業輔導），費用依家庭收入而定。某些地方政府會針對特定條件的家庭提供相關補助。

相關IG帳號

- **«T'as pensé à ?»** 關於精神重擔的實例分享，不僅大快人心，更指出問題的嚴重性。

>@taspensea

- **«Sexisme ordinaire stop!»** 揭發家務勞動如何剝削女性，以及精神重擔和其他主題。

>@sexisme_ordinaire_stop

- **«Maman a burnouté»** 一名走出育兒過勞陰影的母親的帳號，呼籲眾人重視這個問題。

>@maman.aburnoute

- **«Ça va maman»** 一名母親的帳號，討論育兒相關的精神健康問題。

>@cavamaman

- **«Club meds des daronnes»** 關於媽媽們的精神健康。

>@Club.meds.des.daronne

第四部

延伸閱讀

- ***Les bons comptes font les bons amants*** 資產管理諮詢師Héloïse Bolle為伴侶們撰寫的財務平衡小論文，試圖減輕伴侶之間的財務失衡，充滿實用建議，深具啟發性。

>*Les bons comptes font les bons amants*, Héloïse Bolle, Éd. Le Cherche midi, 2019.

- ***Le Prix à payer*** 本書闡明為何典型的異性戀伴侶模式讓女性付出重大代價。簡單易懂，建設性十足！

>*Le Prix à payer. Ce que le couple hétéro coûte aux femmes*, Lucile Quillet, Éd. Les Liens qui libèrent, 2021.

- ***Pourquoi les pères travaillent-ils trop ?*** 透過專家眼光，藉由社會學的解讀與心理學的分析，闡述當代父親們與工作之間的關係。

>*Pourquoi les pères travaillent-ils trop ?*, Sylviane Giampino, Éd. Albin Michel, 2019.

- ***La Barbe et le Biberon*** 一名父親講述他在挪威請五個月育嬰假的經歷，呼籲育兒事務的兩性分工更加平等。

>*La Barbe et le Biberon*, Tristan Champion, Éd. Marabout, 2020.

相關Podcast

- **«Rends l'argent»** 關於金錢在異性戀伴侶之中扮演的角色。由Titiou Lecoq主持。
- **«Osons l'oseille»** 向女性談論金錢觀念，並幫助她們（重新）掌握自己的財務。
- **«La reprise»** 關於育兒與職場，不限主題。由Thi Nhu An Pham主持。
- **«Maman bosse»** 關於母親們的職業生涯。由Marie Pommier主持。
- **«The French Woking Mums and Dads»** 關於兼顧職場與育兒。由Myriam Levens主持。

相關IG帳號

- **Maydée** 同名組織的IG帳號，致力對抗家務與育兒事務的分工不平等，內容包括相關資訊與實用建議。

\>@maydeeasso

- **La gazette de Silvie** 一名單身母親的帳號，內容包括給單親母親的實用資訊、女性主義層面的分析，以及生活片段等等。

\>@la_gazette_de_silvie

- **Collective mères isolées** 致力為單親母親們爭取權益的女性主義帳號，亦提供實用資訊。

\>@collectivemeresisolees

電子報

- **Plan cash** 談論金錢與經濟文化的女性主義電子報，幫助我們掌控自己的財務。由記者Léa Lejeune與Morgane Dion主編。

\>Plancash.fr

- **Prends l'oseille** 以女性讀者為對象的財富管理與投資電子報，讓女性能夠掌控「廣大的財源與小小的節約」。由財富管理諮詢師Héloïse Bolle主編，她是相關組織Oseille & compagnie的創辦人。

\>Oseilleetcompagnie.com

- **Voxe** 每日發送的電子報，內容包括新聞與各種建議，協助女性管理她們的職業生涯、財務、生態足跡。

\>Voxe.org

著手行動

- **Valorisez votre temps!** 由Citéco (Cité de l'économie et de la monnaie)推出的線上應用程式，能在一瞬間之內，將我們的家務勞動換算成等值的金額數字，並提供由Insee精心製作的補充資訊。

\>www.citeco.fr/valorisez-votre-temps/index.html

- **Melly Demelo** 史上第一套專門為新手媽媽規畫的數位職涯教練服務，讓休完產假的女性回歸職場的過程更順利。

>mellydemelo.com

- **L'atelier CV poussettes** 由Maydée策畫的工作坊，幫助剛生小孩的媽媽們規畫二度就業的準備工作、打造履歷表等等。地點在巴黎。

>Sur Instagram : @maydeeasso

- **L'annuaire des réseaux professionnels féminins** 各地區、各專業領域的女性互助聯絡網，隸屬*Marie Claire*網站。

>www.marieclaire.fr/reseaux-professionnels-feminins/

- **Assurance Banque Épargne Info Service** 提供銀行保險與儲蓄等相關資訊與服務的政府網站，能解答我們的疑問、指引我們規畫財務。

>abe-infoservices.fr

捍衛自己的權益

- **Le Défenseur des droits** 捍衛全民利益的政府機關，凡是認為自己遭受不平等待遇者，皆可尋求援助。其網站有不少法律資訊（尤其關於孕婦在職場上的權益），亦有專線可以直接洽詢。

>www.defenseurdesdroits.fr，或致電：09 69 39 00 00

- **L'AVFT (Association européenne contre les violences faites aux femmes)** 對抗職場性暴力、捍衛受害者權益的婦運團體，專家陣容堅強，提供確確實實的支援，幫助女性取得資訊、自我培訓、捍衛自己。

>Avft.org，或致電：01 45 84 24 24（週一：下午兩點至五點；週二至週五：早上九點半至中午十二點半）。

- **La Collective des mères isolées** 屬於單親母親的互助聯絡網，是一個提供交流管道的婦運團體，讓單親母親得到支援、參與動員行動，其WhatsApp群組尤其活躍。

>IG帳號@collectivemeresisolee，或臉書頁面Collective des mères isolées

- **Le Réseau international des mères en lutte** 由學者、社運人士與家暴倖存者組成的婦運團體，針對分手暴力進行記錄並支援受害者。

>reseauiml.wordpress.com，或推特帳號@reseauiml

- **Les CIDFF (Centres d'information sur les droits des femmes et des familles)** 每個地區都有的家庭與婦女權益資訊中心，提供受暴婦女（包括經濟層面的暴力）免費且保密的司法相關資訊。贍養費、取得或保留原來的住處、離婚手續等，CIDFF都能提供寶貴資訊。

>欲搜尋離家最近的CIDFF，請搜尋網站：fncidff.info

- **3919** 全國受暴婦女專線，尤其針對家暴。匿名、免費、二十四小時全年無休，市話或手機皆可撥打此專線。

第五部

延伸閱讀

- **MILF** 最早以女性主義觀點探討母職的媒體，也是這方面唯一的媒體，不容錯過！

>Milf-media.fr

- ***Lâchez-nous l'utérus!*** 這本報導評論狠狠批評母職重擔，拆解所有壓迫媽媽們（以及非媽媽們）的強制規定，而且讓人莞爾！

>*Lâchez-nous l'utérus! En finir avec la charge maternelle*, Fiona Schmidt, Éd. Hachette, 2020.

- ***Le Regret maternel*** 關於後悔當媽媽，一名母親分享她的親身經歷、相關分析，並提出一些管道使媽媽們更易理解這樣的感受，並與之共存。

>*"Le Regret maternel"*, Astrid Hurault de Ligny, Éd. Larousse, 2022.

- ***Mal de mères*** 十名女性講述她們後悔成為母親。

>*Mal de mères. Dix femmes racontent leur regret d'être mère*, Stéphanie Thomas, Éd. J.-C. Lattès, 2021.

- ***L'Éducation vraiment positive*** 這本「真正正向的教養」是充滿智慧的自我防衛工具，重新檢視友善育兒的基本觀念與貢獻，偶爾也談論它的失控之處。雖然以批判角度出發，但並不抱持敵意，能讓人思考如何建立一種沒有教條主義的正向教養。

>*L'Éducation vraiment positive. Ce qu'il faut savoir pour que les enfants soient heureux…et les parents aussi!*, Béatrice Kammerer, Éd. Larousse, 2019.

- ***Éducation positive, une question d'équilibre ?*** 探討正向教養平衡問題的這本著作，作者既是母親，亦是部落客、科學博士，她在書中釐清正向教養觀念當中的正確觀念與錯誤觀念，希望藉此讓家長對自己有信心。本書深具教育意義，能讓人擺脫罪惡感！

>*Éducation positive, une question d'équilibre ? Démêler le vrai du faux de la parentalité bienveillante*, Marie Chetrit, Éd. Solar, 2021.

- ***L'Éducation approximative*** 這本談論「差不多教養」的「反教育指南」，作者是四個孩子（含雙胞胎）的媽，講述她如何學會協調自己的教育理念與日常生活的現實面。本書內容十分具體，能讓人擺脫束縛。

>*L'Éducation approximative. Ou comment appliquer l'éducation positive dans la vraie vie!*, Agnès Labbé, Marabout, 2019.

延伸聆聽

- **«Méta de choc»** 關於批判性思考的Podcast，由Élisabeth Feytit主持。其中四集的主題是「正向教養真的正向嗎？」來賓是Béatrice Kammerer。

>Metadechoc.fr

- **«Maternelle dégenrée»** 本Podcast針對從小學時期就開始建立的性別刻板印

象提出質疑。由Alison Allard主持。

- **« Camille »** 本Podcast試圖解構關於性別與性向之既定成見，由Camille Regache主持，其中兩集聚焦於酷兒家長（主題分別是「酷兒家長指南」與「在異性戀的世界中當個家長」），來賓是專研性別研究的社會學家Gabrielle Richard。

> Binge.audio

- **«Juste avant»** 由作家暨導演Ovidie執導的聲音紀錄片，共計七集，她藉此探討身為女性主義者的母親能以何種方式來教育青少女。

> Nouvellesecoutes.fr

相關IG帳號

- **Maman mais pourquoi** 一名女性主義母親的帳號，針對育兒相關的常規、強迫規定與種種信條提出質疑。

> @maman_mais_pourquoi

- **Culpabilité maternelle** 關於母親之罪惡感的帳號，談論母職相關的種種疑惑、困境，以及女性主義。

> @culpabilitematernelle

- **Le regret maternel** 讓人們更了解成為人母的後悔情緒，以及它如何在母親們身上強加許多箝制。

> @le_regret_maternel

- **Garde tes conseils** 一腳踩爛那些七嘴八舌宛如螞蟻窩的育兒建議。

> @gardetesconseils

- **Seeds and carry** 一名發音矯正醫師的帳號，以科學佐證，對抗所有試圖灌輸家長罪惡感的刻板觀念。

> @seedsandcarry

- **Mon fils en rose** 關於去殖民化、反歧視、反對性別刻板印象的育兒論述。

> @monfilsenrose

- **Matergouinité** 呈現女同志、酷兒、女性主義等不同面向的育兒經驗，發人深省。

註釋

1. *Femmes et santé, encore une affaire d'hommes ?*, Muriel Salle et Catherine Vidal, Belin, 2017.
2. 《Corps de femmes, corps de mères》, Emmanuelle Berthiaud, Encyclopédie d'histoire numérique de l'Europe, www.ehne.fr.
3. Médecins et maternité au début du XXe siècle en France, entre normalisation, stigmatisation et contrôle social》, Mariette Le Den, *Déviance et société*, 2015/3, vol. 39.
4. 《L'invention de la fête des Mères : origines, histoire médiatique et idées cadeaux》, Nejma Omari, Gallica, 2020.
5. *L'Humanité* du 4 juillet 2011, citée dans《En êtes-vous bien sûre ? Difficultés d'accès à la contraception définitive en France》, Fanny Sabbah, Nicolas Bonanni, revue Z, 2016/1 (n° 10), pages 168 à 173.
6. 《Démographie : la clé pour préserver notre modèle social》, Gouvernement.fr, 16 mai 2021.
7. 《Faut-il mettre en œuvre des politiques natalistes pour remédier au baby-krach?》, Laurent Chalard, Lefigarovox.fr, mars 2021.
8. 《Clearblue m'a ciblée : quand la pub te rappelle que tu es en âge de procréer》, Émilie Brouze et Alice Maruani, Rue89, novembre 2016.
9. Éditions First
10. 《Désir d'enfant - devoir d'enfant》, Charlotte Debest et Irène-Lucile Hertzog, *Recherches sociologiques et anthropologiques*, 48-2 | 2017, 29-51
11. 《Difficultés d'accès à l'interruption volontaire de grossesse dans la région des Hauts-deFrance》, 15e législature, question orale n° 1363S de Mme Martine Filleul (Nord - SER), publiée dans le JO du Sénat du 19/11/2020 - page 5378.
12. 《Avortement : le Comité consultatif national d'éthique ne s'oppose pas à l'allongement des délais》, Solène Cordier, *Le Monde*, 11 décembre 2020.
13. 《Contraception : stérilise-toi...si tu peux !》, Lola Fourmy, *Causette*, février 2020.
14. 《En France, malgré la loi, se faire ligaturer les trompes est un parcours du combattant》, Lise Lafaurie, Slate.fr, octobre 2021.
15. 《World contraceptive patterns 2013》, United Nations, 2013.
16. 《Femmes sans enfant : un choix personnel ou une contrainte professionnelle ?》, Humanite.fr, juin 2017

17. Éditions Iconoclaste, 2021.
18. Éditions Spinelle.
19. Hachette.
20. *Choisir d'être mère. Tout ce qu'on ne vous dit pas sur la parentalité*, Renée Greusard, Éd. J.-C. Lattès, 2022.
21. 《Les deux tiers des Français favorables à la PMA pour toutes》, Agnès Leclair, Lefigaro.fr, octobre 2019.
22. 《PMA pour toutes : Les décrets sont enfin parus… mais les centres d'AMP croulent déjà sous les demandes》, Oihana Gabriel, 20minutes.fr, septembre 2021.
23. 《Entretien avec Sandrine Ngatchou d'Ovocyte Moi》, Lesflux.fr, octobre 2020.
24. 生殖正義運動誕生於一九九〇年代的美國，是在非裔婦運人士鼓舞之下興起的運動，訴求是讓人們在性健康方面與生殖方面能擁有自主權與自由選擇權。該運動由有色人種女性主導，反對任何醫療資源方面的不平等與歧視，力求讓某些飽受不公待遇的族群（有色人種、跨性別人士、身心障礙者、貧困者……）能夠和所有人擁有相同的醫療權。
25. 《En couple avec une femme trans, je suis exclue de la PMA "pour toutes"》, Manon Beury, Liberation.fr, août 2020.
26. 《Enquête exploratoire auprès des femmes concernées et de leurs gynécologues》, Perrine Galmiche, Cynthia Le Bon et Véronique Fournier, du Centre d'éthique clinique de l'hôpital Cochin.
27. 《Why this woman started a "fat fertility" movement》, Marie Claire Dorking, Yahoo Life UK, novembre 2018.
28. 《Toi, tu n'as pas le droit de continuer (ta PMA) parce que tu es trop grosse》, Thibault Lefèvre, Franceinter.fr, juin 2020.
29. 《Sexualité des handicapés mentaux : "On a peur des grossesses mais pas du sida"》, Quentin Girard, Liberation.fr, octobre 2014.
30. 《Être mère quand on est handicapée : un acte subversif》, Elena Chamorro, Le club de Médiapart, octobre 2019.
31. 《Les normes de la maternité en France à l'épreuve du recours transnational de l'assistance médicale à la procréation》, Virginie Rozée Gomez, *Recherches familiales* 2015/1 (n° 12), p. 43-55.
32. 《Les grossesses adolescentes en France et en Grande-Bretagne. Un phénomène dérangeant pour les pouvoirs publics》, Anne Daguerre, *Informations sociales* 2010/1 (n° 157), p.96-102.
33. 《Les maternités dites tardives en France : enjeu de santé publique ou dissidence sociale ?》, Laure Moguérou, Nathalie Bajos, Michèle Ferrand, Henri Leridon, *Nouvelles Questions féministes* 2011/1 (vol. 30), p.12-27.
34. 《Féminisme et maternité》, Yvonne Knibiehler, *La revue lacanienne* 2007/2 (n° 2), p.11-17.
35. 《Féminisme et maternité, des relations fécondes》, Johanna Luyssen, Liberation.

fr, juin 2021.
36. 《De filles en mères. La seconde vague du féminisme et la maternité》, Sabine Fortino, Clio. Histoire, femmes et sociétés [Online], 5 | 1997.
37. 《Maternité et liberté. Malaise du féminisme moderne》, Myriam Coulombe-Pontbriand, revue *Argument*, vol. 10, n° 2 Printemps-été 2008.
38. 《Parent trap: why the cult of the perfect mother has to end》, Eliane Glaser, Theguardian.fr, mai 2021.
39. 《Féminisme et maternité, des relations fécondes》, Johanna Luyssen, Liberation.fr, juin 2021.
40. 《À bout de mères》, Julie Rambal, Elle.fr, octobre 2021.
41. Un corps à soi, Camille Froidevaux-Metterie, Seuil, 2021, p. 231.
42. 《Comment mieux informer les femmes enceintes ?》, Haute Autorité de santé, 2005.
43. 《La femme enceinte, la jeune mère et son bébé dans l'espace public》, Anne Fournand, Géographie et cultures, 70 | 2009, 79-98.
44. 《Fiche pédagogique - Le délai pour concevoir un enfant》, Ined, 2010.
45. 《Les guides de grossesse sont sexistes envers les femmes ET les hommes》, Paul Blondé, Slate.fr, décembre 2019.
46. Trois mois sous silence. Le tabou de la condition des femmes en début de grossesse, Judith Aquien, Payot, 2021.
47. Trois mois sous silence. Le tabou de la condition des femmes en début de grossesse, Judith Aquien, Payot, 2021, p. 29 – 30
48. 《La fausse couche : une expérience difficile et singulière》, Séjourné N., Callahan S., Chabrol H., Devenir, 2009/3 (Vol. 21), p. 143-157
49. 《A national survey on public perceptions of miscarriage》, Bardos J., Hercz D., Friedenthal J., Missmer S.A., Williams Z., 2015. Citée par Judith Aquien.
50. 同上註。
51. 《Fausses couches, vrai tabou》, Marlène Thomas, Liberation.fr, avril 2021.
52. 《Mes Presques Riens : Briser le tabou de la fausse couche》, Salomé Mathieu, Milkmagazine.net, novembre 2021.
53. Trois mois sous silence. Le tabou de la condition des femmes en début de grossesse, Judith Aquien, Payot, 2021, p. 145.
54. 《Expecting Embodiment : Pregnancy Symptoms and the Cultural Mythologies of Pregnancy》, Danielle Besset, Association américaine de sociologie, 2013
55. 作者訪談。
56. 作者訪談。
57. 《Donnons la parole aux mères》, Make Mothers Matter France, Juin 2021.
58. 《Enquête nationale périnatale - Rapport 2016》, Inserm et Drees, octobre 2017.
59. 同上註。
60. 同上註。
61. 同上註。

62. 《Accouchement : éviter la surmédicalisation》, Haute Autorité de santé, 2018.
63. 《Prise en charge de la douleur chez la femme pendant le travail : vue d'ensemble des revues systématiques》, Jones L., Othman M., Dowswell T., Alfirevic Z., Gates S., Newburn M., Jordan S., Lavender T., Neilson J.P. Base de données Cochrane des revues systématiques, 2012.
64. 《Oxytocin during labour and risk of severe postpartum haemorrhage: a population-based, cohort-nested case-control study》, Belghiti J., Kayem G., Dupont C., et al. BMJ Open, 2011.
65. 《Grossesses à bas risques : interventions obstétricales selon les caractéristiques de la maternité en 2010》, Direction de la recherche, des études, de l'évaluation et des statistiques (Drees), décembre 2014
66. 《Deux tiers des maternités ont fermé en France en quarante ans》, Anne-Aël Durand, LeMonde.fr, février 2018.
67. 《Les maternités françaises comptaient moins de 15 000 lits fin 2020》, Le Monde avec AFP, novembre 2021.
68. 《Grossesses à bas risques : interventions obstétricales selon les caractéristiques de la maternité en 2010》, Direction de la recherche, des études, de l'évaluation et des statistiques (Drees), 2014.
69. *À la vie*, documentaire réalisé par Aude Pépin, 2021.
70. *Femmes*, avec Chantal Birman et Marie Richeux, L'Heure bleue, France Inter, octobre 201
71. 作者訪談。
72. 《Les actes sexistes durant le suivi gynécologique et obstétrical》, Haut Conseil à l'égalité entre les femmes et les hommes, juin 2018.
73. *Collection témoignages : Maltraitance gynécologique*, Mélanie Déchalotte, Sur les docks, France Culture, septembre 2015.
74. 《Violences gynécologiques : selon le Pr Israël Nisand, "les femmes devraient davantage porter plainte"》, Isabelle Duriez, Elle.fr, juin 2017.
75. 《Accouchement avec expression abdominale》, Collectif interassociatif autour de la naissance, 2017.
76. 《Les actes sexistes durant le suivi gynécologique et obstétrical》, Haut Conseil à l'égalité entre les femmes et les hommes, juin 2018.
77. 《Les maisons de naissance plébiscitées par 9 femmes sur 10》, Ipsos, février 2020
78. 《Rapport d'étude sur la qualité des soins prodigués en maisons de naissance en France》, Groupe de recherche sur l'évaluation des maisons de naissance, novembre 2019.
79. 《Les maisons de naissance plébiscitées par 9 femmes sur 10》, Ipsos, février 2020.
80. 《Accouchement à domicile. Rapport janvier 2021》, sondage Ipsos pour Apaad, février 2021

81. *Accouchement à domicile :《J'aurais préféré aller chez le vétérinaire plutôt qu'à l'hôpital》*, Valentine Letesse, Franceculture.fr, mai 2021.
82. 《Rapport d'enquête sur la grossesse, l'accouchement et le post-partum pendant l'épidémie de Covid-19》, Tou.te.s contre les violences obstétricales et gynécologiques, juillet 2020.
83. 《Accouchements accompagnés à domicile en 2020 en France : évolutions et clés pour la pratique》, Association pour l'accouchement accompagné à domicile (Apaad), 2021.
84. 《Accouchement non assisté (ANA) : quand certaines femmes accouchent seules》, Marie-Amélie Massias, Doctissimo.fr, septembre 2021.
85. 《Nous sommes les freebirthers. Enfanter sans peur et sans reproche》, Stéphanie St -Amant, *Recherches féministes*, volume 27, n° 1, 2014, p. 69-96
86. *L'accouchement est politique. Fécondité, femmes en travail et institution*, Laëtitia Négrié et Béatrice Cascales, L'Instant présent, 2016.
87. 陪產員不是助產師也不是醫護人員，但她們通常自己也身為人母，她們向各個家庭提供的服務，能補足醫療產檢不足的部分。她們傾聽產婦的心聲並提供意見，分擔產婦的情緒，在孕期甚至分娩時陪伴她們、協助家務或幫忙帶小孩⋯⋯。
88. 作者訪談。
89. 《L'accouchement, une question clivante pour le mouvement féministe ?》, Béatrice Cascales, Laëtitia Négrié, *Travail, genre et sociétés*, n° 39, 2018.
90. 《Grossesses à risque : 20 % des femmes concernées》, Marielle Court, Lefigaro.fr, septembre 2013
91. 《L'AAD dans le monde occidental》, Apaad.fr, 2018.
92. 《Et si grossesse rimait avec féminisme》, doula.helene-rock.fr, juin 2019
93. 作者訪談。
94. 《Leïla Bekhti : grossesse, triple maternité⋯ les rares confidences sur sa vie de m2041u/4zo ao3ek7bp6ru, g4ère》, Cnews.fr, septembre 2021.
95. First Éditions
96. 《Sexo : après bébé, comment retrouver le désir ?》, Sylviane Deymié, Parents.fr, novembre 2017.
97. 《L'Enfant bien portant. Les fondamentaux》, Aldo Naouri, Odile Jacob, 2010, pages 183-185.
98. 《Donnons la parole aux mères》, Make Mothers Matter France, juin 2021
99. 作者訪談。
100. 《Modes de garde et d'accueil des jeunes enfants》, Direction de la recherche, des études, de l'évaluation et des statistiques, 2013.
101. 《Après une naissance, un homme sur neuf cesse temporairement son activité, contre une femme sur deux》, Stéphanie Govillot, Insee, 2013.
102. 《Donnons la parole aux mères》, Make Mothers Matter France, juin 2021.
103. 請見《Instinct maternel, science et post-féminisme》, Odile Fillod, Allodoxia.

odillefillod.fr, 2012. 亦可參照《Elisabeth Badinter vs Sarah Balffer Hrdy, instinct maternel ou pas?》, Les vendredis intellos, mars 2012.

104. *Les femelles n'ont pas le monopole de l'instinct maternel, d'après les travaux d'une neurobiologiste française*, Anne Le Gall, Franceinfotv.fr, septembre 2020.
105. 作者訪談。
106. 《Post-partum et santé mentale》, sondage OpinionWay pour Qare, septembre 2021.
107. 《Les déterminants sociaux de la dépression post-partum. Investigation des liens entre mal-être et institution maternel·le》, Déborah Guy, thèse en cours.
108. 《"Je vois ce bébé et là, rien !" L'encadrement des sentiments maternels autour de la naissance》, Déborah Guy et Anne-Sophie Vozari, dans No children, no cry, sous la direction d'Anne-Sophie Crosetti et de Valérie Piette, Éditions Université de Bruxelles, janvier 2020.
109. 同上註。
110. 同上註。
111. 《Ceci est mon post-partum. Défaire les mythes et les tabous pour s'émanciper》, Illana Weizman, Marabout, 2021, p. 154.
112. 《La Revanche de la chair. Essai sur les nouveaux supports de l'identité》, Dominique Memmi, Le Seuil, 2014.
113. 同上註。
114. 《Deux nouveau-nés sur trois sont allaités à la naissance》, Direction de la recherche, des études, de l'évaluation et des statistiques, *Études et Résultats*, n° 0958, avril 2016.
115. 《Quand l'allaitement "fait" la mère》, Caroline Chautems, Anthropologie & Santé, 16 | 2018, avril 2018.
116. 《Deux nouveau-nés sur trois sont allaités à la naissance》, Direction de la recherche, des études, de l'évaluation et des statistiques, *Études et Résultats*, n° 0958, avril 2016.
117. 《Quand l'allaitement "fait》 la mère", Caroline Chautems, Anthropologie & Santé, 16 | 2018, avril 2018.
118. 同上註。
119. 《Deux nouveau-nés sur trois sont allaités à la naissance》, Direction de la recherche, des études, de l'évaluation et des statistiques, Études et Résultats, n° 0958, avril 2016.
120. 《La sucette contre la mort subite du nourrisson》, Passeportsante.net, juillet 2006.
121. 《Lait humain et pathologies allergiques : un puzzle non résolu》, Dossiers de l'allaitement, n° 133, Leche League, avril 2018
122. 《Allaitement : cessons de culpabiliser les femmes》, Titiou Lecoq, Liberation.fr, février 2016.
123. 《Enquête nationale périnatale. Rapport 2016》, Inserm et Drees, octobre 2017.

124.《Donnons la parole aux mères》, Make Mothers Matter France, octobre 2021.
125.《Deux nouveau-nés sur trois sont allaités à la naissance》, Direction de la recherche, des études, de l'évaluation et des statistiques, Études et Résultats, n° 0958, avril 2016.
126.《Enquête nationale périnatale. Rapport 2016》, Inserm et Drees, octobre 2017.
127.《Un policier interdit à une femme d'allaiter son nouveau-né au commissariat》, Margot Delpierre, Francebleue.fr, avril 2017.
128.《Priée d'arrêter d'allaiter à Disneyland Paris : "on m'a dit que je devais aller ailleurs"》, Élie Julien, Leparisien.fr, juillet 2021.
129.《Durée de l'allaitement maternel en France (Épifane 2012-2013)》, Salanave B., de Launay C., Boudet-Berquier J., Castetbon K., Bull Epidémiol Hebd. 2014 ; (27):450-7.
130.《An exploration of the experiences of mothers who breastfeed long-term: what are the issues and why does it matter ?》, S. Dowling, A. Brown, *Breastfeeding Medicine*, November 2012
131.《Corporéité "déviante" et acte d'allaiter : une théorisation》, Christina Young, traduit par Isabelle Zinn et Clothilde Palazzo-Crettol, *Nouvelles Questions féministes*, 2021/1 (vol. 40), p. 67-80.
132.《Allaiter》, *Nouvelles Questions féministes*, vol. 40, 2021.
133.《Allaite-moi si tu peux》, une création de Charlotte Bienaimé,《Un podcast à soi》, n°33, janvier 2022.
134.《Allaite-moi si tu peux》, une création de Charlotte Bienaimé,《Un podcast à soi》, n°33, janvier 2022.
135. 後來有出版，收錄於 *Un autre regard*, tome 2, Emma, Massot Édition, 2017.
136. Ipsos為了O2 Care Services而做的調查。
137. 她的推特帳號是@Fables_21e
138. 作者訪談。
139. *T'as pensé à...? Guide d'autodéfense sur la charge mentale*, Coline Charpentier, Le Livre de poche, 2020.
140.《La gestion ordinaire de la vie en deux》, Monique Haicault, Sociologie du travail, 1984.
141.《Enquête Emploi du temps 2009-2010》, Insee, 2010.
142.《Travail professionnel, tâches domestiques, temps "libre" : quelques déterminants sociaux de la vie quotidienne》, Cécile Brousse, *Économie et Statistique*, n° 478-480, 2015, pp. 119-154.
143. 同上註。
144. 同上註。
145. Elabe/WeMoms於二〇一五年十一月進行的調查。
146.《The baby and the marriage : identifying factors that buffer against decline in marital satisfaction after the first baby arrives》, A. F. Shapiro, J. M. Gottman, S. Carrère, Journal of Family Psychology, vol. 14, 2000.

147.《Les féministes sont mal baisées》, Héloïse Simon, Heloisesimon.com, décembre 2021.
148. 由À titre d'elles出版。
149.《Services à la personne : baisse du travail non déclaré en 2017》, M. Beltzung, L. Malard, Dares Résultats, n° 70.
150.《Les Français et le ménage》, sondage YouGov pour Wecasa, décembre 2018.
151.《Les employés : des professions largement féminisées》, V. Forment, J. Vidalenc, Insee, 2020.
152. 根據活動研究調查分析中心（Direction de l'animation de la recherche, des études et des statistiques ,Dares）於二〇一八年發表的調查報告，從事這項工作的僱員當中，出生於外國的比例占百分之十五，其他產業則為百分之五・五。
153. 本文使用「種族」一詞，是以社會層面的角度切入，亦即導致種族歧視的社會結構。
154.《*Care*, justice et délégation du travail domestique : le point aveugle des féministes》, Pascale Molinier, 2011.
155. 作者訪談。
156.《Françoise Vergès : "Les droits des femmes sont devenus une arme idéologique néo-libérale", propos recueillis par Séverine Kodjo-Grandvaux, Lemonde.fr, f
157.《L'accueil du jeune enfant en 2020》, Observatoire national de la petite enfance, 2020.
158.《Travailler pour des particuliers : essor des métiers de la garde d'enfants》, F. Piot, Insee, 2013.
159.《Lutter contre les stéréotypes filles-garçons. Un enjeu de mixité dès l'enfance》, Commissariat général à la stratégie et à la prospective, 2014.
160. *Qui gardera nos enfants ? Les nounous et les mères : une enquête de Caroline Ibos*, Caroline Ibos, Flammarion, 2012.
161. Interrogée par Charlotte Bienaimé dans《Un podcast à soi» n° 5, «Qui gardera les enfants ?》
162.《Devoirs maternels. Reproduction sociale et politique des inégalités sexuée》, Thierry Blösse, Actes de la recherche en sciences sociales, 2016/4, n° 214, p.46 à 65, Le Seuil, 2016.
163.《Huit femmes au foyer sur dix ont eu un emploi par le passé》, Z. Djider, Insee, 2011.
164.《Je ne veux pas travailler》, Chepascommentfufais-soso.blogspot.com, 2011
165.《Peut-on être femme au foyer et féministe ?》, Sophie Gourion, Toutalego.com, mars 2014.
166.《Le travail domestique : 60 milliards d'heures en 2010》, Delphine Roy, Insee, 2012.
167.《Le temps domestique et parental des hommes et des femmes》, Clara Champagne, Ariane Pailhé, Anne Solaz, Économie et statstique n°478-479-480,

2015.
168. 《Le temps consacré aux activités parentales》, Thibaut De Saint Pol, Mathilde Bouchardon, *Études et Résultats* n° 841, Drees, mai 2013.
169. 《How Parents Fare: Mothers' and Fathers' Subjective Well-Being in Time with Children》, Musick K., Meier A., Flood S., *American Sociological Review*, 2016
170. 《Mothers' and fathers' sleep: Is there a difference between first-time and experienced parents of 6-month-olds?》, S. Kenny, R. Burdayron, E.E. M. Lannes, K. Dubois-Comtois, M.-J. Béliveau, M.-H. Pennestri, Journal of Sleep Research, 2020-12-03.
171. 《63 % des mères actives se disent épuisées》, Christine Diego, Parents.fr, juin 2013.
172. 《Les conséquences du burn out parental》, Isabelle Roskam et Moïra Mikolajczak, Burnoutparental.com.
173. 《Parental Burnout Around the Globe : a 42-Country Study》, Roskam I., Aguiar J., Akgun E. et al., *Affec. Sci.* 2, 58-79, 2021.
174. 《Le burn out n'est pas l'apanage des mères》, Psychologies.com, septembre 2019.
175. 《Déterminants psychosociaux et culturels du burnout maternel et des symptômes dépressifs périnataux》, Déborah Loyal, 2017.
176. 《Contre la charge mentale, vive la paresse maternelle》, Corinne Meyer, Liberation.fr, novembre 2021.
177. 《Parental Burnout Around the Globe : a 42-Country Study》, Roskam I., Aguiar J., Akgun E. et al., *Affec. Sci.* 2, 58-79, 2021.
178. 《Le burn-out parental est lié à l'individualisme occidental》, Anne Mauclet, Uclouvain.be, mars 2021.
179. De la marge au centre. Théorie féministe, bell hooks, traduit pas Noomi B. Grüsig, Éd. Cambourakis, 2017.
180. 1 《L'accueil du jeune enfant en 2020》, Observatoire national de la petite enfance, édition 2021.
181. 《L'accueil des enfants de moins de 3 ans》, rapport de la Cour des comptes, novembre 2013.
182. 《Baromètre d'accueil du jeune enfant 2017 - Stabilité du recours et des souhaits d'accueil》, Caisse nationale des allocations familiales, 2018.
183. 《Cinq ans après la réforme du congé parental (PreParE), les objectifs sont-ils atteints ?》, H. Périvier, G. Verdugo, OFCE, Science Po, avril 2021.
184. 《Écarts de revenus au sein des couples – Trois quarts des femmes gagnent moins que leur conjoint》, T. Morin, Insee, 2014.
185. 《Couple, famille, parentalité, travail des femmes. Les modèles évoluent avec les générations》, Insee Première n° 1339, mars 2011.
186. 《L'accueil du jeune enfant en 2019》, Observatoire national de la petite enfance, édition 2020.

187. 《Les femmes éloignées du marché du travail》, H. Fauvel, Les études du Conseil économique et social, février 2014.
188. 《7e baromètre sur la perception des discriminations subies au travail》, Défenseur des droits, 2014.
189. 《Mère chômeuse, je suis coincée au foyer》, Ombline G., Nouvelobs.com, novembre 2016.
190. 《Les trajectoires professionnelles des femmes les moins bien rémunérées sont les plus affectées par l'arrivée d'un enfant》, P. Pora, L. Wilner, Insee, 2019.
191. 《Être parent : des cadres aux ouvrières, plus de conséquences sur l'emploi des femmes》, L. Bentoudja, T. Razafindranovona, Insee, 2020.
192. 《Couples, familles et vie active》, Fiches thématiques, Insee Références, édition 2015.
193. 《Être parent : des cadres aux ouvrières, plus de conséquences sur l'emploi des femmes》, L. Bentoudja, T. Razafindranovona, Insee, 2020.
194. 《What causes the child penalty? Evidence from same sex couples and policy reforms》, M. E. Andresen, E. Nix,Statistics Norway, Research Department, Oslo, 2019.
195. 《Le Prix à payer. Ce que le couple hétéro coûte aux femmes》, Lucile Quillet, Les Liens qui libèrent, 2021.
196. 《Le travail domestique : 60 milliards d'heures en 2010》, D. Roy, Insee, 2012.
197. 《Écarts de revenus au sein des couples – Trois quarts des femmes gagnent moins que leur conjoint》, T. Morin, Insee, 2014.
198. Lhumanite.fr, janvier 2014.
199. 《Indépendance financière, égalité et autonomie des femmes : une fausse promesse ?》, C. Henchoz, *Pensée plurielle* n° 37, 2014.
200. 《L'argent du ménage, qui paie quoi ?》, D. Roy, *Travail, Genre et Sociétés* n° 15, 2006.
201. 尤請參照：《Les séparations : un choc financier, surtout pour les femmes》, C. Lacour, Insee Analyse Nouvelle-Aquitaine, 2018.
202. 《Le Genre du capital : comment la famille reproduit les inégalités》, Céline Bessière et Sibylle Gollac, La Découverte, 2019.
203. 《Après une rupture d'union, l'homme reste plus souvent dans le logement conjugal》, S. Durier, Insee, 2017. Cité par Céline Bessière et Sibylle Gollac dans *Le Genre du capital*.
204. 《De l'héritage à la séparation, les femmes parents pauvres de la famille》, Céline Mouzon, Alternatives-economiques.fr, septembre 2020.
205. 《De l'héritage à la séparation, les femmes parents pauvres de la famille》, Céline Mouzon, Alternatives-economiques.fr, septembre 2020.
206. 《Les variations de niveau de vie des hommes et des femmes à la suite d'un divorce ou d'une rupture de Pacs》, C. Bonnet, B. Garbinti, A. Solaz, *Couples et Familles, édition 2015*, Insee, 2015.

207.《France, portrait social》. Édition 2019, Insee, 2019.
208.《En 2020, 12 % des enfants dont les parents sont séparés vivent en résidence alternée》, K. Bloch, Insee, 2021.
209. 請參考我的一項調查：《Masculinisme : l'antiféminisme en embuscade》, et《Syndrome d'aliénation parentale : la nouvelle arnaque des masculinistes》, Aurélia Blanc, *Causette*, n° 105, novembre 2019.
亦請參照下述博士論文：Aurélie Fillod-Chabaud, *Au nom du père : une sociologie comparative du militantisme paternel en France et au Québec* (2014).
以及：*Les Papas en danger ? Des pères à l'assaut des droits des femmes*, Édouard Leport, Éd. Maison des sciences de l'homme, 2022.
210.《La résidence des enfants de parents séparés. De la demande des parents à la décision du juge》, M. Guillonneau, C. Moreau, ministère de la Justice, novembre 2013.
211.《Le Genre du capital : comment la famille reproduit les inégalités》, Céline Bessière et Sibylle Gollac, La Découverte, 2019.
212.《Un quart des parents non gardiens solvables ne déclarent pas verser de pension alimentaire à la suite d'une rupture de Pacs ou d'un divorce》, Drees, *Études et Résultats* n° 1179, janvier 2021.
213.《Les dépenses consacrées par la société pour les enfants. Une évaluation du "coût des enfants"》, A. Math, Institut de recherches économiques et sociales, 2014.
214.《Le Genre du capital : comment la famille reproduit les inégalités》, Céline Bessière et Sibylle Gollac, La Découverte, 2019.
215. 同上註。
216. 作者訪談。
217.《Un quart des parents non gardiens solvables ne déclarent pas verser de pension alimentaire à la suite d'une rupture de Pacs ou d'un divorce》, Drees, *Études et Résultats* n° 1179, janvier 2021.
218.《Stop aux pensions alimentaires impayées !》, Elysee.fr, janvier 2021.
219.《Le Genre du capital : comment la famille reproduit les inégalités》, Céline Bessière et Sibylle Gollac, La Découverte, 2019.
220. 作者訪談。
221.《L'Ifpa ou le mirage de la garantie du paiement des pensions alimentaires》, SAF, mars 2022.
222.《Panorama des familles d'aujourd'hui》, Haut Conseil de la famille, de l'enfance et de l'âge, septembre 2021.
223.《Les familles en 2020 : 25 % de familles monoparentales, 21 % de familles nombreuses》, Insee, 2021.
224.《Femmes et précarité》, Les études du Conseil économique, social et environnemental, E. Duhamel, H. Joyeux, 2013.
225.《Foyers bénéficiaires du RSA socle selon la situation familiale》, Insee, 2022.

226. 《Les Français et la pauvreté : les femmes de plus en plus touchées》, enquête Ipsos/ Secours populaire, 2013.
227. Rapport annuel du Secours populaire, édition 2020.
228. 《Élodie, mère célibataire à Orléans : «Je me prive de manger pour que mon fils ait ce qu'il faut», A. Rigodanzo, Francetvinfo.fr, mars 2019.
229. 《"Je ne mange plus qu'un jour sur deux" : une mère célibataire raconte sa vie au RSA》, M. Dubois, Ouest-france.fr, mai 2019.
230. 《Les clichés sur la précarité que je vis avec mes enfants ne font qu'empirer notre situation》, S. Longuet, Huffingtonpost.fr, mars 2022.
231. 作者訪談。
232. 《Violences économiques : une forme particulière de violence conjugale》, Vie-publique.fr, février 2021.
233. 《Culture financière et stratégie d'investissement》, étude OpinionWay pour Atland Voisin et Fundimmo, octobre 2021.
234. 《Pourquoi il faut mettre en place un impôt féministe》, Titiou Lecoq, 《Rends l'argent》, Slate Audio, novembre 2022.
235. 《Les dispositifs conjugaux et familiaux réduisent l'impôt sur le revenu de 29,7 milliards d'euros》, M. André, Insee Analyses, juin 2020.
236. 《Le quotient conjugal entraîne une surimposition des revenus du conjoint qui a les revenus les plus faibles》, Lise Chatain, Lemonde.fr, avril 2022.
237. 同上註。
238. 《Pour la déconjugalisation de l'allocation aux adultes en situation de handicap (AAH)》, Haut Conseil à l'égalité entre les femmes et les hommes, juin 2021.
239. 作者訪談。
240. 《L'Économie féministe》, Hélène Périvier, Presses de Science Po, 2020.
241. 《Être parent : des cadres aux ouvrières, plus de conséquences sur l'emploi des femmes》, L. Bentoudja, T. Razafindranovona, Insee Première, 2020.
242. 《Le temps périscolaire et les contraintes professionnelles des parents》, O. Sautory, V. Biausque, J. Vidalenc, Insee Première, 2011.
243. 《Concilier, organiser, renoncer : quel genre d'arrangements ?》, A. Pailhé, A. Solaz, *Travail, Genre et Sociétés* n° 24, 2010.
244. 《Prendre en compte la parentalité dans la vie au travail》, enquête BVA-Conseil supérieur de l'égalité entre les femmes et les hommes, février 2019.
245. Sondage Ipsos/Elle Active, 2015.
246. 《Les "mumpreneuses", ces saintes mères de la start-up nation》, Aurélia Blanc, paru dans Causette, hors-série n° 10, été 2019.
247. 《Mère au travail, enfant heureux》, Slate.fr, août 2010.
248. Sondage Ipsos/Elle Active, 2015.
249. 《10e Baromètre de la perception des discriminations dans l'emploi》, Défenseur des droits, 2017.
250. 《#5èmetrimestre, la grande enquête sur le retour de congé maternité》, Issence/

YesWeShare, 2021.
251. Éditions Albin Michel
252.《Le travail des mères fait le succès des enfants》, Annie Kahn, Lemonde.fr, septembre 2015.
253.《La "nouveauté" du travail des femmes est une légende》, propos recueillis par Ariane Chemin, Lemonde.fr, novembre 2012.
254. 作者訪談。
255. Albin Michel, 2019.
256. 作者訪談。
257.《Les ruptures familiales. État des lieux et propositions》, Haut Conseil de la famille, avril 2014.
258.《Qui se dit féministe aujourd'hui ?》, sondage Harris Interactive pour Vraiment, avril 2018.
259.《Le parent par défaut》, M. Blazoned, Huffingtonpost.fr, novembre 2014.
260.《Je suis le parent par défaut》, Harmony Rouanet De Cagnac, Huffingtonpost.fr, octobre 2016.
261.《Les parents et l'école en France et en Europe》, N. Dalsheimer-Van Der Tol, F. Murat, *Éducation et Formations*, n° 80, décembre 2011.
262.《Enquête Emploi du temps》, Insee, 2010.
263.《Accompagnement familial de la scolarité : le point de vue du père et de la mère d'adolescents (en collège et lycée)》, G. Bergonnier-Dupuy, S. Esparbès-Pistre, *Les Sciences de l'éducation - Pour l'ère nouvelle*, n°40, 2007.
264.《Près de 90 % des rendez-vous pris en ligne chez le pédiatre sur Doctolib sont réservés par des femmes》, étude Doctolib, mars 2022.
265. 由Qare委託OpinionWay根據有效樣本進行的調查，調查日期為二〇二二年二月。
266. 由Qare委託WeMoms於二〇二一年五月進行的調查。
267. 由Qare委託OpinionWay根據有效樣本進行的調查，調查日期為二〇二二年二月。
268.《Parents d'enfant handicapé : davantage de familles monoparentales, une situation moins favorable sur le marché du travail et des niveaux de vie plus faibles》, G. Buisson, G. De La Rosa, Drees, *Études et Résultats*, n° 1169, novembre 2020.
269.《Femmes en situation de précarité. Mères d'enfants handicapés》, association Autour des Williams, juillet 2020.
270.《Parents d'enfant handicapé : davantage de familles monoparentales, une situation moins favorable sur le marché du travail et des niveaux de vie plus faibles》, G. Buisson, G. De La Rosa, Drees, *Études et Résultats*, n° 1169, novembre 2020.
271.《Le temps consacré aux activités parentales》, T. De Saint Pol, M. Bouchardon, Drees, Études et Résultats, n° 841, 2013.

272. 《Les mères, grandes absentes des photos de famille》, Cécile Bouanchaud, Lemonde.fr, janvier 2022.
273. 《Enquête Emploi du temps》, Insee, 2010.
274. 《Pourquoi les pères travaillent-ils trop ?》, Sylviane Giampino, Albin Michel, 2019.
275. 《Charges éducatives et rôle des femmes dans les familles recomposées》, S. Cadolle, Cahiers du genre, L'Harmattan, 2001.
276. 《"Bravo d'être un père investi !" : Papa Plume explique pourquoi il faut arrêter de dire cela aux papas》, Papa Plume, Auféminin.com, février 2022.
277. 作者訪談。
278. 《Regards critiques sur la maternité dans divers contextes sociaux》, Simon Lapierre, *Monde d'idées*, université d'Ottawa, 2013.
279. Pourquoi les pères travaillent-ils trop ?, Sylviane Giampino, Albin Michel, 2019.
280. 《Le "parent hélicoptère" et le paradoxe de la parentalité intensive au XXIe siècle》, E. Lee, J. Macvarish, Lien social et Politiques, n° 85, 2020.
281. 《Regards critiques sur la maternité dans divers contextes sociaux》, Simon Lapierre, *Monde d'idées*, université d'Ottawa, 2013.
282. 《Penser les maternités d'un point de vue féministe》, C. Cardi, L. Odier, M. Villani, A.-S. Vozari, *Genre, Sexualité & Société*, 2016.
283. 《Pour 92 % des parents français, il n'y a pas de plus grand succès dans la vie que d'être un bon parent》, Ipsos.com, février 2019.
284. 唐納德・威尼科特於一九五三年提出「已經夠好了的母親」概念，與完美母職唱反調。這概念同時也是他的相關著作的書名，二〇〇六年出版法文譯本《已經夠好了的母親》（*La Mère suffisamment bonne*, éd. Payot），書中收錄三篇探討母子關係的文章。
285. 《Le business du super enfant》, Aurélia Blanc, *Causette* n° 92, septembre 2018.
286. *Éducation positive, une question d'équilibre ? Démêler le vrai du faux de la parentalité bienveillante*, Marie Chetrit, Solar, 2021.
287. 同上註。
288. 同上註。
289. *L'Éducation vraiment positive. Ce qu'il faut savoir pour que les enfants soient heureux… et les parents aussi !*, Béatrice Kammerer, Larousse, 2019.
290. 同上註。
291. Le Regret d'être mère, Orna Donath, traduit de l'anglais par Marianne Coulin, Odile Jacob, 2019.
292. 《Le regret maternel》, Astrid Hurault de Ligny, éd. Larousse, 2022.
293. 作者訪談。
294. 《Éducation positive ? Vraiment ? Avec Béatrice Kammerer》, chapitre 4, 《Méta de choc》, Shocking 18 Part. 4/4.
295. *L'Éducation positive, une question d'équilibre ? Démêler le vrai du faux de la parentalité bienveillante*, Marie Chetrit, Solar, 2021.

296. 《Le business du super enfant》, Aurélia Blanc, Causette, n° 92, septembre 2018.
297. *L'Éducation vraiment positive. Ce qu'il faut savoir pour que les enfants soient heureux... et les parents aussi !*, Béatrice Kammerer, Larousse, 2019.
298. 《Fiona Schmidt - Maternité : arrêtons la compèt'》, Aurélia Blanc, Causette, n° 107, janvier 2020.
299. @maman_mais_pourquoi, 16 mai 2022.
300. 尤請參照《Women, more than men, say climate change will harm them personally》, H. Zainulbhai, Pew Research Center, décembre 2015.
301. 《Fabienne Lacoude : Mères, vous êtes légitimes dans vos choix, vos vies, vos colères》, Aurélia Blanc, Causette.fr, avril 2022.
302. 《En France, les enfants portent-ils le nom de famille de leurs deux parents ?》, Ined, 2022.
303. 《Les Parisiens en situation de handicap n'ont-ils accès qu'à 3 % des stations de métro ?》, Ludwig Gallet, Leparisien.fr, février 2020.
304. 《L'enfance, qui se déroulait dans l'espace public, s'est retirée dans les chambres》, Sonya Faure, Liberation.fr, décembre 2021.
305. 《Ne plus vouloir de bébés bruyants dans les lieux publics, ce n'est pas très féministe…》, Clémence Boyer, septembre 2021.
306. 尤請參照《La ville appartient-elle aux hommes?》, Yves Raibaud, *Sciences humaines*, 2019,《Être un homme aujourd'hui》, n° 313.
307. 《"Domestic friends": women friendships, motherhoods and inclusive intimacy》, Anne Cronin, Sociological Review, n° 63, 2015.
308. 《Travail professionnel, tâches domestiques, temps "libre" : quelques déterminants sociaux de la vie quotidienne》, Cécile Brousse, *Économie et Statistique*, n° 478-480, 2015. pp. 119-154.
309. 《Very Bad Mother : le festival des parents terribles》, Lola Fourmy, Causette.fr, avril 2020.
310. 《La représentation des femmes à la télévision et à la radio. Rapport sur l'exercice 2021》, Autorité de régulation de la communication audiovisuelle et numérique (Arcom), mars 2022.
311. 《Femmes et médias audiovisuels : il suffira d'une crise》, Rapport d'information, M. de Cidrac, D. Vérien, Senat.fr, juillet 2020.
312. 《La crise sanitaire a accentué la sous-représentation des femmes dans les médias》, Lemonde.fr, juin 2020.
313. *C à vous*, France 5, 9 mai 2022.
314. 《Lassée d'être interrogée sur un éventuel "projet bébé", Taylor Swift réplique》, Hélène Bour, Parents.fr, mai 2019.
315. 《Keira Knightley maman : son coup de gueule sur la parentalité et la place des hommes》, Hélène Bour, Parents.fr, octobre 2020.
316. 《*Famili*, magazine familial, familier des stéréotypes sexistes》, T. Roques, V. Bollenot, Acrimed.org, avril 2013.

317. 作者訪談。
318. 《Non, la maternité n'est pas que douleurs, regrets, cauchemar et dépression》, Chloé O.-G., Huffingtonpost.fr, mars 2022.
319. 尤請參照《Chroniques d'une maternité hégémonique. Identités féminines, représentations des mères et genre de la parentalité dans les séries télévisées familiales françaises (1992-2012)》, Sarah Lécossais, thèse soutenue en 2015.
320. 《Avec Matergouinité, Lisa et Elsa brisent les stéréotypes sur la maternité》, Stéphanie Delon, Jeanne-magazine.com, juin 2021.
321. 根據法國高等視聽委員會（CSA）於二〇一九年發表的《年度多元報告》（Baromètre annuel de la diversité），出現在小螢幕上的人物，絕大多數都是白種人（百分之八十三）並擁有優越的社經地位（百分之七十四）。反之，貧困人士僅占百分之〇・七，和身心障礙人士的數據相同（但是，該族群占總人口的百分之二十）。
322. *L'Invité de 8h20 : le grand entretien*, France Inter, 3 mai 2022.
323. 《Madame la présidente ?》, D. Junge, S. Scott Johnson, 31', 2022.
324. 《Pécresse pourrait être la mère de famille responsable : à la recherche du pécressisme》, Paul Chaulet, Lexpress.fr, janvier 2022.
325. Commission indépendante sur l'inceste et les violences sexuelles faites aux enfants.
326. 《Les Français face à l'inceste》, sondage Ipsos pour Face à l'inceste, novembre 2020.
327. 《Le coprésident de la Commission sur l'inceste dénonce un "système d'impunité" qui "devient insupportable à la société"》, Franceinfotv.fr, janvier 2021.
328. 《À qui profitent les révélations du crime d'inceste ? Lettre ouverte à M. Édouard Durand, coprésident de la Ciivise》, 10 novembre 2021.
329. 《Les avis de la Ciivise》, Ciivise.fr.
330. 《Inceste : protéger les victimes. À propos des mères en lutte》, Avis du 27 octobre 2021, Ciivise.
331. 《La Puissance des mères. Pour un nouveau sujet révolutionnaire》, Fatima Ouassak, La Découverte, 2020.
332. 《Mères》, Fatima Ouassak, paru dans *Feu! Abécédaire des féminismes présents*, ouvrage collectif coordonné par Elsa Dorlin, Libertalia, 2021.
333. 同上註。
334. 同上註。
335. 同上註。